FAMÍLIA **VIAGEM** GASTRONOMIA **MÚSICA** CRIATIVIDADE
& OUTRAS LOUCURAS

TRAVELING MUSIC

NEIL
MÚSICA PARA VIAGEM
PEART

VOLUME 2

A TRILHA SONORA DA MINHA VIDA E DO MEU TEMPO

Tradução
Candice Soldatelli

1ª reimpressão/2021

Este livro é o resultado de um trabalho feito com muito amor, diversão e gente finice pelas seguintes pessoas:

Gustavo Guertler (edição), Fernanda Fedrizzi (coordenação editorial), Germano Weirich e Samuri Prezzi (revisão), Celso Orlandin Jr. (capa e projeto gráfico), Candice Soldatelli (tradução) e Rob Shanahan (foto da contracapa)
Obrigado, amigos.

2020
Todos os direitos desta edição reservados à
Editora Belas Letras Ltda.
Rua Coronel Camisão, 167
CEP 95020-420 – Caxias do Sul – RS
www.belasletras.com.br

Dados Internacionais de Catalogação na Fonte (CIP)
Biblioteca Pública Municipal Dr. Demetrio Niederauer
Caxias do Sul, RS

P362m	Peart, Neil
	Música para viagem (volume 2): a trilha sonora da minha vida e do meu tempo / Neil Peart; tradutora: Candice Soldatelli. - Caxias do Sul: Belas Letras, 2020.
	208 p.
	Título original: Traveling music: the soundtrack to my life and times
	ISBN: 978-65-5537-013-3
	1. Rush (Conjunto musical). 2. Músicos de rock - Canadá – Biografia. 3. Narrativas de viagens. I. Soldatelli, Candice. II. Título.

20/50   CDU 784.4(71)

Catalogação elaborada por Vanessa Pinent, CRB-10/1297

Para Carrie

Sumário

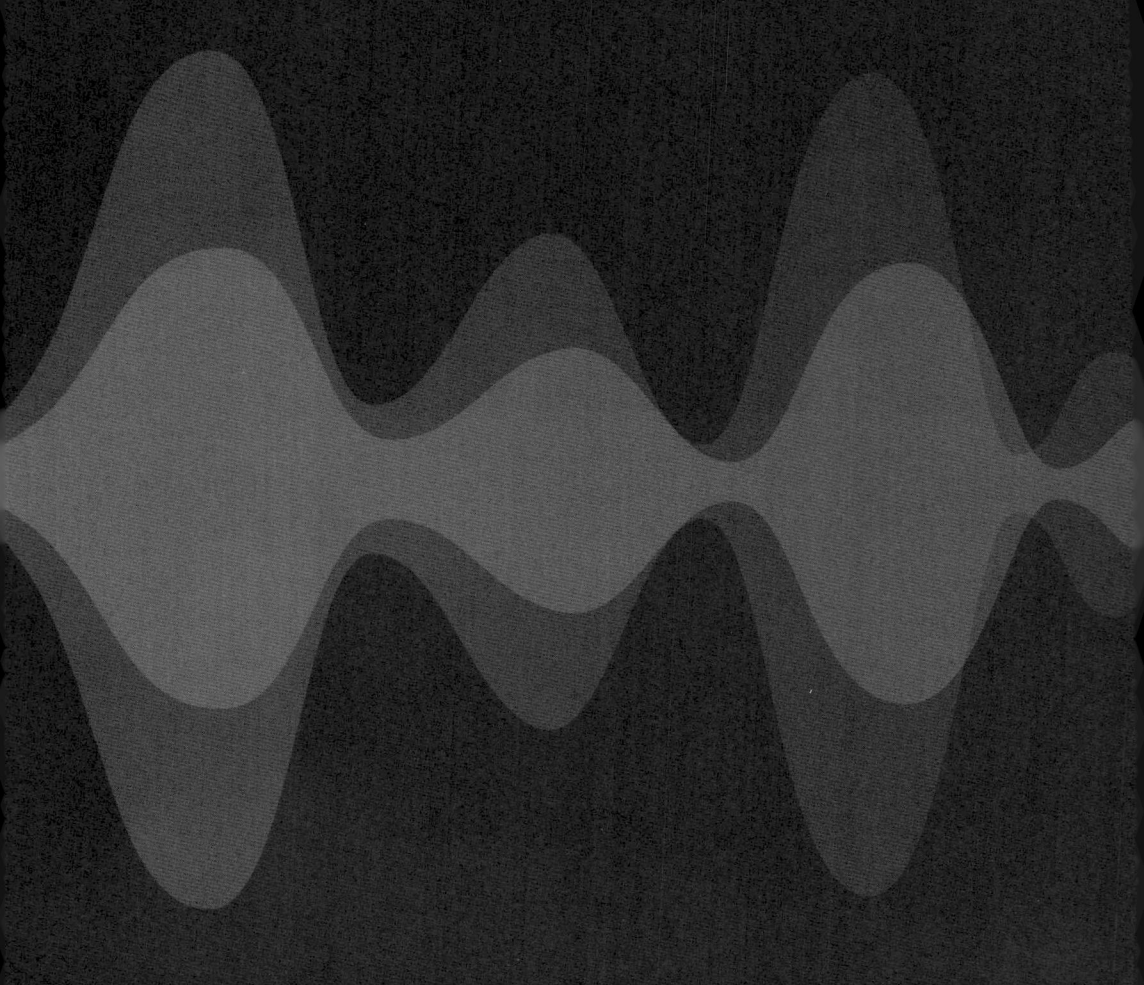

REFRÃO TRÊS

"Driving away to the east, and into the past"
"Dirigindo para o leste, entrando no passado"

Uma vez diziam que, se você ficasse tempo suficiente em Piccadilly Circus, em Londres, encontraria todas as pessoas do mundo. Duvido que isso ainda seja verdade, mas em julho de 1971 tive um daqueles encontros do destino em Piccadilly Circus que mudou o rumo da minha estadia na Inglaterra e, de várias maneiras, a minha vida inteira.

Um mês antes, eu tinha chegado ao aeroporto de Gatwick, sul de Londres, num voo de carreira pelo qual paguei 200 dólares. Eu tinha 18 anos, nunca havia viajado de avião antes, nunca tinha morado sozinho e nunca tinha viajado mais do que algumas centenas de quilômetros longe de casa. As únicas "terras estrangeiras" que eu já tinha visitado na vida foram Montreal – durante uma viagem de família para ver a Expo'67 (que apenas parecia estrangeira, sendo uma Feira Mundial na região franco-canadense de Quebec) – e depois a região de Finger Lakes, no norte do estado de Nova York.

Meus pais, minha namorada e os caras da J.R. Flood com suas namoradas se reuniram no aeroporto de Toronto para se despedir de mim, todo resplandecente no meu terno vermelho de camurça e um cabelo horrível com permanente comprido até os ombros. Depois do voo, que durou a noite inteira, fui recebido em Gatwick pelo meu amigo de infância, Brad, e dois de seus "parças" ingleses: Bill, alto e com aspecto cadavérico, e Pete, baixinho e brincalhão. Brad tinha se mudado para a Inglaterra com a mãe e o marido dela dois anos antes e, quando eles voltaram para o Canadá depois de um ano, Brad decidiu ficar por lá. Ele trabalhava como "assistente de encanador" e morava num conjugado de um subúrbio ao norte de Londres chamado New Barnet.

Carregando minha mala de plástico novinha em folha com os inevitáveis adesivos da bandeira canadense nas laterais, segui os rapazes cheios das manhas para

pegarmos o trem. Depois que o trem partiu, eles me levaram ao compartimento da primeira classe e prontamente acenderam um enorme "spliff", um cigarro de maconha ao estilo inglês – creio que um gesto de boas-vindas à Inglaterra. Meio chocado, recusei, tentando não parecer rude (ou pior, careta), mas eu já estava tão animado que tinha ficado acordado durante todo o voo. Além disso, eram cerca de 8h da manhã.

Enquanto o trem seguia pela área rural, tão viçosa e verdejante, e depois entrando nos subúrbios que cresciam ao sul de Londres, eu ficava admirando toda aquela estranheza: as casas estreitas escalonadas, todas em fileiras de tijolos e chaminés, os pequenos jardins nos fundos das moradias com varais de roupas e barracos para guardar material de jardinagem, aqueles carros pequenos todos do lado errado da estrada – tudo era deliciosamente estrangeiro e exótico. Foi minha primeira lição de que o resto do mundo realmente era muito diferente do que eu conhecia ou imaginava.

Quando chegamos à Victoria Station e mudamos para o metrô, nos entregaram um pequeno bilhete amarelo, mas Pete e Bill nos disseram para jogar fora; seria mais barato se disséssemos que tínhamos perdido e pagássemos a taxa de "bilhete perdido". Mais uma vez, um pouco chocado, fiz o que me disseram, e pegamos a antiga Northern Line (com o mesmo cheiro de carvão que Londres tem até hoje) e seguimos para o final da linha, em High Barnet Station.

Nas cartas que trocamos durante os meses que antecederam minha chegada, Brad e eu tínhamos combinado que eu ficaria com ele por uns tempos, e nós tiramos o colchão de sua cama de solteiro e o dividimos em dois. Passamos todo o dia, um domingo, caminhando pela vizinhança de Hadley Wood. No dia seguinte, Brad foi trabalhar e eu comecei a aprender a me virar. Antes de partir, eu tinha conferido os créditos e notas dos encartes da minha coleção de discos e fiz uma lista com os endereços de gravadoras e agências em Londres. Consultei os nomes no guia *London A-Z* e anotei os endereços. Caminhando debaixo de chuva, entrava nos escritórios pingando, segurando meu envelope de papel manilha com minhas fotos 20 x 25 cm tocando com a J.R. Flood.

Com certeza era ingênuo, e também dolorosamente tímido, mas na verdade eu era *muito determinado*. Não que eu me achasse um excelente baterista (eu não era), ou que a cena musical de Londres estivesse ali apenas *aguardando* minha chegada (não estava): a questão era que eu simplesmente *queria muito* estar lá. Eu segui o mapa do metrô, o "Tube"; por toda a imensa cidade chuvosa, e nunca consegui sequer passar por uma única recepcionista – embora algumas fossem muito simpáticas. Sempre vou lembrar de uma delas que ouviu minha história e disse, com um jeito alegre e aquele sotaque britânico: "Bem… você é muito *corajoso*", e com um tom crescente no final sugerindo, "corajoso, mas *doido*".

O outro meio possível para encontrar uma banda era nos semanários sobre música com os anúncios de "Procuram-se músicos" nas últimas páginas da *Melody Maker* e da *New Musical Express*. Minha bateria nem estava comigo: meu pai tinha construído para mim um pequeno container onde colocou meu kit Rogers e minha coleção de discos (de que mais um garoto de 18 anos fanático por música precisaria?), e havia mandado para a Inglaterra de navio, então levaria ainda seis semanas ou mais para chegar lá. Mas, na minha ingenuidade e determinação, decidi fazer alguns testes e tentar pegar a bateria emprestada de outros músicos. (O porquê de eu achar que eles estariam dispostos a ajudar outro candidato não sei, mas parecia algo sensato na minha visão. Talvez eu pensasse que éramos todos "irmãos bateristas" e, novamente, porque eu simplesmente *queria tanto* estar ali.)

Meu primeiro teste aconteceu numa área relativamente rica de West London (fora do comum por causa de suas moradias amplas e ruas arborizadas), numa casa de subúrbio que pertencia aos pais do baixista da banda. Telefonei para eles e marquei uma reunião, então cheguei cedo e perguntei ao baterista que me antecedia se eu podia usar a bateria dele. Sem surpresa alguma, ele ficou um pouco relutante, mas finalmente demonstrou piedade depois de perguntar: "Você não é do tipo que toca na pancada, né?".

Garanti que não era (embora provavelmente fosse) e, enquanto esperávamos até que todos os integrantes da banda chegassem, eu escutava as conversas deles sobre músicos de jazz obscuros, tanto dos EUA quanto da Inglaterra, sobre os quais eu nunca tinha ouvido falar. Eles pareciam indiferentes, até mesmo insolentes com relação às bandas de rock inglesas de que eu gostava: The Who, Deep Purple, Jethro Tull, King Crimson, Pink Floyd e Led Zeppelin. Outros jovens músicos ingleses adotavam esse tipo de atitude esnobe, uma mentalidade confusa de se acharem superiores por serem britânicos, e consequentemente quase sempre antiamericanos, ao mesmo tempo em que sentiam que a música norte-americana

era por natureza superior à britânica. O outro baterista mencionou Jon Hiseman, da aventureira banda jazz-rock inglesa da época, Colosseum, da qual eu gostava, mas o baixista torceu o nariz: "Ele parece sempre tão *ocupado*".

Os outros membros da banda chegaram, pareceram arrogantes e esnobes comigo, e, quando o outro baterista terminou seu teste, entrei na pequena sala de ensaios lotada de equipamentos e me sentei atrás da bateria. O tecladista anunciou: "A primeira nota é em sete", o que não significava absolutamente nada para mim na época, mas eu fiquei quieto e apenas tentei acompanhar quando eles começaram a tocar. O tecladista, abençoado, era calmo e paciente, e disse que eu parecia ter uma boa "pegada" para andamentos estranhos, e eu tropecei ao longo de algumas partes mais complicadas antes de encerrarem o teste.

Sabendo que tudo aquilo estava além do meu entendimento, fiquei cabisbaixo e deprimido, mas ainda assim não me senti desencorajado: uma semana mais tarde telefonei para o baixista e perguntei se haviam encontrado alguém. É claro que haviam, mas eu simplesmente continuei em frente, em busca do meu sonho. Daquele momento em diante, comecei a aprender tudo que podia sobre tocar "andamentos estranhos", encorajado pela bondade do tecladista. Isso se tornaria uma importante parte do meu desenvolvimento musical, até mesmo com relação a um tipo de complexidade que se tornou uma parte significativa da música daquela época, com explorações e experimentos para aquilo que um dia seria chamado de "rock progressivo" (ou, de modo mais desdenhoso, "prog rock"), em bandas como Yes, King Crimson, Genesis, Gentle Giant, Emerson, Lake and Palmer, The Strawbs, Caravan, Kansas e tantas outras.

Durante o final dos anos 1960 e começo dos anos 1970, as exigências para que alguém se tornasse um baterista de rock pareciam aumentar exponencial e vertiginosamente. Até aquela época, tudo que se precisava saber era como manter um simples backbeat 4/4 e tocar "Wipeout", mas de repente um baterista precisava ser capaz de lidar com todos aqueles arranjos complicados e andamentos esquisitos e até mesmo tocar instrumentos de percussão exóticos. Parecia que os parâmetros tinham sido elevados vertiginosamente, e tudo era um tanto intimidador – e mesmo assim, para esse jovem e ambicioso baterista, era emocionante e, ao mesmo tempo, desafiador e gratificante.

Meu segundo teste foi totalmente diferente. Aconteceu numa sala no andar superior de um pub em North London para uma banda formada integralmente por músicos com deficiências físicas. Nem precisei achar uma bateria para esse teste, já que a avalição foi conduzida pelo atual baterista da banda em seu próprio kit porque ele tinha que sair do grupo para fazer uma cirurgia nas pernas. Ele teve poliomielite na infância, usava aparelhos ortopédicos e muletas, e, fazendo um gesto em direção ao kit com dois bumbos, ele me disse: "Eu preciso de dois bumbos para fazer o que os outros caras fazem com um só". Havia um trompetista que tinha só um braço, o tecladista usava cadeira de rodas, e o guitarrista e o baixista eram cegos (guiados pelas namoradas, que os vestiam com certo senso de humor – eu lembro que precisava usar óculos escuros, como eles usavam, só para poder olhar as *camisas* que vestiam).

Algumas pessoas que estavam lá assistindo ao teste também eram igualmente "portadoras de necessidades especiais": cegos, aleijados e atrofiados, e no meio daquela cena Fellinesca comecei a me sentir desconfortável, até mesmo com certo sentimento de culpa. Esperei a chegada de outros bateristas e tomei a decisão: a) Esta banda não é muito boa; e b) Tudo isso é muito bizarro. Caí fora.

Enquanto isso, as semanas passavam, e no fim do primeiro mês morando em Londres eu já estava ficando sem dinheiro. Tinha chegado com 200 dólares para me virar (meus pais, que sempre me apoiaram, concordaram em me dar a mesma quantia que eu já tinha economizado sozinho, então, quando eles pagaram a passagem de avião, era o mesmo valor que eu tinha conseguido juntar ao longo dos anos e com a venda do meu toca-discos). Mas a grana estava acabando. Eu já tinha me acostumado bem com o sistema de transporte de Londres enquanto perambulava pela lista de gravadoras e agências, mas não havia encontrado qualquer oportunidade ou qualquer anúncio promissor de "precisa-se de baterista" nos semanários musicais. Decidi não desperdiçar mais meus parcos recursos, então resolvi tentar esperar até que minha bateria chegasse ou que alguma coisa acontecesse.

No começo de julho, quando Brad saía para trabalhar de manhã vestindo seu macacão sujo de encanador, eu dava uma caminhada pela vizinhança até Hadley Wood nos raros dias de sol ou ficava no quarto lendo. Encontrei no armário alguns livros que o antigo colega de quarto de Brad havia deixado para trás, e aquilo me trouxe motivação. Era chegada a hora de os livros se tornarem parte da minha vida mais uma vez.

 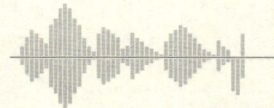

Havia um deles em especial: um épico de ficção científica chamado *Fall of the Towers*, de Samuel R. Delany, que teve um impacto profundo na minha vida de várias maneiras inesperadas, tanto com relação às minhas leituras futuras quanto nas primeiras letras de música que escrevi, como "2112" e "Cygnus X-1". Em retrospecto, que incrível dar de cara justamente com aquele livro em particular, tão poético, tão ricamente imaginado, tão original, escrito por aquele escritor em específico, que ainda se encontra entre os melhores do gênero na minha opinião. Minha única experiência anterior com ficção científica foi um conto que tinha lido no colégio chamado *The Ruum*, escrito por Arthur Porges (e que pesquisa interessante na internet isso acabou sendo!) em 1953. Da mesma forma que alguns livros e peças de teatro naquela época entravam na minha cabeça sem causar muito efeito aparente, mais tarde acabavam repercutindo de modos que eu jamais poderia imaginar – na verdade, na escola realmente aprendi a *ler* do jeito certo, ou pelo menos aprendi que *havia* um modo de se ler do jeito certo. Ao lado de *Júlio Cesar* e *Um Conto de Duas Cidades*, ainda lembro com detalhes a sinopse de *The Ruum*, mais de 35 anos depois.

Com o passar das semanas, Brad e eu já havíamos nos acostumado a morar juntos e nos dávamos muito bem, então resolvi me mudar definitivamente para um quarto maior da mesma casa. Logo estava passando meus dias aninhado no pequeno sofá, observando a chuva que caía e lendo um livro atrás do outro. A livraria da esquina aceitava trocas no seu balaio de livros usados, dois por um, então comecei a avançar nos mistérios de Agatha Christie e nas histórias de aventura da série *The Saint*, e também mais ficção científica, clássicos como *The Day of the Triffids*, de John Wyndham, e *The Midwich Cuckoos* (que adaptaram para o filme *A estirpe dos malditos*, que eu tinha assistido numa matinê de sábado em St. Catharines). Um dos livros de Wyndham apresentava a definição de como ele achava que o gênero deveria ser: "Coisas extraordinárias acontecendo com pessoas comuns". Ainda acho uma ótima definição, que transcende o gênero para dar conta de todas as narrativas, como só o melhor da ficção científica sabe fazer.

Meu dinheiro continuava a minguar, e eu já estava contando minhas últimas libras naquele domingo em julho quando um desses encontros do destino aconteceu em Piccadilly Circus. Brad e eu pegamos o metrô para o centro de Londres, descemos na estação Tottenham Court Road, depois caminhamos pela Shaftesbury

Avenue até onde ela se abria para vários prédios com iluminação neon, os táxis pretos e os ônibus vermelhos de dois andares, a estátua de Eros e a multidão formada por turistas e londrinos. Lá, em Piccadilly Circus, de repente avistei um rosto familiar – Sheldon Atos, de St. Catharines, que certa vez tinha bolado um jogo de luzes rudimentar para a apresentação da minha primeira banda, Mumblin' Sumpthin', na "Batalha de Bandas" no YMCA. Sheldon estava morando em Londres, tinha casado com uma garota inglesa e estava trabalhando para uma rede de lojas de souvenir entre a Carnaby Street e Piccadilly. E ele achava que podia arrumar um emprego para mim.

O chefe dele, Bud, tinha contratado Sheldon mais como um quebra-galho, e sempre o chamava de "Stan", por causa da fabricante de ferramentas Stanley, e logo eu também passei a chamá-lo assim. Bud também era canadense, com trinta e poucos anos, olhos cinzentos e penetrantes, traços angulosos e cabelo comprido estilo mod, que, assim como suas roupas casuais – mas caras –, estava sempre perfeito, cada fio no seu devido lugar. Bud tinha começado um negócio de "Imprima seu nome nas manchetes" perto do Palácio de Westminster e o transformou num vasto império para pegar dinheiro dos turistas (o "S. Morgan Jones Group", uma apelação anglófila que era aparentemente algum tipo de versão do verdadeiro nome de Bud). Ele era dono de várias lojinhas nos arredores de Carnaby Street, e tinha concessões de souvenirs e impressos em Piccadilly Circus, Coventry Street e em frente ao Palácio de Westminster.

A fama de Carnaby Street como símbolo da "Swinging London" tinha se tornado uma marca reconhecida no mundo inteiro no começo dos anos 1960 e da era mod, um estouro da moda que tinha nascido de duas lojas de roupas localizadas naquela antes obscura travessa. Como a era hippie que depois a substituiu, os mods criaram e adaptaram sua própria moda, música e atitudes, e assim como hippies, beatniks, punks, rappers e todos os "novos" movimentos jovens (um padrão contraditório recorrente é a ideia de que os jovens expressam sua individualidade seguindo todos a última tendência), parecia ter havido dois tipos diferentes de mods: os adolescentes operários, da rua, celebrados pelo álbum *Quadrophenia* do The Who (principalmente a versão em filme, que eu assisti para fins de "pesquisa", mas gostei pelo realismo cru), e os tipos superficiais diletantes secamente satirizados pela canção da fase mod dos Kinks: "Dedicated Follower of Fashion" (*one week*

he's in polka dots, the next week he's in stripes – uma semana usando bolinhas, na semana seguinte usa listras). Graças a tudo isso, o mito internacional de Carnaby Street tinha perdurado, e até mesmo no começo dos anos 70 (e anos mais tarde) continuava como a segunda atração turística mais visitada em Londres, perdendo apenas para o Palácio de Buckingham.

Carnaby Street não parecia nada especial à primeira vista: uma ruazinha estreita, humilde, com apenas algumas quadras, enfiada atrás da Regent Street. Historicamente, era apenas digna de nota por causa da descrição no livro *A vida e as aventuras de Nicholas Nickleby*, de Charles Dickens: "Uma rua decadente, antiga, desbotada, com duas filas irregulares de casas altas e miseráveis". Ele também escreveu sobre os moradores da rua de um modo que ainda era estranhamente reconhecível 100 anos depois: "As galinhas que ciscam pelos canis, contorcendo os corpos aqui e acolá com um estilo de caminhar que ninguém, a não ser as galinhas da cidade, jamais adotaria, e que qualquer galinha de fazenda ficaria intrigada para compreender, são perfeitamente entrosadas com as habitações de seus proprietários".

Em 1971, ambos os lados da rua estavam tomados por lojas, muitas ainda vendiam roupas jovens e estilosas, como os outlets originais John Stephen, com muitos outros capitalizando com o fluxo de turistas, como Kleptomania, Pop Shop e I Was Lord Kitcheners Valet (cujo proprietário ostentava a lucratividade da rua chegando ao trabalho num Lamborghini Espada, um carro exótico fantasticamente rebaixado que foi meu "carro dos sonhos" por muitos anos).

Meu novo chefe, Bud, tinha um Aston Martin, e depois uma Ferrari Dino, que dirigia de sua casa no interior até Londres. Seu negócio mais recente era uma loja grande dos primórdios da Carnaby Street com o nome adequadamente descolado de "Gear". Ele tinha assumido o prédio de três andares com um porão cheio de mercadoria velha do chão ao teto, a maioria utensílios domésticos baratos e lembrancinhas. Minha primeira tarefa foi organizar e inventariar aquele monte de coisas, e foi ali que a experiência de ter trabalhado com meu pai no estoque do departamento de peças e atualizado o inventário da Dalziel Equipment ("Diga D-L", anunciavam os adesivos promocionais) durante todos aqueles verões e feriados realmente veio a calhar.

A meu ver, o que dava certo com peças de trator e cordames deveria funcionar com outros tipos de mercadoria, e usei o departamento de peças do meu pai como um mapa mental, alinhando todas as caixas de xícaras Union Jack, cinzeiros com o logo Carnaby Street, almofadas da Índia Oriental, latas de lixo rosa com bolinhas laranja, e caixas e caixas de um livro chamado *Carnaby Street* escrito pelo antigo dono da Gear, Tom Salter. Depois que empilhei tudo em fileiras numeradas, usei fita adesiva no chão e no teto e coloquei rótulos nas prateleiras para fazer seções em cada fileira, e fiz uma lista caprichada com a descrição e a localização dos produtos.

Bud ficou impressionado com o trabalho que eu tinha feito, e minha tarefa seguinte foi organizar o porão de outro prédio menor que ele também tinha comprado de Tom Salter, um conjunto de escritórios de três andares com uma pequena loja no térreo e um porão cheio de mercadoria semelhante a algumas quadras de distância dali, em Ganton Street. Entregaram um carrinho para encher com caixas e levá-las até o porão da Gear e, embora fosse um trabalho estritamente manual, fiquei envolvido no desafio de fazer aquelas caixas diminuírem de um lado e ter a satisfação de vê-las empilhadas no outro.

À medida que lentamente eu esvaziava o porão em Ganton Street, as paredes antigas de tijolos e argamassa se revelavam, e descobrimos ossos cimentados nas paredes que datavam da Peste Negra do século 17, quando uma "casa de peste" ficava no local, "para o entretenimento das pessoas que tinham a peste".

Enquanto eu ficava separando a mercadoria no porão da Gear, os gerentes das outras lojas passavam por lá para pegar alguns pôsteres ou outras coisas, e sempre havia um deles que pegava um cachimbo ou enrolava um cigarro com haxixe e tabaco e passava para os outros. Apesar de algumas tragadas experimentais de "erva suja" no Canadá, e duas experiências com LSD, foi em Londres onde eu realmente descobri o barato da maconha, a nuvem quente e confusa no cérebro, a camaradagem das risadas, os voos da imaginação e da fantasia, e o modo como a música que tocava na loja era sentida enquanto eu subia as escadas, ricamente texturizada e poderosamente dimensional. Minha mente parecia equalizada, o lado direito do cérebro para cima, o lado esquerdo para baixo.

Um dia houve uma agitação que se propagou pela Carnaby Street, e alguém entrou na loja avisando: "Yul Brynner está aqui na rua!". O ator famoso entrou na Gear, parecia estar usando roupas muito caras, com a careca reluzente e um ar de celebridade, de mãos dadas com uma loura radiante muito bem-vestida. Parado em frente ao balcão onde estava a parafernália com nossos "principais produtos",

ele apontou para um cachimbo de vidro e me perguntou se eram bons. Sorri e disse: "Bem, já passaram pelo nosso teste de qualidade". Ele sorriu e comprou um.

No estoque principal no subsolo da Gear, adaptei meu sistema de armazenamento para o estoque da loja e mantinha o controle dos artigos do S. Morgan Jones Group, toda a tralha de souvenir com 100% de margem de lucro ("pelo menos", ressaltou Bud), como miniaturas de Beefeaters, de táxis londrinos e de ônibus de dois andares, bolsas com o logo Union Jack, xícaras da Carnaby Street e dúzias de pôsteres de artistas pop, cenas do filme *Sem Destino* (inacreditavelmente popular entre os europeus), e os sempre populares itens cômicos: uma fotografia de duas mãos emergindo de um vaso sanitário e uma montagem em preto e branco que formava um campo de seios (os americanos gostavam desses).

Havia ainda um pôster que chamavam de "Liberação Feminina", com uma mulher de minissaia ao lado de dois homens diante de um urinol. Sinal dos tempos. (Naquela época eu vi uma pichação na lateral de um antigo prédio de tijolos à vista: "Women's Lib Means Not Having To Sleep on the Damp Bit" – "Liberação Feminina Significa Não Ter que Dormir no Lado Úmido")

Os pôsteres eram tão importantes para os negócios do S. Morgan Jones Group que Stan criou uma máquina de enrolar os cartazes. Um motor de máquina de costura fazia um longo tubo de alumínio com uma fenda ao longo do seu comprimento girar. Inseríamos uma das extremidades do pôster na fenda, pressionávamos o pedal para girar o tubo e depois colocávamos o pôster enrolado num saco plástico. Colávamos um número na ponta do canudo e o pôster estava pronto para ser estocado na grade das enormes prateleiras sob medida, com cada um deles exposto em molduras de acrílico que ficavam penduradas na altura dos olhos e balançavam em cabides como páginas de um livro.

Em pouco tempo, Brad também veio trabalhar com Bud, aposentando seu macacão sujo e o salário de miséria como ajudante de encanador. Ganhávamos apenas 20 libras (cerca de 50 dólares) por semana, e nosso aluguel, mesmo para uma quitinete no final da Northern Line, era 5 libras por semana, então para ganhar um pouco mais de dinheiro nós geralmente trabalhávamos dois turnos nas lojas de souvenir em Carnaby Street e Piccadilly Circus (imprimindo manualmente incontáveis jornais falsos com "Seu nome na manchete", "Fulano e Cicrano participam de jantar no Palácio de Buckingham", pôsteres de Procurado, de toureiro, esse tipo de coisa).

Bud empregava nas lojas cerca de 20 jovens de várias nacionalidades (o único preconceito era contra ingleses, porque os achava preguiçosos), incluindo vários outros canadenses, o espanhol Paco, a holandesa Carla, o indiano Dhillon, o afro--americano Leonard, a sino-americana Rebecca, os neo-zelandeses (Kiwis) Pat, Gavan e Dave, a irlandesa Mary, a alemã Angela, o sul-africano Paul, e Ahmed e outros dois persas (do Irã, como já se dizia na época, mas eles sempre se referiam a si mesmos como persas). Também havia dois jovens ingleses, Ellis e Mary, mas ambos eram gays, o que talvez os tornasse mais "aceitáveis" para Bud do que os demais ingleses. De qualquer maneira, Ellis e Mary logo se tornaram dois dos meus melhores amigos – os primeiros (abertamente) gays que conheci, e um modelo não apenas de tolerância, mas de compreensão, foi estabelecido a partir disso para o resto da minha vida.

Outros expoentes culturais ficaram comigo para sempre, como quando Stan me levou na delicatéssen Bloom's, logo dobrando a esquina, e me apresentou aos sanduíches de carne de gado enlatada e batata, e quando Dhillon me convidou para jantar em sua casa e disse à mãe dele, indiana, que eu realmente adorava curry picante. Como um garoto canadense que tinha crescido comendo iguarias tão exóticas quanto macarrão com queijo e costeletas de porco com molho de maçã, a coisa mais apimentada que eu já havia provado tinha sido espaguete enlatado. Quase morri.

Stan também me apresentou a Robin, de Carlisle, no norte da Inglaterra, me contando que ele tinha uma banda que precisava de baterista. A English Rose, como se chamavam, era uma versão mais primitiva da banda que tinha aparecido num filme chamado *Groupie Girl*. Robin era o guitarrista, e eles tinham um vocalista, um tecladista e um baixista, um "gerente de equipamento" com uma van e um empresário que vivia prometendo conseguir um contrato com uma gravadora. Era uma *banda*, em *Londres – é claro* que eu iria me juntar a eles.

Ensaiamos algumas noites no apartamento do vocalista em West Hampstead, eles com violões e eu tocando bateria nas minhas coxas. O material original era composto numa parceria entre o vocalista Jimmy e o tecladista Lynton e consistia basicamente em canções pop britânicas clássicas, com harmonias ao fundo e arranjos simples (*The postman delivered a letter, to the house up on the hill, ooh, ooh, ooh – O carteiro entregou uma carta, para a casa no topo da colina, ooh, ooh, ooh*).

Pelo menos não eram difíceis de aprender, principalmente se comparadas aos arranjos longos, complicados e peculiares da J.R. Flood.

Numa noite chuvosa de agosto, colocamos tudo dentro da van e fomos até o bairro Docklands, em East London, circulando pelos quarteirões de armazéns para pegar o container com a minha bateria e meus discos. Como poderíamos ensaiar adequadamente, nos mudamos para o porão da Pop Shop (outra loja do S. Morgan Jones Group em Carnaby Street, onde Robin era o gerente na época). O empresário da banda veio nos assistir naquele quartinho apertado e, quando achou que estávamos prontos, marcou a gravação de uma demo. Ele também marcou alguns gigs "showcase" em pubs em Londres, e nos enchia de promessas sobre todas as coisas excelentes que ele faria por nós.

Enquanto isso, comecei a conhecer um pouco melhor meus colegas de banda.

Robin, por exemplo, morava na entrada do East End, numa área complicada chamada Plaistow, com uma linda garota psicopata chamada Irene. Ela era insanamente ciumenta, tinha ciúme até da devoção de Robin pela música, e certa manhã Robin chegou no trabalho quase chorando – Irene tinha pegado um serrote e partido sua linda guitarra Rickenbacker em dois pedaços.

Só que provavelmente aquela guitarra era roubada. No livro *O Ciclista Mascarado*, escrevi um pouco sobre esses anos em Londres e contei que tinha feito parte de uma banda com uma van e amplificadores roubados, e com um "gerente de turnê" que ganhava a vida roubando postos de combustível. Essa banda era a English Rose.

Em outubro de 1971, depois de dois meses com eles, os outros membros me convenceram a "largar o emprego diurno" e me tornar músico em tempo integral. Quando falei para Bud, ele sorriu com um jeito de que, pelo que lembro, ele já "soubesse". Ele disse que se não desse certo eu poderia voltar a trabalhar para ele, e era bom saber disso – embora não pudesse imaginar sob que circunstâncias a banda não daria certo. Eu estava no caminho!

Carregamos nossos equipamentos e colocamos tudo na van Ford Transit roubada, e seguimos pela M-1, fazendo uma pausa para o casamento do nosso baixista Paul com Carol em Leicester. Então seguimos em frente para tocar em alguns clubes pequenos de cidades do norte. Lembro Keswick e Whitehaven, e como ficamos impressionados com a beleza de Lake District, depois nos hospedamos em Carlisle por alguns dias na casa dos pais de Robin, nós cinco acampados no chão e nos sofás, e a mãe dele, muito querida, nos trazia xícaras de chá pela manhã.

No caminho de volta a Londres, no meio da noite, eu estava no banco do passageiro da van contornando Marble Arch no meio da noite, seguindo para Maida Vale para deixarmos o tecladista Lynton. O gerente de turnê larápio, Peter, estava ao volante, e eu contava para ele toda a minha aventura de fazer as malas e vir para a Inglaterra. Ele disse: "Um dia isso vai render uma boa história para os semanários musicais!".

E foi o que aconteceu seis ou sete anos mais tarde, mas naquele momento não se tratava de uma história com final feliz.

O empresário da English Rose não tinha encontrado uma gravadora que se interessasse pela nossa fita demo, e ele também não conseguia agendar shows, por isso a banda deixou de existir, porque havia total desinteresse por ela. Mas continuávamos com esperança, ao menos eu continuava.

Ele até conseguiu um trabalho para mim como músico de estúdio, me contratou como substituto para outra banda que ele empresariava, e toquei numa demo com duas canções para uma banda "rocker" estilo anos 1950 chamada Jet Black. Eu tocava bateria no instrumento do cara, na banda dele, enquanto ele próprio, taciturno, ficava sentado num canto.

O cachê de 10 libras por sessão era bem-vindo, mas dada a minha experiência limitada com gravação em estúdio e minha experiência inexistente como músico de estúdio, não acho que tenha sido um desempenho impressionante. Em algumas histórias de músicos que tenho lido, tal oportunidade teria sido um trampolim para mais trabalho de estúdio, mas não para mim.

Quando chegou novembro, eu não tinha nem emprego, nem banda, nem dinheiro. Estava atrasado com a minha parte do aluguel que dividia com Brad, mas tinha certeza de que o lance com a música logo ia dar certo, e eu simplesmente precisava de um pouco de dinheiro para me manter até lá. Perguntei a Peter se ele poderia me ajudar a conseguir algum "trabalho", e nunca esqueço como ele se recusou a me envolver em suas atividades escusas, mas me deu uma nota de 5 libras dos seus ganhos ilícitos.

O inverno chegou, frio e úmido, e às vezes as ruas de New Barnet sumiam por causa da lendária neblina espessa e esverdeada. Eu caminhava pela calçada através da nuvem cinzenta sólida, incapaz até mesmo de ver os carros que passavam

zunindo na rua ao meu lado. E fazia muito frio em todos os lugares, gelava até os ossos tanto fora quanto dentro de casa. Quando Brad e eu chegávamos em casa, encontrávamos um cômodo úmido e colocávamos duas moedas no medidor de eletricidade para que pudéssemos ligar o "fogo elétrico" (até a palavra parece primitiva) para ficarmos ao redor dele.

Para passar o tempo, não sei como me inspirei para começar a criar um terno feito de retalhos, e comecei a costurar meticulosamente um quadradinho de cada vez usando pedaços das minhas velhas calças de veludo e de uma jaqueta jeans de Brad. Nosso toca-discos era uma antiga vitrola que tinha sido jogada fora ligada a um amplificador minúsculo, mas tínhamos dois fones de ouvido e eu ficava lá ouvindo música, enquanto dobrava e costurava todos os pequenos retalhos, como uma versão em miniatura de uma das colchas da minha avó. No final das contas, fiz com que Brad se interessasse pelo projeto, e ele mais tarde o descreveu como "uma das coisas caretas e mais cool" que já tinha feito na vida. Nós terminamos toda a calça e a maior parte do casaco antes que eu perdesse o interesse – e eu nunca vesti aquilo. Mas tinha sido um passatempo barato e inofensivo.

Quase sempre Brad e eu vivíamos de carne enlatada da marca Fray Bentos e torta de rim, já que eram baratos e matavam a fome, e podíamos aquecê-los com água fervente diretamente no nosso prato. Mas, como aconteceu com as peras do nosso pomar que comi demais quando era criança, dali em diante (e até hoje) só de pensar em carne Fray Bentos e torta de rim sinto enjoo.

Aquele também foi o inverno das greves nas termelétricas, com cortes de energia a cada três horas, e em algumas noites não podíamos ler, nem ouvir música ou nos aquecer no fogo elétrico, ou sequer esquentar nossa comida.

Graças a um conhecido, no final de novembro consegui um emprego de baterista substituto por uma noite numa banda chamada Heaven, mas o show seria um verdadeiro inferno. Heaven era uma banda de certo sucesso que tocava R&B branco, com sete membros e um vocalista decente, e eles vieram me buscar numa van Mercedes grande com poltronas parecidas com as de um avião (na época isso dava status). Carreguei a bateria na parte traseira, e seguimos para o norte até a Universidade de Salford, perto de Manchester. Dessa vez, os outros membros da banda eram bem legais, mas o tecladista era um autocrata desagradável e arrogante (e mais uma palavra que começa com "c").

Ele nunca me dirigiu uma palavra sequer, só ficava lá sentado no banco da frente emanando uma atitude agressiva e certo ar de superioridade. Quando o motorista colocou uma fita-cassete do Pink Floyd, ele rosnou: "Nada desses porcos desafinados", e seguimos em silêncio.

O desafio era insuperável: a Heaven tocava seu próprio material, que eu nunca tinha ouvido antes, e mesmo agora é difícil imaginar que eles pensassem que podíamos fazer um show sem ter ensaiado uma única vez. Como sempre, não havia partitura, e mesmo se houvesse eu não teria condições para ler – era como uma língua que eu já tivesse aprendido, mas jamais usado.

No backstage em Salford University, o baixista e eu montamos nosso equipamento e tentamos tocar algumas seções rítmicas de músicas diferentes, mas com certeza não havia tempo para aprender os arranjos, e era esperado que eu apenas "o seguisse". Achei que tinha sobrevivido ao show muito bem considerando as circunstâncias, mas não tive chance.

E eles me tiraram da banda. Quando me largaram de volta em New Barnet nas primeiras horas da manhã, o gerente de turnê me deu 10 libras – sendo que haviam me prometido 20. Quando reclamei, ele disse: "Foi o que me disseram para fazer". Desgraçados. (Ah, mas onde será que eles estão agora...)

Naquele Natal de 1971, minha avó me mandou dinheiro para que eu pegasse um vôo e fosse para casa durante as festas de fim de ano, e eu voltei para St. Catharines todo "anglicizado" (depois de seis meses inteiros), com meu novo terno de veludo da Lord John, comprado em Carnaby Street, colete de lã em jackard e um sotaque afetado. Em janeiro voltei para a Inglaterra e fiquei preso várias horas na Imigração. O problema era que eu só tinha duas libras nos bolsos, o que mal pagava a passagem de trem até New Barnet. Contudo, disse aos agentes que estava indo direto para trabalhar com Bud, e assim o fiz.

Eu tinha muito mais consciência quanto à dura realidade da cena musical em Londres e sobre a dura realidade da vida, porque eu tinha vivenciado a pobreza. Podia ver que ganhar a vida como músico seria dureza, mas eu também tinha aprendido que trabalhar num emprego "normal" oferecia certas recompensas como segurança, autossuficiência e até mesmo satisfação.

Logo depois de voltar a trabalhar com Bud, ele me promoveu a gerente da Pop Shop (embora eu fosse apenas "gerente" de mim mesmo: éramos apenas eu e

Ahmed, que trabalhava imprimindo os jornais com manchetes falsas na banca da esquina). Minha bateria ainda estava no porão da loja, então eu podia continuar praticando durante os intervalos para o almoço e depois do expediente. Durante os dias de pouco movimento no inverno, quando poucos turistas entravam na lojinha, dei uma arrumada no lugar, organizei os pôsteres e os souvenirs nas prateleiras, pintei os armários para servir de estoque para os pôsteres e escrevi com capricho os preços de tudo em pequenos cartazes.

Assim como aconteceu com a organização que eu tinha feito no estoque, Bud ficou impressionado, e quando Leonard, o afro-americano alto, pediu demissão do cargo de gerente da Gear, ele me ofereceu a vaga: gerente da principal loja do S. Morgan Jones Group, chefe de uma pequena equipe de vendas. Eu tinha apenas 19 anos, e sem dúvida fiquei intimidado pela responsabilidade, mas como falei para o diretor-geral, o neozelandês Dave: "Acho que esse é o passo seguinte mais lógico".

Na verdade, eu era um péssimo chefe – pelo menos do ponto de vista administrativo. Odiava dizer às pessoas o que elas deviam fazer, ou simplesmente esperar que elas fizessem o que deveriam fazer. Se não fizessem, às vezes eu tinha que ficar depois do horário e fazer tudo eu mesmo, como nas duas vezes em que eu e Brad passamos a noite inteira ouvindo música e limpando as prateleiras e os mostruários dos pôsteres (foi meio divertido na verdade, e uma bela experiência ficar no centro de Londres enquanto a cidade adormecia e no dia seguinte voltava à vida novamente, e nós ainda na loja quando todos chegaram para trabalhar novamente).

Quando a rua não estava movimentada, eu não suportava deixar alguém sozinho no balcão dos fundos, sem ninguém para conversar. Todos nós éramos amigos, Ellis, Mary, Rebecca e eu, e se houvesse poucas pessoas na loja, nós costumávamos nos reunir no balcão do meio para conversar. O escritório de Bud ficava no andar de cima da Gear, e quando ele entrava e saía da loja (com o que Rebecca chamava de "infantaria" de amigos e puxa-sacos), ele mandava Dave descer e me dizer para colocar alguém no balcão dos fundos. (Certa vez, toda a equipe assinou um exemplar do livro *Carnaby Street* de Tom Salters, e a dedicatória de Bud dizia: "Enquanto você segue em frente na vida, não se esqueça de ficar de olho no balcão dos fundos". Jamais aprendi aquela lição figurativamente falando.)

Um das minhas tarefas mais importantes (para mim, de qualquer forma) era escolher que música tocaria no sistema de som da loja, e além das minhas favoritas da época como o Yes (*Time and a Word,* principalmente, que ouvi há pouco e continuei impressionado com a energia e a criatividade daquele álbum), Todd Rundgren (principalmente *The Ballad of Todd Rundgren,* embora eu tenha sido fã de todos os seus trabalhos por muitos anos), e *Who's Next* (acompanhando a bateria batendo na caixa registradora Sweda, que produzia um som maravilhoso), tentava incluir o gosto de todo mundo – até mesmo da lésbica que gostava de Melanie, do cara gay que gostava dos cantores de megafone dos anos 1920, e de uma garota hippie que seguia as tendências pop e só queria ouvir o álbum *Sticky Fingers,* dos Rolling Stones – todo santo dia. O ano de 1971 foi marcante para cantores e compositores, e lembro de ouvir muito Rod Stewart, Elton John, James Taylor, Cat Stevens, e os álbuns *After the Gold Rush* e *Harvest* de Neil Young (ainda ótimos) e o álbum *Tapestry* de Carole King (umas *mil* vezes).

Nossa música invadia a rua cheia de turistas e com certeza conseguia atraí-los para dentro da loja. Entre os clássicos ímãs de clientes, estavam a trilha sonora do filme sobre Woodstock, principalmente o lado do álbum com Sly and the Family Stones com "I want to take you higher" e um álbum ao vivo do Rare Earth, com uma versão estendida de "Get Ready".

Com a longa viagem diária de metrô até o trabalho, 45 minutos cada trecho, adotei alguns novos hábitos que já duram a minha vida inteira: comecei a comprar o jornal da manhã a caminho do trabalho e o jornal do vespertino quando voltava para casa no fim da tarde, e a fazer palavras cruzadas. Também continuei a ler livros, segundo as recomendações de outros garotos com quem eu trabalhava: entrei em transe com a trilogia *O Senhor dos Anéis* e li tudo duas vezes. Rebecca decidiu pedir demissão e voltar para os Estados Unidos, e ela nos trouxe uma caixa de livros para dividir entre Ellis (o "herói" sobre o qual escrevi em *Nobody's Hero,* em 1993, que morreu de AIDS no final dos anos 1980), a garota holandesa Carla e eu. Fiquei com uma boa seleção de literatura inglesa com autores como Cyril Connolly, Kingsley Amis, William Trevor, Graham Greene e Somerset Maugham, e alguns autores exóticos excelentes como Gabriel García Márquez e Jorge Luis Borges, que me introduziram ao poderoso estilo literário latino-americano do "realismo mágico". Outro canadense com quem eu trabalhava, Tom, me deu uma cópia de *Retrato do Artista Quando Jovem.* Então, pelo menos, minha educação em "artes liberais" nunca teve fim.

A caminho de casa, certo dia, parei na pequena tabacaria ao lado da estação de metrô Oxford Circus para comprar o jornal *Evening Standard*, e reparei num livro que me lembrava da época de colégio, *A Nascente*. Era um dos volumes da coleção "Intelectuais Júnior" de Lakeport High que eu costumava levar para cima e para baixo ("bem à vista", percebo agora) junto com *O Senhor dos Anéis* e *Ulysses*, de James Joyce.

Para um músico batalhador de 20 anos, *A Nascente* era uma revelação, uma afirmação e uma inspiração. Embora com o passar do tempo eu tenha ficado maduro o suficiente para entrar na órbita de Ayn Rand – depois maduro demais para continuar nela –, sua escrita foi um degrau importante, ou um posto avançado para mim, um início preto e branco ao longo de uma jornada dentro de uma filosofia e de uma política com mais cores. Mais que tudo, era a noção de *individualismo* de que eu precisava – a ideia de que o que eu sentia e acreditava, o que eu gostava e queria, era importante e válido.

Como Nietzsche afirmou: "O interesse em si próprio é tão válido quanto o valor da pessoa que o tem. Pode ser extremamente válido, e pode ser indigno ou desprezível."

Jovens músicos têm de fazer escolhas filosóficas muito cedo, conscientes disso ou não. Como a escolha de entrar para um sindicato, por exemplo, com 15 anos – embora não fosse realmente uma escolha, porque não se podia tocar em qualquer clube sindicalizado, nem mesmo nos Knights of Columbus ou no Legion se não tivesse a carteirinha do sindicato.

Mas, desde quando comecei a tocar em bandas, enfrentei escolhas sobre que tipo de música iríamos tocar: a música que adorávamos ou a música que os outros queriam que tocássemos. Lembrando do Mumblin' Sumpthin' e daquele discurso bizarro sobre a prostituta que Jack Johnson proferiu na sala do rinque de patinação, aquilo tinha sido o tipo de resistência que me marcaria com a maldição eterna de ser o "do contra", determinado a encontrar um meio de tocar a música de que eu gostava até mesmo se eu tivesse que ganhar a vida de outro jeito.

Durante meu segundo ano em Londres, eu ainda estava em busca da carreira musical que sonhava, pelo menos em meio período, quando conheci um baixista de Newcastle chamado Ian. Ele estava montando uma banda com o guitarrista Tony e o vocalista Bobby, e começamos a ensaiar juntos todas as noites. A música deles, mais dura e cheia de riffs, era mais parecida com o meu próprio gosto do que o pop açucarado da English Rose, e o material original era interessante e desafiador – e bem mais criativo do que o nome que escolheram para a banda: Music.

O vocalista tinha recrutado um empresário de algum lugar (em todas as bandas de que participei, desde a Mumblin' Sumpthin', parecia sempre haver um rapaz ardiloso que queria entrar na indústria musical como empresário). Ao longo daquele verão de 1972, tocamos em alguns clubes e pubs em Londres, incluindo o lendário Marquee, onde o The Who tinha começado, e na Brighton University, mas mais uma vez não deu em nada. Ao que parece, o empresário tinha tentado atrair gente da indústria para assistir a banda, mas não conseguiu que se interessassem. Tarde da noite, depois do que parecia ser nosso último show, a van alugada deixou a mim e a minha bateria na Pop Shop, e lembro que o baixista Ian sorriu para mim, segurou meus ombros e disse: "Você vai ser grande, cara. Apenas precisa de *disciplina*".

Fiquei intrigado com isso por muito tempo, mas, olhando para trás, acho que ele quis dizer que eu tocava muito, mas também com muita imprecisão. Foi assim que aprendi a ser preciso.

Duas semanas depois, o guitarrista da Music, Tony, perguntou se eu queria me juntar a ele e a um cara que tocava piano elétrico para tocar "soft jazz" num clube de executivos de Londres. O dinheiro extra seria bem-vindo, e eu disse que iria tentar. Nós nos acomodamos num canto, eu com dois tambores e um par de vassourinhas, e tocamos clássicos calmos em meio a um grupo de distintos e conservadores "diretores administrativos" que bebiam e falavam alto, todos eles vestindo o que um amigo meu chamava de "ternos de 12 peças".

Era insuportável – eu me senti desvalorizado e humilhado, me contorcendo por ter que tocar música ambiente para gente tosca sem consideração, e depois de dois sets pedi desculpas para os outros caras, recolhi a bateria e saí. Foi o único emprego que eu abandonei de repente, e não me orgulho disso: simplesmente não consegui suportar.

Essa era a maldição que se abateria sobre mim, a de me recusar a comprometer a música por qualquer motivo que fosse, e se podia dizer que, de certo modo, eu me devotei à integridade *musical* às custas da minha integridade *pessoal*, num senso ideal de fazer o que eu queria. Com outros jovens músicos com os quais cresci, o

princípio era reverso, o ponto de honra para eles era ganhar a vida como músicos, não importando o que precisassem tocar, e eles eram razoavelmente felizes trabalhando em bandas de polca ou em grupos de música country – fosse lá o que tivessem que fazer. Quase todos esses músicos com os quais cresci tinham trocado de profissão para outras coisas mais práticas, mas alguns deles continuaram a perseguir seu próprio ideal de pragmatismo musical, tocando onde e o que pudessem, e sou obrigado a respeitar tal atitude.

Na música e na vida, acho que o conceito de "autoconsideração esclarecida" criou uma boa base para o meu futuro, e mesmo enquanto eu crescia e mudava ao longo de 30 anos de experiências de vida, era agradável pensar que minhas ideias e meu comportamento ainda se baseavam em tal premissa. A autoconsideração apenas continuou a se tornar cada vez mais esclarecida.

Mas ainda mais importante que os livros e as lições de vida que aprendi em Londres foi a exposição à *música* durante o tempo que morei lá no começo dos anos 1970, principalmente música ao vivo. Nas tardes de domingo, Brad e eu íamos aos shows no Roundhouse em Chalk Farm e assistíamos até cinco bandas por 50 *pence* (um pouco mais do que um dólar). Às vezes eram boas, às vezes não, mas sempre era interessante. Entre as muitas bandas esquecidas (embora de alguma forma eu ainda lembre nomes como a Marsupilami – conversei com o guitarrista entre os sets, buscando "dicas" de como encontrar uma banda), lá assistimos Sha-Na-Na e Al Kooper acompanhado de uma banda chamada Hookfoot, formada por muitos dos músicos de estúdio de Elton John. Um show grátis no Hyde Park com Grand Funk Railroad (ok) e Humble Pie (excelente), Pink Floyd no Rainbow (mágico), e em setembro de 1971 assistimos ao The Who no Oval Cricket Grounds, tocando o álbum *Who's Next* na íntegra, com Rod Stewart and the Faces. Também convenci Brad a ver Tony Bennett no London Palladium, que nós dois aproveitamos como um evento "classudo" (Tony Bennett sempre trabalhou em Londres com um maravilhoso baterista inglês, Kenny Clare, e houve um momento engraçado na gravação do álbum ao vivo *Get Happy* quando Tony o apresentou depois de um trecho de bateria como "Kenny Clarke", um baterista de jazz afro-americano, corrigindo rapidamente em seguida).

Na primavera do meu segundo ano em Londres, Brad e eu nos mudamos para um apartamento maior, de três quartos, embora também fosse bem longe de Central London – no extremo sul da linha de metrô Northern Line, em Collier's Wood, perto de Wimbledon. Ainda assim, estando tão longe do centro, o aluguel era razoável, e tínhamos muito orgulho do nosso pequeno jardim dos fundos com vista para os trilhos de trem.

Agora que tínhamos uma sala de estar adequada, chegamos até mesmo a alugar um televisor, então podíamos assistir *Monty Python's Flying Circus* toda semana. Peguei emprestado duzentas libras de Bud (pagando o empréstimo 5 libras por semana) para comprar meu primeiro aparelho de som estéreo decente: um toca-discos Denon, amplificador Sansui e alto-falantes Celestion (outra coisa que aprendi na Inglaterra, comprar e fazer a manutenção dos sistemas de som das nossas várias lojas). Levou dois dias para levar as caixas de metrô até a minha casa, mas eu estava tão orgulhoso daquele aparelho de som que sequer deixava Brad tocá-lo. Isso parece mesquinho e egoísta agora, mas junto com minha bateria (que eu também não gostava que nenhuma outra pessoa tocasse), aquele aparelho de som estéreo era como um altar para mim, sagrado e precioso.

A música ainda era a única indulgência verdadeira na minha vida, e agora que eu tinha uma renda fixa, a cada duas semanas eu podia comprar um novo disco. Assim como a tabacaria de New Barnet que aceitava "trocas" de livros, a lojinha de discos no final de Carnaby Street trocava dois álbuns velhos por um novo, e eu comecei a trocar alguns dos "antigos" que tinha trazido do Canadá. Junto com os álbuns de rock da época, também comecei a comprar alguns com as "músicas do meu pai" – Frank Sinatra, Tony Bennett, Duke Ellington e Count Basie. (Um dia tentei colocar um disco de Sinatra na loja, mas os outros garotos não "curtiram", e as garotas riram de mim: "Você deve estar apaixonado!")

E assim como fui apresentado à maconha em Londres, também descobri o lado social do álcool, me reunindo com amigos e colegas de banda no pub. Alguma coisa tinha acontecido comigo na infância com relação à cerveja, já que nunca consegui gostar dessa bebida (lembro que meu pai me ofereceu um gole de cerveja quando eu tinha seis ou sete anos, e sempre pareceu ruim para mim) e naqueles dias eu bebia (tenho vergonha de admitir) uísque e Coca-Cola (ah, já fui tão jovem assim?). Meu gosto logo progrediu para uísque e refrigerante de gengibre, depois uísque e água, e finalmente o copo adequado de *single malt* com três pedras de gelo.

Antes disso, devo ter ficado realmente bêbado uma única vez na minha vida inteira, uma experiência radicalmente nauseante na adolescência, que me deixou confuso e com a fala amortecida. Mas em Londres, depois que completei vinte anos, descobri que beber, assim como fumar maconha, podia ser um ritual civilizado e adulto que não precisava ser o caminho para o vício e a ruína.

A canção "I Get a Kick Out of You", de Cole Porter, foi escrita para um musical da Broadway em 1934 chamado *On the Sunny Side of the Street* e tinha este verso: *Some get their kicks from cocaine/ I'm sure that if, I took even one sniff, it would bore me terrifically too – Alguns sentem um barato com a cocaína/ Tenho certeza de que se eu cheirasse uma única vez, também ficaria terrivelmente entediado*. Era aceitável, sofisticada e vivaz nos anos 1930, mas nem tanto em 1950 quando Sinatra a regravou naquele clima hiperconservador de medo e ignorância. O verso foi remendado para *Some like the perfume of Spain – Alguns gostam do perfume da Espanha*, depois mais tarde para *Some like a be-bop refrain/ I'm sure that if, I heard even one riff, it would bore me terrifically too – Alguns gostam do refrão be-bop/ Tenho certeza de que se eu escutasse um riff, também ficaria terrivelmente entediado*.

Na Londres do começo dos anos 1970, ainda não sabíamos nada sobre cocaína e, além do haxixe, a única outra droga que costumava estar disponível era o LSD. De volta ao Canadá, eu tinha experimentado duas agradáveis "acid trips", estrelando todas as atrações turísticas com os sentidos aguçados e efeitos especiais (nunca tive alucinações, no sentido de ver algo que não estava lá, mas cores vívidas e padrões, e insights intelectuais que eram divertidos e, às vezes, verdadeiramente transcendentes). Para mim, pelo menos (e com certeza não para todos), a experiência com LSD trouxe perspectivas únicas na vida e tudo que havia nela, às vezes absurdas, às vezes sublimes. Assim como a minha experiência de quase afogamento, uma viagem de ácido pareceu me levar através de um panorama da minha vida em sua totalidade até aquele momento, revirando meu cérebro jovem de dentro para fora e permitindo que eu me aprofundasse em tudo o que havia nele. Para algumas pessoas, talvez já fragilizadas e instáveis, essa experiência podia ser forte demais para suportar, mas também poderia oferecer experiências sensoriais espetaculares e aventuras mentais.

No outono de 1972, no nosso apartamento em Collier's Wood, Brad e eu decidimos fazer uma bem planejada e cuidadosamente orquestrada viagem de LSD.

Nós nos trancamos no nosso apartamento num sábado à noite, enchemos o medidor de eletricidade com moedas e nos acomodamos para ouvir discos de Moody Blues, fumar cigarros e debater o sentido da vida.

Em algum momento daquela noite atemporal, criamos uma expressão que nos fez sorrir, uma expressão que retomamos continuamente a noite inteira, e decidimos que se tratava do Significado da Vida definitivo.

"Você levanta de manhã e vai para o trabalho."

Parece-me que a frase se aprofunda ainda mais para definir um *modus operandi* existencial, e resume muito bem o modo como eu tenho vivido minha vida, seja vendendo souvenir em Carnaby Street, estocando peças de implementos agrícolas, tocando bateria numa interminável turnê, compondo letras de música, escrevendo um livro, sofrendo pela perda da minha família ou partindo para uma longa viagem de carro através do sudoeste norte-americano. Você levanta de manhã e vai para o trabalho.

Mas, no final de 1972, eu já estava ficando desiludido. Eu tinha amadurecido muito naqueles 18 meses, me sustentando, trabalhando para poder viver, batendo de porta em porta na insignificante cena musical de Londres sem sucesso (ou atenção!). Eu tinha aprendido um pouco mais sobre como o mundo funcionava. Mesmo se eu "ficasse bom", não significava que eu teria sucesso, e a escolha parecia residir entre tocar boa música e morrer de fome ou ter uma vida miserável tocando música ruim. Mais uma vez, a vida parecia estar em pausa, e eu estava sentindo aquela coceira de novo. E agora?

Uma carta da minha namorada falando em romper o namoro me ajudou a tomar a decisão, e no Natal seguinte eu estava de volta a St. Catharines com minha bateria e meus discos. Fui trabalhar com meus amigos Keith e Steve (que mais tarde me apresentaram à irmã mais nova deles, Jackie, com quem eu ia dividir 22 anos de casamento e as alegrias e as tristezas de Selena) na loja Sam the Record Man durante a época movimentada de fim de ano, e depois trabalhei de novo com meu pai na Dalziel Equipment, começando como subgerente de peças ao lado de um cara mais velho e calado, o Bruce.

Minha mãe foi procurar um apartamento comigo. Nos decidimos por um que estava sujo e abandonado, mas era barato, e minha mãe concordou que havia "um jeito". Ela, meu pai e minha irmã Judy me ajudaram a pintar e a colocar o carpete, e

MAIS UMA VEZ, A VIDA PARECIA ESTAR EM PAUSA, E EU ESTAVA SENTINDO AQUELA COCEIRA DE NOVO. E AGORA?

pela primeira vez na vida eu tinha meu próprio lar. No verão de 1973, fui promovido a gerente de peças quando Bruce pediu demissão para assumir outro emprego, e naquela época eu comprei o meu amado conversível MG, pintado de púrpura, e acelerava por aí à noite e nos finais de semana (e passei muitas noites tentando consertá-lo na oficina do trabalho, aprendendo como substituir escapamentos, fazendo ajustes nas válvulas e resolvendo os problemas com o sistema elétrico inglês). Eu tinha um "cantinho do solteirão" decorado, completo, com colchão de água, o aparelho de som que eu tinha comprado na Inglaterra e até mesmo um quarto para a bateria, embora ela estivesse toda revestida com círculos de carpete sobre as caixas e bumbos e os pratos, de modo que eu pudesse tocar sem incomodar os vizinhos.

Mas isso não era tudo. Eu estava desiludido com a *indústria musical*, mas não com a *música*, e sentia falta de tocar numa banda.

Meus antigos colegas de banda da J.R. Flood, o guitarrista Paul e o organista Bob, tinham uma nova banda chamada Bullrush, e ainda eram os músicos locais favoritos, mas também já tinham o melhor baterista da região, Glen Gratto. (Naquele verão, eu vi pôsteres na redondeza para um show com o Bullrush e, por alguma inspiração de empresário, outras duas bandas com nomes parecidos, Mahogany Rush e Rush, mas eu não fui àquele show.)

Comecei a conversar com um empresário local, Arnie Dyker, sobre me ajudar a montar minha própria banda, e se ele talvez pudesse achar algum trabalho para nós à noite e nos finais de semana. Falei sobre um jovem guitarrista que tinha me impressionado, e embora ele estivesse em outra banda, ele era bom demais para aqueles caras. Quando sugeri a Arnie que o convidássemos para entrar na minha nova banda, ele disse que eu era "maquiavélico", mas não via nenhum mal naquilo – eu teria um guitarrista melhor, e o guitarrista teria uma banda melhor.

Arnie e eu também recrutamos outro guitarrista que eu respeitava, Brian Collins, e usamos o nome de sua banda anterior, Hush, quando conseguimos um vocalista e um baixista. No porão da casa dos pais de Brian, começamos a aprender covers de que gostávamos, indo de Genesis a Frank Zappa para parte do *Quadrophenia* do The Who, depois começamos a tocar nos bares. Enquanto eu estava fora do país, a maioria para beber álcool em Ontário tinha baixado de 21 para 19, e agora os bares eram os lugares onde se tocava geralmente por três ou quatro noites. Isso era difícil para mim, tocar até duas da manhã, depois acordar às 7h para ir

trabalhar, mas ao menos eu estava tocando bateria de novo, e tocando músicas de que eu gostava. Comecei a insistir com Arnie que nos conseguisse mais trabalho, de modo que pudéssemos viver disso. Talvez devêssemos nos mudar para Toronto, obter um contrato com uma gravadora – eu estava ficando ambicioso de novo.

Numa manhã quente de julho, no verão de 1974, um Corvette branco parou na frente da loja Dalziel Equipment. Outro baterista da região, John Trojan, desceu do banco do carona e me apresentou ao motorista, Vic Wilson, um dos empresários de uma banda de Toronto chamada Rush. Tudo o que eu sabia sobre eles era o cartaz de divulgação do show com a Bullrush, Mahogany Rush e o Rush no verão anterior, mas ao que parece eles estavam tocando hard rock com uma pegada blues nos bares de Toronto já há alguns anos, e recentemente tinham lançado um álbum independente no Canadá financiado pelos empresários. O empresário disse que o álbum tinha sido selecionado por uma gravadora norte-americana, a Mercury, e havia uma turnê pelos Estados Unidos marcada para o final do verão. Parecia muito promissor (embora, naquela época, eu já tivesse aprendido a ser cético quanto a promessas de empresários).

Devido a questões pessoais e de saúde, a banda tinha rompido com seu baterista atual e estava à procura de um novo músico, então John Trojan tinha dito a eles que eu poderia servir. E eles estavam me oferecendo um salário de 125 dólares por semana – uma renda decente, tocando rock'n'roll!

Quando meu pai ficou a par disso, ele sabia exatamente o que dizer: "Talvez seja melhor falar com sua mãe". Minha mãe concordou que eu devia tentar, e alguns dias depois peguei o carro dela emprestado – um Pinto – coloquei minha bateria dentro (não ia caber no meu Lotus Europa), e fui até um armazém num subúrbio na zona leste de Toronto. Enquanto Geddy, Alex e eu tocávamos juntos, pareceu que correspondíamos às "energias" um do outro imediatamente, e também depois quando nós nos sentamos no show conversando sobre *Monty Python's Flying Circus*, *O Senhor dos Anéis* e as bandas de que gostávamos.

Disseram que me dariam a resposta na sequência, e durante os dias seguintes tive um ataque de insegurança – não achava que tinha tocado bem no teste, e foi então que me dei conta de que realmente queria aquela vaga. Comecei a importunar o empresário no telefone pedindo outra chance, mas ele só dizia: "Está a critério dos caras".

ENQUANTO GEDDY, ALEX E EU TOCÁVAMOS JUNTOS, PARECEU QUE CORRESPONDÍAMOS ÀS "ENERGIAS" UM DO OUTRO IMEDIATAMENTE.

Finalmente, alguns dias depois, recebi a resposta, e a emoção e a agitação repentinas foram avassaladoras. Estávamos saindo em turnê, nos Estados Unidos, e com um adiantamento da gravadora fomos para uma loja de instrumentos musicais no centro de Toronto e compramos um equipamento novinho, incluindo uma bateria Slingerland com dois bumbos. Isso, com certeza, era começar com o pé direito.

O primeiro show, abrindo para Manfred Mann e Uriah Heep na arena Civic Center em Pittsburgh, para 11 mil pessoas, seria dali a duas semanas apenas, então tínhamos muito trabalho a fazer. Mas, primeiro, eu tinha que contar aos caras da Hush. Convoquei uma reunião na casa de Arnie, expliquei que estava saindo da banda por causa dessa enorme oportunidade, e Brian Collins não ficou muito feliz com aquilo. Ele me olhou com desprezo e disse: "Acho que todo mundo tem um preço".

Quando Brian se tornou editor do The St. Catharines Standard, quinze anos depois, ele ligou para o nosso escritório para conversar sobre a possibilidade de que eu escrevesse um artigo para o jornal da minha cidade natal. Ele publicou meu texto em duas partes – "Memórias de um garoto do porto" – e quando falei para Brian como agora era irônica a frase de despedida dele, ele disse que não se lembrava de ter falado aquilo.

Graças a Brian, reencontrei Arnie, e ele também não se lembrava de ter me chamado de "maquiavélico". Assim como Margaret Ashukian não se lembrava de ter ficado "surpresa" ao saber que eu tinha princípios, e Ian Murrya provavelmente não se lembraria de ter dito: "Você só precisa de *disciplina*". As pessoas te "tatuam" para a vida toda desse jeito e depois nem mesmo se lembram disso.

De qualquer forma, em 14 de agosto de 1974, Geddy, Alex e eu pegamos um avião de Toronto para Pittsburgh para nosso primeiro show juntos, e tudo começou. Como um verso de "I've Been Everywhere", nossas vidas poderiam ser soletradas em itinerários: "Reno, Chicago, Fargo, Minnesota, Buffalo, Toronto, Winslow, Sarasota, Wichita, Tulsa, Ottawa, Oklahoma, Tampa, Panama, Mattawa, La Paloma..."

Você levanta de manhã e vai para o trabalho.

MIDDLE EIGHT

"Filling my spirit with the wildest wish to fly"
"Alimentando meu espírito com o mais louco desejo de voar"

Middle Eight é um termo que optamos por deixar em inglês porque não se trata exatamente de uma ponte, mas de um ponto de transição que tem uma função peculiar na música: ele não está estruturalmente vinculado a um verso ou refrão. Em vez disso, oferece uma espécie de contraste – e não uma ligação –, por isso aparece apenas uma única vez na canção (N. da T.)

Dizem que os parques nacionais dos Estados Unidos são as joias da coroa americana, um cordão entrelaçado de templos de beleza natural que atravessa o país, de Haleakala no Havaí ao Denali no Alasca, até o Everglades na Flórida. Fora do Alasca, os maiores parques nacionais emolduram o oeste americano, e a lista de nomes desses lugares é por si só a poesia da geografia americana: Glacier, Crater Lake, Redwood, Yosemite, Sequoia, Joshua Tree, Zion, Canyonlands, Arches, Organ Pipe Cactus, Grand Canyon, Yellowstone – visões de vaga fantasia para quem jamais os visitou, imagens agudas de lembranças sublimes para quem já esteve lá.

Morar no sul da Califórnia me deixava próximo de todos esses santuários de beleza natural e, como eu procurava os parques nacionais regularmente para passar a noite nas minhas viagens de motocicleta, eu os tinha em alta consideração – eu me *importava* com eles. Tive sorte o suficiente de ter visitado quase todos os parques mais importantes do Canadá e dos Estados Unidos, muitos deles várias vezes. Solidarizei-me com aqueles que tentavam proteger esses lugares, seja contra um governo filisteu que ameaçava perfurar o solo em busca de petróleo em Alaska's Gates no Ártico ou simplesmente contra a destruição por causa de sua *popularidade* letal.

O parque nacional Denali no Alasca, lar do mais alto pico dos Estados Unidos, o monte Denali (antes conhecido como monte McKinley), fechou as estradas para o tráfego dos turistas, oferecendo transporte para os visitantes que quisessem fazer trilha ou acampar. Outros parques superlotados, como Yellowstone, Yosemite e Grand Canyon, estavam considerando adotar a mesma medida. De certo modo, parecia algo positivo que um grande número de americanos visitasse essas áreas de natureza selvagem, aproveitando para apreciar a beleza natural em seu estado prístino, mas é claro que essa pureza toda se encontrava ameaçada pelo excesso de

veículos e de humanos. Um guarda de um dos parques me contou que menos de 10% dos visitantes se aventuraram numa distância maior do que 100 metros além de seus carros.

Outra solução para parques superlotados seria criar mais locais como esses, transformá-los num negócio cuja demanda supere a oferta ou ampliá-los – expandir as operações por causa do interesse do público. Talvez anexar em torno deles algumas terras públicas cujas placas as descrevem como "Terreno de Multiúso", as quais, como Edward Abbey observou, geralmente significam na verdade "Terreno de Multiabuso". Sob tal designação, o Bureau of Land Management tinha pouco poder para proteger essas terras públicas das invasões predatórias das serrarias, das minas e das criações de gado, e mal havia guardas suficientes para reforçar as poucas restrições que já existiam.

O parque nacional Big Bend, com 3.243 quilômetros quadrados, protegia uma vasta região da parte norte-americana do deserto Chihuahua, descrita no informativo do parque como "um dos maiores e menos visitados parques nacionais norte-americanos". Sem dúvida, para mim, pareceu tão amplo quanto vazio enquanto eu o cruzava de carro no nascer do sol na manhã de domingo, em direção a Rio Grande Village, no lado leste do parque. Um dia antes, checando a lista de atividades do parque no centro de visitantes, percebi que havia uma caminhada guiada para observação dos pássaros às 8h30min e achei que valia a pena acordar cedo para essa experiência.

Meu amor por pássaros remonta à minha primeira infância, a um conjunto de livrinhos de minha avó com capas lustrosas em vermelho, amarelo, azul e verde. Minha avó me mostrava como copiar as ilustrações do tordo-americano, do estrelinha-de-poupa-com-coroa-rubi, do sanhaço-escarlate e assim por diante, usando lápis e papel vegetal. Esses livros estão comigo agora, as marcas dos contornos ainda visíveis por causa dos meus desenhos de infância, como parte de uma coleção em constante ampliação de guias sobre pássaros da América do Norte, Europa, África Oriental, África Ocidental, México, Brasil, Havaí, Taiti e Índias Ocidentais. (Eu também me lembro de, com cerca de cinco anos, sentar na cabeceira da minha cama e fingir que eu era um pássaro empoleirado, como o personagem demente do filme *Asas da Liberdade,* ou como a personificação de uma criança numa música da excelente letrista de Rupert Hine, Jeanette Obstoj, "The Wildest Wish to Fly".)

Minha avó também tinha uma coleção de cartões de pássaros que vinha dentro das caixas de chá Red Rose. A senhora Pirie, nossa vizinha, guardava os cartões para mim, mas ela não parecia beber chá o suficiente para ampliar minha coleção. Pedi à minha mãe para comprar chá Red Rose para que eu pudesse colecionar mais cartões, e fiquei mortificado quando ela disse que nem ela nem meu pai gostavam de chá. O que isso tinha a ver com os cartões?

Os cartões eram fotografados e escritos por Roger Tory Peterson, o mais famoso observador de pássaros da época, e ele era um ídolo para mim do mesmo modo como os jogadores de hóquei eram para os outros garotos. Meu sonho era ser observador de pássaros profissional e com sete anos decidi começar um clube de observação de pássaros. Convidei todos os meus amigos da segunda série para me encontrar na minha casa depois da escola. Todos eles disseram que iriam, mas eu fiquei lá esperando na frente de casa por mais de uma hora e ninguém apareceu. Desapontado e desiludido, em silêncio, aprendi uma lição importante sobre a diferença entre o que as pessoas dizem e o que elas fazem.

Certa vez, eu estava na entrada da casa observando meu pai lavar e encerar o Buick Century 1955 vermelho e branco "conversível com capota rígida", e, enquanto ele terminava, com aquele orgulho dando a última lustrada com o pano no para-choque reluzente, um tordo passou voando e largou um pacotinho branco no capô. Meu pai se virou para mim e resmungou: "Viu, é isso que seus pássaros fazem!".

Mas continuei amando os pássaros por toda a minha vida, com binóculos e guias de campo e mantendo alimentadores no meu jardim. De fato, nunca entendi como as outras pessoas não eram fascinadas pelos pássaros, como para elas aqueles voos em rasante de cor e movimento pareciam apenas outra parte do *pano de fundo* do mundo. Mas, então, muitas coisas pareciam interessantes para mim, à medida que a minha curiosidade mais tarde se estendeu a querer saber os nomes dos peixes tropicais no recife, os tipos de corais, os tipos de nuvens, os nomes das árvores na floresta, dos arbustos no deserto e mais tarde a natureza das pedras e da terra da qual tudo brota.

Até aquele momento, eu só tinha participado de uma caminhada guiada para observar pássaros na África Oriental, mas tinha sido uma boa experiência entender tantas coisas que eu teria perdido se estivesse sozinho e compartilhar com en-

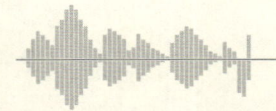

tusiastas igualmente devotos, então eu estava bastante animado com essa oportunidade e determinado a não me atrasar e talvez perdê-la. Guardas, atendentes do posto de gasolina e recepcionistas do hotel me deram estimativas variáveis do tempo necessário para ir de carro de Lajitas até Rio Grande Village, numa distância de 100 a 120 quilômetros sinuosos.

Pensando nisso naquela noite, durante o jantar no restaurante Candelilla ao lado do hotel, decidi garantir bastante tempo de sobra e saí pouco depois das 6h30min, depois de tomar apenas uma xícara de café no quarto. O mapa do parque exibia os símbolos para centro de informações turísticas, área de camping, posto de gasolina e loja de conveniência, e talvez lá eu pudesse encontrar alguma subsistência tipo café da manhã, um bolinho ou donut.

Com a manhã límpida e clara de domingo, sem nenhum outro veículo sequer ou vestígio de vida selvagem, eu imergi na condução do carro e na paisagem, mais uma vez com a trilha sonora do filme *Frida*. Como ambientação, era uma boa "música matutina" e sua combinação de canções folclóricas mexicanas e interpretações modernas parecia perfeita para um dia em que eu estaria de poucos quilômetros a poucos metros do México.

Cheguei ao final da estrada em Rio Grande Village quase uma hora adiantado (anotação no diário: "ilegalmente, mas muito agradável!"), e encontrei tudo fechado. O ponto de encontro para a caminhada de observação de pássaros estava descrito como o "estacionamento do anfiteatro", então eu achei o local, estacionei o carro e dei uma olhada em volta na calmaria do início da manhã. O anfiteatro era um semicírculo de bancos de madeira voltados para um telão de madeira compensada pintada de branco, onde os guardas do parque passavam os programas noturnos e as apresentações de slides para os campistas, e eu segui um caminho cheio de curvas que saía de lá e contornava as áreas de piquenique gramadas à beira do rio. Um bando de urubus-de-cabeça-vermelha estava empoleirado numa enorme árvore seca (provavelmente assassinada por seus dejetos nocivos), assim como alguns pombos sobrevoavam em círculos e se empertigavam debaixo de frondosos choupos-do-Canadá. Desci um caminho empoeirado até o rio, estreito e plácido no meio de juncos grossos, e pensei novamente com incredulidade que aquilo era a fronteira entre o México e os Estados Unidos. Eu ainda não sabia que lá também era um lugar *perigoso*.

De volta ao pequeno estacionamento, outros veículos pararam bem perto das 8h30min. Dois casais de meia-idade portavam binóculos grandes e guias de campo, então eu sabia que estavam lá pela mesma razão que eu. Trocamos sorrisos e cumprimentos, embora sem nomes, estranhamente, mas por mim tudo bem. Já era suficiente que compartilhássemos desse interesse em comum.

Um homem mais velho desceu de uma caminhonete grande e se apresentou como Bernie, nosso guia, e explicou que sua esposa geralmente o acompanhava nessas caminhadas, mas que ela tinha escorregado no estribo da caminhonete e machucado a perna. Bernie vestia um uniforme marrom com as insígnias dos Guardas Voluntários, e parecia estar perto dos 80 anos, embora ainda forte e ativo, com cabelo branco, óculos, aparelho auditivo e pele curtida, bronzeada no rosto e no pescoço. Ele perguntou a cada um de nós sobre nossa experiência com os pássaros, e eu me descrevi como "um amante de pássaros desde a infância, embora nunca tenha mantido uma lista de espécies avistadas". Um dos outros casais era da costa leste, usava roupas esportivas de marca e binóculos, e durante a manhã mencionaram várias viagens que fizeram pela costa leste apenas para observar pássaros, então eram os mais sérios. Já o outro casal, do extremo sudoeste do Texas, parecia dois aposentados em busca de distrações interessantes.

Bernie explicou que o grupo da manhã de domingo era mais para iniciantes e que ele iria nos guiar por uma caminhada leve pelo parque e nos mostrar como encontrar e identificar diferentes espécies. Alguém perguntou a respeito das margens do rio, e ele sacudiu a cabeça e disse que não iríamos naquela direção de manhã. Havia algo estranho no tom de sua voz, e a senhora do leste perguntou por que não iríamos. Relutante, Bernie explicou que alguns dias antes uma pessoa tinha sido baleada por alguém que atirou do outro lado do rio, e embora o atirador tivesse falhado, estavam evitando a área até que ele fosse preso. A senhora perguntou se o alvo tinha sido um oficial da patrulha de fronteira, ou um guarda uniformizado do parque, e Bernie disse que não, então revelou seu senso de humor sutil ao descrever o alvo como alguém que vestia colete laranja, suéter azul, calças escuras – até que nós rimos ao nos darmos conta de que ele estava descrevendo a senhora que havia feito a pergunta.

Bernie explicou como incidentes recentes tinham afetado a área, levando ao fechamento de duas antigas passagens de fronteira dentro do parque devido a

questões de "Segurança Nacional" no rastro de 11 de setembro de 2001. Na época da criação do parque, em 1930, os moradores que não conseguiam provar onde tinham nascido eram deportados. Houve pessoas cujos antepassados tinham se estabelecido lá há centenas de anos e que se descobriram incapazes de documentar sua história e acabaram sendo expulsas de suas terras. Os moradores do vilarejo vizinho de San Vicente, do lado mexicano do rio, estavam ainda mais ressentidos agora, como nos contou Bernie, já que não podiam sequer visitar os túmulos de seus familiares no lado americano sem ter que viajar 150 quilômetros na ida e na volta para cruzar a fronteira em Presidio ou Del Rio.

Avançamos devagar pelo gramado da área de piquenique sob a sombra, procurando os pássaros nas árvores e nos arbustos, até que Bernie apontou um casal de pombos na relva e perguntou se alguém podia identificá-los. Pareciam pombinhas rola-carpideiras para mim, uma companhia familiar em todos os lugares da minha vida, da Califórnia a Quebec, e até mesmo na África Ocidental, com seu arrulho triste bu-hu-hu, mas Bernie apontou para a parte branca nas pontas das asas recolhidas, a pista para um de nós chamá-las de pomba branco-voada, apenas encontrada no deserto Southwest e no México.

Um casal de pica-pau-chorão-preto-e-branco voava em alta velocidade entre as árvores e o solo, com um zunido áspero, e Bernie perguntou se alguém sabia a que espécie pertenciam. Todos nós erguemos os binóculos para olhar mais de perto, depois folheamos nossos guias de campo. Eles lembravam os pica-paus gila que eu tinha visto no monumento nacional Organ Pipe Cactus, no Arizona, mas Bernie sacudiu a cabeça. "Não temos gilas aqui", e indicou seu guia de campo da National Geographic: "Isso é o que há de melhor neste guia, ele mostra o mapa territorial logo abaixo da ilustração em vez de direcionar o leitor para uma parte diferente do livro". Então ele apontou para os pica-paus: "Observem a cor dourada na nuca, a coroa vermelha do macho, e vocês conseguem ver também um pontinho dourado na barriga?".

Quando nenhum de nós conseguiu identificar, ele disse: "Pica-pau-de-frente--dourada".

Um relampejo de vermelho incrivelmente brilhante voou até a copa de uma árvore próxima, um raio brilhando no sol da manhã, atraindo nossos binóculos. Máscara nos olhos, asas e costas negras, o bico fino de comedores de insetos, e todo o resto em escarlate fluorescente.

"Papa-moscas-vermelhão", disse Bernie, "e vocês podem ver por quê. Escarlate não serviria, nem carmesim, nem rubi, tinha que ser vermelhão!". Sussurrei um "uau" baixinho enquanto o admirava através dos binóculos; era um dos mais lindos pássaros que eu já tinha visto.

Em *Small Wonder*, Barbara Kingsolver escreveu: "A visão de um papa-moscas-vermelhão sempre nos deixa sem fôlego – ele não é apenas um pássaro, ele é um ponto de exclamação no ar, impresso em tinta vermelha, lido em voz alta ofegante".

Bernie continuou a nos guiar devagar em meio às árvores e arbustos e nos mostrou mais uma dúzia de espécies, incluindo os mais conhecidos, como o gracioso tordo com as marcas brancas nas asas, a cotovia-ocidental gordinha com sua frente amarela reluzente, o pintassilgo-mexicano com o colarinho vermelho-escuro, o cardeal (cuja plumagem vermelha agora parece apagada comparada ao papa-moscas-vermelhão) e seu primo cinzento, o cardeal-do-deserto, ambos com as cristas elegantes, e espécies que só existem naquela região – uma pomba menor chamada de inca, outro papa-moscas menos colorido, o papa-moscas-cinzento, e um passarinho fofo de cabeça amarela, o verdin. Observamos um papa-léguas disparando para cima e para baixo no tronco inclinado de uma árvore, e alguém perguntou se os papa-léguas podiam voar. Bernie disse: "Sim, eles podem voar se quiserem, mas geralmente preferem correr. Já viram como um lagarto consegue se mover rápido? Bem, um papa-léguas consegue capturá-lo".

Olhando para o guia de campo National Geographic de Bernie, fiquei surpreso ao ler que o papa-léguas é membro da família dos cucos, embora duas vezes maior que os outros, quase 60 centímetros de altura. Também reparei que havia uma página colada com fita adesiva na capa onde havia um índice, uma referência rápida preparada pela Tucson Audubon Society, e, quando ele ofereceu uma cópia para um dos outros, pedi uma para mim também – eu já tinha decidido comprar aquele guia de campo porque Bernie disse que era melhor, e assim ele se tornou meu novo ídolo do mundo dos pássaros, meu novo Roger Tory Peterson.

Durante a caminhada e as conversas, soube que Bernie e a esposa dele eram de Nova York, que ele tinha se aposentado e vindo morar nessa região e se tornado voluntário no parque nacional. Ele conhecia muito sobre o local, tanto sobre história natural quanto humana, e quando perguntei sobre a grande quantidade de árvores verdes emplumadas que eu tinha visto acima do cânion Santa Elena, na outra

extremidade do parque, ele me disse que eram mesmo da espécie tamárix, e que alguma coisa deveria ser feita com elas. Sendo uma espécie asiática introduzida na região, de crescimento rápido e resistente a secas, elas originalmente tinham sido plantadas como quebra-ventos, mas então rapidamente se espalharam por todo o sudoeste desértico, estrangulando as plantas nativas. Bernie também nos contou que os colonos locais tinham plantado algodão, grãos e outros alimentos que haviam sustentado vários povoados na região de Big Bend, onde agora restavam apenas algumas ruínas.

Bernie obviamente tinha uma ampla gama de interesses e informações coletadas durante uma vida inteira, e sua personalidade calma e bem-humorada combinava com ele perfeitamente para ensinar com tanta facilidade, um professor nato. Mais tarde, escrevi uma nota no diário inspirada pela existência de pessoas como Bernie:

Pensando em Bernie e todo o seu conhecimento sobre pássaros e sobre a natureza e a história locais – você simplesmente começa a aprender algumas coisas, envelhece e morre, e tudo isso morre com você. Envelhecer é simplesmente errado! Para mim, e todas as outras "boas pessoas".

Conhecimento, experiência, sabedoria, tudo válido, *mais do que juventude e ignorância.*

Mas também há muitos velhos ignorantes...

Bernie era um dos bons, sem importar a idade, e a perda constante de pessoas como ele parecia uma perda terrível para o mundo. Lembro, por exemplo, quando soube que Frank Zappa tinha morrido. Sacudi a cabeça e pensei: "O mundo precisa de Frank Zappa". Senti a mesma coisa quando morreram outras pessoas que tiveram um impacto positivo no mundo, sem importar quanto tempo viveram: Duke Ellington, Frank Sinatra, Edward Abbey, Geórgia O'Keeffe, Walt Disney, Martin Luther King, minha avó, minha filha, minha esposa, vários bons amigos, e assim por diante eternamente. Não apenas por ter sido uma pena que essas pessoas tenham morrido, mas porque o resto de nós tinha que seguir em frente sem elas.

No começo dos anos 1960, enquanto Duke Ellington ainda estava vivo, Ralph Ellison escreveu uma "mensagem de aniversário" para ele, um tributo emocionante à sua grandeza permanente, e um testamento do que seria perdê-lo quando morresse:

Durante um período em que bandas de jovens artistas ingleses que basearam suas criações na tradição musical Negro American têm resultado numa revolução questionável do comportamento entre os jovens americanos, talvez seja hora de prestar nossa homenagem a um homem que passou sua vida inteira reduzindo a violência e o caos da vida americana a uma ordem artística. Não faço ideia de onde nós todos estaremos daqui a cem anos, mas se há uma música clássica na qual a experiência norte-americana finalmente descobriu a voz de sua própria complexidade, ela deve muito de sua direção às realizações de Edward Kennedy Ellington. Por muitos anos, ele nos tem dito o quão maravilhosos, loucos, violentos, esperançosos, nostálgicos e (talvez) decentes nós somos. Ele é um dos pais da música de nosso país, e ao longo desses anos todos ele, como diz sempre em tom de brincadeira, nos amou loucamente. Somos privilegiados por viver durante sua época e ter conhecido um homem tão importante, um músico tão importante.

Enquanto caminhávamos de volta à área de estacionamento, Bernie somou as espécies que tínhamos visto e se desculpou por terem sido apenas 13. "Geralmente avistamos muito mais do que isso". Falei para ele que não me sentia ludibriado de forma alguma, e que apenas por ter visto o papa-moscas-vermelhão já tinha valido a pena ter acordado cedo. O parque era o lar de mais de 450 espécies de pássaros, mais do que qualquer outro lugar nos Estados Unidos, e duas espécies só podiam ser encontradas lá, o gorjeador-Colima e o beija-flor-Lúcifer, então obviamente se tratava de um lugar que merecia mais observação, principalmente para um "colecionador" sério ou para quem mantém uma lista de pássaros avistados.

Eu me despedi de Bernie e dos meus companheiros de observação de pássaros por volta das 10h30min e voltei para Chisos Basin, no centro do parque. Já estava acordado e em atividade havia quatro horas e ainda não tinha tomado café da manhã, então essa foi minha primeira missão. O único restaurante do parque ficava no hotel, e eu peguei o desvio em Chisos Mountains Basin Junction. A estrada "Green Gulch" – "Ribanceira Verde" – tinha sido reaberta depois que a neve do dia anterior havia sido retirada, mas ainda havia partes brancas sobre as monumentais formações

de rocha cinzentas e nas áreas cobertas pela mata. A estrada serpenteava para o alto até os 1.645 metros de Chisos Basin, um oásis verde cercado por montanhas altas e escarpadas com os rochedos cinza, tudo lá em cima com o deserto ao redor como se fosse uma ilha num mar seco, uma vasilha erguida para o alto por mãos de pedra.

Estacionei no hotel, mas o restaurante, infelizmente, estava fechado, e só abriria dentro de uma hora. Caminhei até o centro de visitantes com o ar gelado sob sol forte e perguntei ao guarda sobre a possibilidade de fazer trilha, preocupado que a neve e o gelo remanescentes pudessem interferir nas minhas escolhas. No dia anterior, gastei um dólar num pequeno livreto, o *Hiker's Guide to Trails of Big Bend National Park,* o guia de trilhas oficial do parque, e havia escolhido fazer uma trilha até o ponto mais alto da região, Emory Peak, a 2.385 metros de altura. Era descrita como uma "Caminhada de resistência de um dia de duração, apenas para quem tem experiência e bom condicionamento físico. Trilhas difíceis e distâncias mais longas. Botas de trilha resistentes são necessárias". Eu já tinha feito algumas trilhas na Califórnia nos últimos tempos no cânion Temescal e no parque estadual Will Rogers, bem como em Big Sur algumas semanas antes, então me sentia "em bom condicionamento físico". Além disso, estava com as minhas velhas botas de trilha, originalmente compradas para subir o monte Kilimanjaro lá atrás em 1987, quando percorri 96 quilômetros em cinco dias, subindo e descendo 5.894 metros sem criar uma bolha sequer.

Mas, considerando o tempo do dia anterior e a possibilidade de haver neve e temperaturas mais baixas lá no alto, fiquei pensando se uma das trilhas com menor elevação não seria mais adequada, até The Window ou Chimneys. O guarda achava que a neve derreteria bem rápido nas trilhas até Emory Peak, e que eu não enfrentaria problemas, então fui até a lojinha de conveniências e peguei dois sanduíches, um pedaço de bolo de chocolate, água e suco de frutas. Embalei tudo na minha mochila menor com a câmera e os binóculos e me dirigi até o início da trilha, comendo um dos sanduíches de "café da manhã".

No começo da trilha, parei diante de uma placa e li: "Alerta de leão".

"Um leão tem sido frequentemente avistado nesta área e pode ser agressivo com humanos".

Dizia que, se alguém visse um leão, deveria parecer maior, agitar os braços, gritar agressivamente e atirar pedras ou paus. Não deveria demonstrar medo, nem se abaixar ou correr. "Se atacado, lute" – essa era uma situação até mesmo difícil de imaginar. Eu tinha lido em outro lugar que três pessoas haviam sido atacadas por leões da montanha no parque nos últimos anos. Embora todos tivessem "se recuperado", eu ainda estava meio assustado com a imagem de um leão poderoso rondando as rochas e as árvores, pulando sobre mim e cravando suas presas no meu pescoço com força. Tentei manter os olhos bem abertos enquanto eu caminhava, para "parecer maior", e peguei uma pedra pontiaguda do tamanho do meu punho e a levei comigo, determinado a não ser abatido sem lutar (a mesma estratégia defensiva que tinha adotado diante dos avisos de ursos-pardos numa trilha no parque nacional Glacier em Montana, e reparei no mesmo comentário irônico: "É isso aí!")

Havia também ursos-negros com que me preocupar, porque eles tinham retornado ao parque nos últimos anos, se espalhando para o norte a partir do México depois de ter desaparecido durante a época anterior à criação do parque nacional. Mais adiante na trilha, vi outra placa: "Território de ursos, não deixe mochilas desacompanhadas". Eu sabia que os ursos ficariam mais interessados na minha comida do que em mim, eu tinha aquele sanduíche de presunto e queijo na mochila, e sem dúvida um urso estaria disposto a lutar pelo meu bolo de chocolate. Segurei mais firme minha pedra pontiaguda e marchei em frente.

Vi de relance um pelo marrom-acinzentado no meio das árvores, fiquei tenso por um instante, mas vi que era apenas um cervo, um dos vários animais que pastavam entre os carvalhos parecendo despreocupados com a minha passagem. Era de uma espécie rara chamada cervo-de-cauda-branca-das-montanhas-Carmem, e nos Estados Unidos só eram encontrados nas montanhas Chisos. Da mesma forma, várias espécies de plantas e de árvores sobreviviam apenas em elevações mais altas, remanescentes isolados da era do gelo, mais fria e mais úmida.

A Pinnacles Trail me levou para o topo por mais 5 quilômetros, grande parte dela numa série de zigue-zagues. Estava difícil respirar no ar mais rarefeito enquanto eu subia a quinhentos, mil, dois mil metros. A maior parte do tempo eu ficava à sombra dos pinheiros, dos zimbros e de algumas árvores decíduas, mas o sol era forte nas áreas abertas e já tinha derretido quase toda a neve, deixando a trilha seca. No desvio para a trilha de Emory Peak, nos dois quilômetros finais até o topo, havia dois armários com cadeado à prova de urso à disposição dos mochilei-

ros que quisessem deixar seus pertences lá, mas a minha mochila pequena não era tão pesada e, de qualquer forma, eu queria levar meu lanche para almoçar no topo.

Os últimos sete metros eram um paredão desmoronado de rochas soltas. Usando as mãos e os pés numa escalada bastante vertical, finalmente cheguei ao pico, a 2.385 metros de altitude, me juntando a outros dois que estavam almoçando e conversando em voz baixa no que parecia um sotaque sul-africano. Eles me pediram para tirar uma foto deles e me entregaram a câmera, e eu aproveitei para pedir que também tirassem uma foto minha. Então sentei com meu sanduíche e o bolo, aproveitando a vista merecida. Duas antenas e alguns instrumentos meteorológicos eram uma nota tecnológica dissonante, e ao que parece faziam parte do sistema de rádio de Big Bend movido a energia solar. Além deles, uma visão ilimitada se estendia em cada direção, finos lençóis verdes de vegetação drapeados sobre as montanhas escarpadas e os paredões do cânion. Tudo ao sul era parte do México, e ao norte se erguiam as torres e as ameias de rocha cinzenta em torno dos paredões da bacia hidrográfica, o leito pontuado com o verde e os pontos minúsculos dos prédios do alojamento.

Depois de descansar meia hora, desci cuidadosamente o paredão de rocha (como sempre, mais difícil de encontrar o apoio para mãos e pés na descida do que na subida) e peguei o caminho de volta para o hotel começando a me sentir um pouco cansado e com dores nos pés. Minha mente vagava em um milhão de direções enquanto eu caminhava, e pensei nas minhas aventuras ao ar livre na infância, passando os sábados percorrendo Paradise Valley ou saindo para as "trilhas de bicicleta" até Rockway ou Balls Falls.

Certo verão, quando eu tinha 10 anos, eu percorri várias trilhas junto com um garoto chamado Brian Unger. Ele também gostava de jogos de palavras, e enquanto caminhávamos pelas estradas rurais costumávamos criar longas frases em aliteração (ainda lembro uma delas: "My mother Mary maybe might make me marvelous Martian muscular monkey meat"). Dois anos mais tarde, quando eu estava fazendo aula de bateria, o irmão mais velho de Brian, Danny, era guitarrista numa banda local, e nós assistíamos ao ensaio dele no porão da família Unger. Brian ficou alardeando que eu sabia tocar "Wipeout", e o baterista deles me entregou as baquetas. Nervoso demais até mesmo para tirar meu casaco, que era pesado e limitava os movimentos, sentei e dei o melhor de mim, e os caras mais velhos pareciam moderadamente impressionados – talvez simplesmente porque esse pirralho de merda conseguia tocar "Wipeout" usando um casaco pesado de inverno.

Naquela mesma época fui para o ensaio da banda do meu tio Richard, The Outcasts, e por alguma razão eu pedi, ou me pediram (ou me desafiaram) para tocar "Wipeout" na bateria do meu tio diante de seus companheiros de banda. Eles fizeram o maior estardalhaço porque eu tinha tocado rápido, e num primeiro momento fiquei orgulhoso de mim mesmo. Depois percebi que Richard ficou meio calado no caminho para casa, e eu me senti estranho, embora não soubesse o porquê.

Como parece acontecer com todos os amigos da infância, Brian Unger e eu nos afastamos, mas 10 anos mais tarde encontrei-o novamente, ainda em St. Catharines. Foi no dia seguinte ao primeiro show do Rush no Massey Hall em Toronto, no final de 1974 (abrindo para o Nazareth) e eu estava dirigindo meu velho Mercedes 230SL pela cidade, todo animado, quando fui multado por alta velocidade. O guarda era Brian Unger e, mérito dele, me deixou seguir. (Se não tivesse, com certeza eu o teria feito mudar de ideia falando "My mother Mary maybe might make me marvelous Martian muscular monkey meat".)

No fluxo de pensamento incessante propulsionado pela caminhada, comecei a refletir sobre a música do começo dos anos 1960 e sobre como a grande mudança da Invasão Britânica tinha sido menos um progresso e mais um retorno às raízes do rock'n'roll: a música negra.

Depois que Elvis popularizou o que antigamente era chamado de "música de raça" em meados dos anos 1950, a irascibilidade do rock de artistas mais selvagens como Jerry Lee Lewis, Bo Diddley e Little Richard definhou para o estilo açucarado do pop branco de cantores como Frankie Avalon, Fabian, Gene Pitney, Lesley Gore, Lou Christie e dos vários grupos de garotas de Phil Spector. Toda aquela musicalidade foi boa durante um período, geralmente não muito longo (embora eu confesse que ainda gosto muito daquelas canções), e foi um verdadeiro presente dos Beatles e dos Rolling Stones trazer de volta a influência R&B original que tinha começado tudo, emulando ou simplesmente até mesmo reproduzindo os hits dos artistas negros – exatamente como Elvis tinha feito.

Nesta conexão, pensei num cara que tinha participado de um roteiro de bicicleta pela cadeia de montanhas Canadian Rockies no final dos anos 1980. Bruce era

americano, com cerca de 40 anos, um cristão devoto e talvez uma das pessoas mais orgulhosas de sua própria ignorância com quem já fui obrigado a conviver. Uma vez eu e ele estávamos pedalando por uma estrada de montanha juntos, e o tema música surgiu. Bruce me disse que tinha parado de ouvir música quando largou as drogas e descobriu a religião (eu perdi a conexão – ainda não entendo a relação), mas ele meio que gostava daquele "conjunto sueco". Ele só podia estar se referindo ao ABBA, e apenas assenti com a cabeça em silêncio. Nunca tinha encontrado um verdadeiro fã de ABBA (embora obviamente houvesse milhões deles em algum lugar), mas pensei que, se ele gostava daquela banda, bom pra ele.

Ele disse que também gostava dos Beatles, e quando eu mencionei no decorrer da conversa que eles e os Rolling Stones, no começo, imitavam a música dos afro--americanos, ele riu e balançou a cabeça, falando num tom de reprimenda: "Não, não foi assim!". Daria para pensar que eu tinha feito uma piada racista, ou dado uma declaração ultrajante, como se sua mãe fosse sua irmã, ou que Jesus fosse judeu.

Um dia Bruce ouviu meu irmão Danny e eu conversando sobre livros e observou: "Credo, vocês são verdadeiros nerds de livros, né?". Danny e eu rimos, um pouco, e achamos que éramos mesmo "nerds de livros" aos olhos de Bruce. Bruce continuou: "Eu estava numa livraria um dia, e um cara estava lá autografando seus livros, então comprei um. Não lembro quem era. Minha esposa leu e disse que era horrível".

Ele também se gabava de ter comprado um Rolex falso para sua esposa e do tanto de dinheiro que ele tinha "economizado", embora não tenha mencionado se sua mulher sabia que era falso. Talvez soubesse e achasse que seu marido fosse muito esperto.

Certa noite, durante o jantar, veio à tona o tema homossexualidade, quando alguns de nós falaram sobre amigos gays expressando nossa consternação pelo crescimento no número de casos de AIDS (era final dos anos 80). Ninguém perguntou a opinião de Bruce, mas ele balançou a cabeça e disse: "Está tudo errado".

Alguém perguntou: "Você quer dizer a AIDS ou ser homossexual?".

Ele riu e disse "homossexual", então franziu a testa e balançou a cabeça em clara desaprovação.

Quando perguntei por que, ele novamente deu uma risada e disse: "As partes não se encaixam". He he he he.

Numa outra vez, ele disse que tinha levado os filhos a um museu de arte e, enquanto eles admiravam uma obra de arte moderna, um dos garotos disse: "Eu consigo fazer isso". Bruce, rindo novamente, disse que provavelmente conseguia mesmo. Sem dúvida, o garoto devia ser um gênio presunçoso igual ao pai dele.

Havia nove pessoas naquela *bike trip* pelas Rockies, alguns mais velhos, outros mais jovens do que eu, e era interessante notar que os mais velhos eram tolerantes e se divertiam com aquele preconceituoso ignorante, enquanto os mais jovens, eu inclusive, sentíamos raiva e nojo de suas risadas incessantes, observações inócuas e opiniões venenosas.

Companhias como aquela eram mais uma razão pela qual é geralmente mais agradável viajar sozinho. Ter companhia pode ser agradável, se for boa companhia, como meu amigo Brutus, quando podíamos viajar juntos o dia inteiro e trocar impressões durante uma boa refeição. Mas a maior parte do tempo fico feliz em andar de moto, dirigir meu carro ou fazer trilha sozinho, assim como naquela tarde de domingo descendo a trilha de Emory Peak sob o sol brilhando lá no alto.

Quando cheguei até o meu carro no estacionamento do hotel, eu estava completamente exausto. Foi bom tirar as botas, colocar um calçado mais leve e deixar o carro me conduzir de volta pela estrada Green Gulch, quase toda a neve já derretida, ouvindo mais música mexicana, uma banda mariachi "progressiva" chamada Mariachi Cobre.

Foi com Brutus que descobri pela primeira vez a verdadeira música mariachi. Estávamos viajando de moto pelo México em março de 1995, a primeira vez tanto para mim quanto para ele, e tínhamos chegado a Oaxaca depois de um trecho longo e assustador saindo de Cuernavaca. Se um viajante puder visitar apenas um único lugar no México, tenho fortes argumentos para sugerir Oaxaca. Numa altitude de 1.500 metros, com o ar seco e o céu claro, a cidade fica num vale amplo circundado por montanhas, uma joia multifacetada numa localização elegante. As culturas pré-hispânicas e coloniais continuam vivas na mistura de arquitetura espanhola, o amplo e movimentado mercado com produtos agrícolas e tecidos coloridos exibidos com capricho, e também as ruas animadas. Mesmo nosso hotel contribuiu para a atmosfera de atemporalidade romântica, construído num antigo convento espanhol com paredões imensos e peristilos em arco com vista para os jardins tranquilos.

Brutus e eu estávamos em Oaxaca havia apenas algumas horas e mal tínhamos começado nosso roteiro pelo México, mas já tínhamos ficado impressionados com o charme dessa cidade, tanto que eu disse a Brutus: "Acho que vai ser difícil superar esse lugar". E eu estava certo.

Logo após escurecer, sentamos na varanda do restaurante El Asador Vasco, com vista para a arborizada *zócalo*, a praça matriz, e o coreto ornamentado. A parte antiga da cidade e a região da *zócalo* estavam fechadas para o trânsito, e em meio aos ambulantes e aos engraxates nas calçadas, casais e famílias passeavam pela praça, pelas ruas com paralelepípedos ou se sentavam às mesas dos cafés. Bebendo margaritas, Brutus e eu tomamos uma sopa de milho verde com *chile poblano*, enquanto um trio de violonistas de rostos tristes começou a tocar no fundo do restaurante. Contudo, logo foram subjugados pelos trompetes exuberantes da rua abaixo, onde cerca de sete grupos de mariachis se moviam pela praça, alternando-se de um café para o outro. Cada grupo tinha seu próprio uniforme, a maioria no estilo chamativo popularizado pelo cinema mexicano e inspirado pelos *charros*, ou caubóis cavalheiros: as calças justas e os ternos curtos com fileiras de botões prateados e os conhecidos *sombreros*.

Nossos lugares "de camarote" ao lado do corrimão de ferro forjado eram perfeitos para o show, e enquanto comíamos, bebíamos, assistíamos e escutávamos os mariachis, o trio de caras tristes atrás de nós foi esquecido, nem os ouvíamos. Talvez eles tenham desistido e ido embora.

No fim de duas ou três músicas, os membros de cada grupo passavam para recolher dinheiro, em cestos ou na abertura do enorme *guitarrón* (o baixo acústico), e do meu lugar na sacada reparei que as pessoas pareciam contribuir de boa vontade, demonstrando apreço. Cada cidade no México tinha uma tradição de música de rua, e esse é um dos maiores charmes daquele país, dos mariachis de Guadalajara aos grupos de marimba de Veracruz. E, em todo lugar, o público mexicano ficava feliz em pagar pelo entretenimento, enquanto os músicos mantinham a dignidade como artistas profissionais, não pedintes.

Essa foi minha primeira exposição à verdadeira música mariachi, em seu ambiente natural, diferente daquilo que ofereciam como "ambientação" nos hotéis do sudoeste americano, onde eram de segunda categoria ou apenas uma paródia fora de contexto. Eu não fazia ideia da rica herança simbolizada pela música mariachi, ou de sua musicalidade apaixonada e impressionante, mas na linda *zócalo* de Oaxaca, assim como acontece com frequência quando um estilo de música antigo é tocado ao vivo, por bons músicos em seu próprio elemento, de repente compreendi. Ou, mais precisamente, eu *senti*.

As raízes dos mariachis cresceram no estado de Jalisco, de cancioneiros e danças folclóricas locais, originalmente tocadas por um trio com harpa, violão e violino. Contam que, durante a ocupação do México pelos franceses, em 1860, os músicos locais eram contratados para tocar nos casamentos franceses, *mariages,* o que batizou o estilo. Outra teoria diz que o nome veio do hoje extinto povo indígena Coca, no estado de Jalisco, onde a palavra *mariachi* se referia à plataforma de madeira onde os músicos e os dançarinos se apresentavam.

Com o passar dos anos, um repertório fixo foi estabelecido – melodias simples com letras sentimentais falando de amor e de corações partidos, ou da beleza da cidade natal de alguém – mas, dependendo da habilidade dos músicos, os ritmos e as harmonias podiam ser criativos e complexos. A liga metálica dos mariachis foi forjada da combinação de minerais da música *gypsy*, do flamenco, da ópera, da música folclórica hispânica e suas nuances mouras, com a pura exuberância mexicana. Assim que os grupos começaram a viajar, a harpa foi substituída por violões, mais portáteis, e trompetes foram introduzidos nas transmissões de rádio de música mariachi na Cidade do México. No final do século 20, quando Brutus e eu estivemos em Oaxaca, um grupo de mariachis tipicamente consistia de três violeiros – *vihuela* (tenor), *guitarra* (violão) e o *guitarrón* (baixo de seis cordas) – dois trompetistas e um ou dois violinistas. Alguns conjuntos se renderam à vanguarda mariachi, incorporando um saxofone, um contrabaixo e até mesmo um acordeom.

Levando tudo aquilo em conta, e sorrindo um para o outro de gratidão, Brutus e eu ficamos maravilhados com a mistura da elegância do Velho Mundo e do *gusto* latino-americano em Oaxaca, e igualmente embasbacados com nossa segunda margarita e com o prato principal de *pollo mole* (um prato típico do sul do México, pronuncia-se "molei": é um molho escuro encorpado e complexo com uma combinação de temperos, geralmente inclui chocolate, e é diferente em cada lugar que é servido).

Num primeiro momento, toda a cena na *zócalo* de Oaxaca era apenas divertida, um romance e um *mise-en-scène* pitoresco, mas em pouco tempo eu me encon-

trei conectado à música, começando a senti-la como um pulso elétrico nas minhas veias. Quando interpretadas pelos melhores grupos, as melodias simples podem se elevar a uma elegância sublime, os instrumentos se tornam uma força propulsora e a cantoria se eleva acima do sentimento e flutua dentro de uma emoção profunda.

Os músicos que se alternavam nas apresentações na rua eram todos competentes, e alguns deles chegavam a ser até mesmo excelentes, mais do que tudo impressionantes considerando que, sem dúvida, deviam ter outro emprego durante o dia. Um dos grupos, todos elegantes em ternos marrom-escuro e *sombreros* largos com ornamentos prateados, tinha dois trompetistas particularmente exibidos: os fraseados do campo harmônico eram intrincados e impressionantes, e durante um trecho mais lento eles se separavam na rua, como duelistas, então tocavam um dueto alternado de melodias doces neste "estéreo amplo" como se estivessem duelando.

Com certa frequência, um estilo de música antes desconhecido para mim acaba me conquistando por causa de um único músico. Um violeiro furioso de um quarteto *gypsy* tocando num bistrô em Paris, um baixista de um grupo de reggae caribenho, um violinista ousado na Praça de São Marcos em Veneza, ou um africano tocando um pedaço de latão com os dedos e uma varinha; até mesmo aquele fluxo de ritmo sutil e expressivo por trás de um coro da vila era inegavelmente a voz de um artista. Esses músicos talentosos e totalmente comprometidos conseguiam dedicar suas vidas inteiras à música, e por causa disso havia essa completa paixão existencial que fazia parte da performance, tanta vida e tanta paixão irradiavam dela.

Em meio a todos os mariachis da *zócalo* em Oaxaca, houve um que iluminou o caminho para mim, um cantor e violeiro com tanto fogo em sua interpretação que indiscutivelmente era profundo e sincero. Vestindo o terno marrom com botões prateados e um *sombrero*, seus traços eram marcados com aparente intensidade e vulnerabilidade, seus olhos se fechavam enquanto cantava e seu talento era proporcional ao desafio de expressar tamanha intensidade e vulnerabilidade enquanto cantava e tocava. Seu rosto largo e moreno estava completamente envolvido na canção, os dedos corriam rápidos pela escala de notas enquanto a outra mão voava nas cordas, inflamando e elevando a música de entretenimento de calçada à arte irrefutável.

Era um daqueles músicos raros e preciosos; na verdade, talvez os únicos músicos que podem comunicar um estilo desconhecido ao ouvinte. A história tem mos-

SEU ROSTO LARGO
E MORENO ESTAVA
COMPLETAMENTE
ENVOLVIDO NA CANÇÃO,
OS DEDOS CORRIAM
RÁPIDOS PELA ESCALA
DE NOTAS ENQUANTO A
OUTRA MÃO VOAVA NAS
CORDAS, INFLAMANDO
E ELEVANDO A MÚSICA
DE ENTRETENIMENTO
DE CALÇADA À ARTE
IRREFUTÁVEL.

trado que é difícil para tal espírito incandescente equilibrar o resto da vida naquele nível de intensidade e de vulnerabilidade, não apenas para músicos, mas também para todos os tipos de artistas. Mas que presente isso é para a arte.

Na música, qualquer artista competente pode estabelecer uma conexão entre o ouvinte e uma melodia conhecida. Mesmo as notas nuas de uma melodia portam uma ressonância por associação: a própria canção já se comunica e repousa em algum lugar da memória. Qualquer grupo suficientemente decente pode produzir clássicos do jazz ou covers de rock e agradar o público. Mesmo se as performances forem superficiais ou ineptas, a melodia ativa a memória e sentimos certo calor.

Isso também é real com estilos conhecidos, porque mesmo uma composição banal num determinado estilo pode servir para evocar um padrão, uma dança, que já é intuitiva, e pode despertar sentimentos no ouvinte que já a experimentou. Há um ditado africano que diz: "madeira que já foi queimada antes pega fogo mais fácil". A música popular está cheia de piratas e de aproveitadores que sabem como reacender uma resposta automática, que sabem quais botões apertar para simular emoção e animação, mas apenas um verdadeiro mestre pode acender a faísca de uma nova resposta. Aquele mestre mariachi apaixonado, talentoso e habilidoso nas ruas de Oaxaca, acendeu o fogo de sua música dentro de mim.

A *pièce de résistance* da apresentação foi o "Woodstock mariachi", quando três dos grupos se reuniram na rua para formar uma orquestra *impromptu* de nove violões, três violinos e seis trompetes. De novo, os trompetistas se saíram muito bem, dividindo a primeira e a segunda partes entre eles num contraponto dinâmico, enquanto todos aqueles violões conduziam um ritmo empolgante, os violinos se elevavam e as vozes se erguiam com poder e paixão.

E que linda canção era! Mesmo depois de ouvir uma única vez, os fragmentos da melodia continuaram a tocar no meu rádio interno pelo resto da viagem, e quando Brutus tocava para mim os CDs de mariachi que ele tinha comprado para ser a trilha sonora de seu vídeo, eu a reconheci tão logo a ouvi novamente. Era chamada de "Guadalajara", a capital do estado onde o mariachi nasceu.

O álbum onde ouvi "Guadalajara" era do grupo Mariachi Cobre, e comprei uns CDs deles para mim. Era um grupo mariachi progressivo único, que tomava liberdades com as canções e com os arranjos tradicionais, introduzindo música flamboyant e adornos vocais – uma coisa parecida com o que um grupo de jazz ardente faria com um antigo clássico.

O encarte de um dos CDs trazia uma afirmação elucidativa sobre a estética mariachi:

> *Mariachi contém um orgulho, um ruído e um espírito que só existem nas melhores formas de música folclórica. Usando instrumentos contemporâneos como guitarras, vihuelas, violinos, guitarróns e trompetes, os músicos mariachi empregam uma técnica impecável e um espetáculo envolvente para o público que só rivaliza com os melhores conjuntos clássicos. Para os músicos mariachi, a música é um legado de amor, enquanto passada sem partitura de músico para músico.*

O texto do encarte também me causou surpresa ao explicar que o nome do grupo, Cobre, foi inspirado pelo lema do estado do Arizona, "O estado do cobre" – porque 10 dos 12 membros (um grupo mariachi excepcionalmente grande, com seis violinos) eram de Tucson! Ao que parece, Tucson há muito tempo tem sido o coração dos mariachi nos Estados Unidos, lar da Conferência Internacional Mariachi, e o grupo Mariachi Cobre começou lá. Parece que se tornaram populares quando tocavam no Pavilhão Mexicano da Disney World, na Flórida, durante mais de 10 anos, cinco dias por semana, sete shows por dia:

> *Essa intensa agenda de apresentações afiou a habilidade dos músicos ao mais alto nível. Os violões produziam um som ousado, os violinos ressoavam com emoção, e os trompetes, mesmo que precisos, nunca eram agressivos. As vozes são fortes e puras e cantam sobre amores que surgem e que se perdem, sobre família e amigos, sobre a beleza de sua terra natal.*

O Mariachi Cobre claramente havia surgido da semente dos verdadeiros mariachis, mas talvez o solo do sudoeste americano os tenha tornado mais livres, mais aventureiros. Em vez de simplesmente repetir os arranjos tradicionais de um hino mariachi como "Guadalajara", eles tocavam instrumentalmente, reforçando a melodia do trompete principal e o andamento familiar, mas retrabalhavam a melodia vocal através do violão e do fraseado sincopado. Eu também reconheci uma velha

canção mexicana que fazia parte da trilha sonora de *Frida,* que eu recém tinha escutado – "La Paloma Negra" – que (segundo o encarte) era a música favorita de Diego Rivera, interpretada por uma mulher que tinha sido amante de Frida Kahlo.

Mariachi Cobre também gravou uma velha canção espanhola, "Granada", que eu conhecia desde criança do aparelho de som do meu pai – embora numa versão bem diferente, com letra em inglês escrita por Dorothy Dodd sobre a melodia de Agustín Lara, arranjo da *swing-band* de Billy May e um vocal altivo de Frank Sinatra. Mais tarde, ouvi pela primeira vez a versão espanhola de "Granada", interpretada pelos Gipsy Kings, que, coincidentemente, era o que eu ouvia naquele dia, no jantar, pois um dos CDs ao vivo do grupo estava tocando no restaurante Candelilla. (Também me lembro ainda da primeira vez que ouvi Gipsy Kings, na casa de um amigo em Île des Souers em Montreal no começo dos anos 1990, e adorei imediatamente.)

Candelilla era o nome de uma planta do deserto, com hastes arredondadas, esguias e segmentadas que produziam uma substância cerácea que a protegia da seca. Essa cera era usada antigamente para fazer velas, cera de polir, goma e até mesmo discos fonográficos. Era uma planta linda, e um bonito nome para um restaurante, mas infelizmente era no restaurante Candelilla que a pretensão do resort de ser "O esconderijo definitivo" caía por terra. Por mais que eu imaginasse ser difícil atrair hóspedes a Lajitas, estando a várias horas até mesmo da cidade mais próxima, El Paso, e muitas horas (mesmo de jatinho particular) de cidades maiores e mais ricas como Houston e Dallas, eu tive que me perguntar onde eles sequer conseguiam encontrar *gente* para trabalhar lá, ou convencer boas pessoas a se mudarem para Lajitas e trabalhar no campo de golfe, no spa, no centro de conferências, na recepção ou... no restaurante Candelilla. (Geralmente recrutavam estudantes estrangeiros, como percebi, nos parques nacionais e resorts mais afastados.)

A decoração do Candelilla era agradável, com mesas, mobília e iluminação elegantes, e uma vista ampla do campo de golfe com os choupos-do-Canadá alinhados nas margens do rio invisível e as montanhas do México mais além. O cardápio logicamente era limitado, e havia apenas carne, então a comida era aceitável, mas o problema foi o *serviço*. Lento, desatencioso, esquecido, descuidado – embora eu tenha que dizer que, pelo menos, eram *educados*, se desculpando quando esqueciam o pão, ou a sopa, ou a taça de vinho, ou simplesmente desapareciam por longos períodos de tempo. A julgar pelos dois jantares lá, com dois garçons diferentes, e pelo que eu observava acontecendo – ou não acontecendo – nas mesas ao meu redor (casais de terceira idade e golfistas, pelo estilo deles), o Candelilla tinha um problema sério com a baixa qualidade dos garçons.

Para piorar as coisas, quando o CD dos Gipsy Kings terminou na noite de domingo, começou a tocar uma música que descrevi no meu diário como "jazz suave genérico – eca!".

Na minha primeira visita ao Candelilla, na noite anterior, havia música ao vivo, embora eu tenha ficado um pouco hesitante quando entrei e vi um cara sentado num banco vestindo uma camisa de caubói de cor berrante, jeans justo, botas de caubói e um chapéu de palha, tocando violão na frente de um microfone – na verdade, não consigo pensar numa visão mais desanimadora – mas ele provou ser uma *rara avis,* um *genuíno* "caubói cantor".

Quando me sentei, fiquei olhando para os mapas das trilhas e fazendo anotações no diário enquanto esperava que o garçom notasse que eu estava esperando e me atendesse, e a música era discreta, mas quando eu ouvi os acordes da abertura de "I'm So Lonesome I Could Cry", de Hank Williams, larguei a caneta e fiquei ouvindo. E, para minha surpresa, o cara cantava de verdade, de dentro para fora, imerso no dedilhado do violão em ritmo de valsa com o lamento deprimido do vocal: *The midnight train is whining low, and I'm so lonesome I could cry – O trem da meia-noite está apitando baixinho, e estou tão solitário que poderia chorar.*

Hank Williams foi outro totem num gênero artístico, como Duke Ellington ou Miles Davis ou Frank Sinatra, que pareciam tão obviamente diferenciados de outros imitadores e falsos artistas, e acho que foi o primeiro cantor a me mostrar que a música country podia simplesmente ser boa música, pungente, sincera e bem trabalhada.

(Uma vez, quando Buddy Rich estava em turnê em Michigan, teve um ataque cardíaco e foi levado para o hospital. Enquanto era levado na maca, a enfermeira que corria a seu lado perguntou se ele era alérgico a alguma coisa, e Buddy resmungou: "Sim – a música country".)

A música *country-and-western*, como costumavam chamar, tinha raízes no bluegrass, no folk, no gospel, nas canções de trabalho, quartetos de cordas e canções de caubóis. Nashville tinha se tornado a capital oficial da música country, ou

pelo menos da indústria musical, e por causa do maquinário de entretenimento lá centrado era às vezes chamada de "Nash Vegas", ou "Nash Angeles". É claro que a indústria já não tinha muito a ver com as raízes musicais – a exigência técnica do instrumental necessário para bluegrass ou até mesmo as verdadeiras canções de caubóis ao menos refletiam a realidade do "homem do campo", uma música simples e bruta para espelhar uma vida simples e bruta. Não era mais a velha Nashville de "quanto mais longo o cabelo, mais perto de Deus" ou até mesmo "quanto mais alto o chapéu, mais perto de Deus".

O encarte da trilha sonora do filme *Ei, meu irmão, cadê você?* trazia observações semelhantes:

> *Há outra Nashville, com um tipo de música tão distante daquilo que os centros comerciais da cidade produzem como se fossem de um planeta diferente. Faz sucesso nos esconderijos e nas rachaduras como um amontoado de sorridentes flores silvestres das montanhas na sombra dos botões cultivados em estufas que exibem suas cores nas estações de rádio de costa a costa.*
>
> *Termos como "raiz" e "vernacular sulista" se alternam para descrevê-lo. Mas o que aparenta ser um som étnico é "música country". Ou, pelo menos, era antes de os infiéis da Ordem da Música se apropriarem desse termo para descrever pop/ rock aguado com letras inspiradas em mensagens de cartões prontos de papelaria.*

A indústria da música se referia aos artistas country como "hat acts", e com muita frequência o velho termo do showbiz "acts" era apropriado – interpretar um papel, passar uma imagem para o público e não investir nada de si próprio na música. Suor, talvez, mas pouca alma e sentimento. Podiam tocar e cantar o que eles quisessem, é claro, e os ouvintes podiam gostar ou não, conforme suas escolhas. De qualquer maneira, certamente sabiam que ser um artista de qualquer tipo era uma vida dura: dar tudo de si no palco noite após noite e sofrer inevitáveis estresses e perturbações. Então... vou tirar meu chapéu de caubói compositor de letras para eles.

Para mim, aprender a diferença entre gostar e não gostar, entre bom e mau, foi uma lição importante, e eu a aprendi cedo, ainda adolescente. Mas foi importante – e não pareceu uma ameaça pessoal admitir que, se eu gostasse até mesmo de Blue

Cheer, isso não queria dizer que fossem ótimos, e mesmo que Eric Clapton fosse excelente, isso não significava que eu tinha que gostar da música dele.

Ao longo do caminho, um músico também aprende todos os truques, os clichês, os "ganchos" que podem servir de atalho para agradar determinado público. Certas mudanças de acorde despertam sentimentos, certos andamentos encorajam a dança (a música disco era cuidadosamente medida em BPMs, batidas por minuto), e certas combinações de palavras (amor impossível, coração partido, mundo cruel) tocavam as emoções do público de maneiras que já são familiares.

Ao aprender como esses efeitos são criados ou imitados, e ver todos os meios em que esses truques são usados, depois de muitos anos um músico aprende a ter um sentido integrado do que é real e do que é falso – quando a música vem de um cérebro calculista e não de um coração desesperado.

No livro *Songbook,* de Nick Hornby, ele escreve sobre seus próprios sentimentos pela qualidade da sinceridade, e o que ele desejaria que os ouvintes também valorizassem da mesma forma:

"Não me importo com o que você escuta, ou se eles são bons", é o que se quer dizer aos garotos que estão prestes a embarcar numa vida inteira ouvindo música. "Apenas se certifique de que tenham significado, seja lá quem for, que estejam ardendo em desespero para comunicar seja lá o que for que queiram dizer".

Anos depois, comecei a amar reggae (ao ouvir, por acaso "Natural Mystic", de Bob Marley, na limusine saindo do aeroporto de Toronto), e música tradicional africana, mas não porque eu achasse que fossem particularmente excelentes, em termos de realização artística, ou que outras pessoas também gostassem. Paralelamente, no fim das contas, superei o sentimento de semiculpa de que, como a música clássica e o jazz deviam ser as formas mais elevadas de música, eram portanto o tipo de música que eu deveria aprender a apreciar. Com poucas exceções dignas de nota, eu simplesmente não gostava muito desse tipo de música.

A integridade musical tem que ser uma proposição "ou isso/ou aquilo"? Talvez não. Às vezes, posso perceber quando um artista reuniu uma coleção de canções sinceras e pessoais, sem se comprometer com questões comerciais, e muito obviamente acrescentou pelo menos um "hit" formalista – um candidato repetitivo e su-

DEPOIS DE MUITOS ANOS
UM MÚSICO APRENDE
A TER UM SENTIDO
INTEGRADO DO QUE É
REAL E DO QUE É FALSO
– QUANDO A MÚSICA
VEM DE UM CÉREBRO
CALCULISTA E NÃO DE UM
CORAÇÃO DESESPERADO.

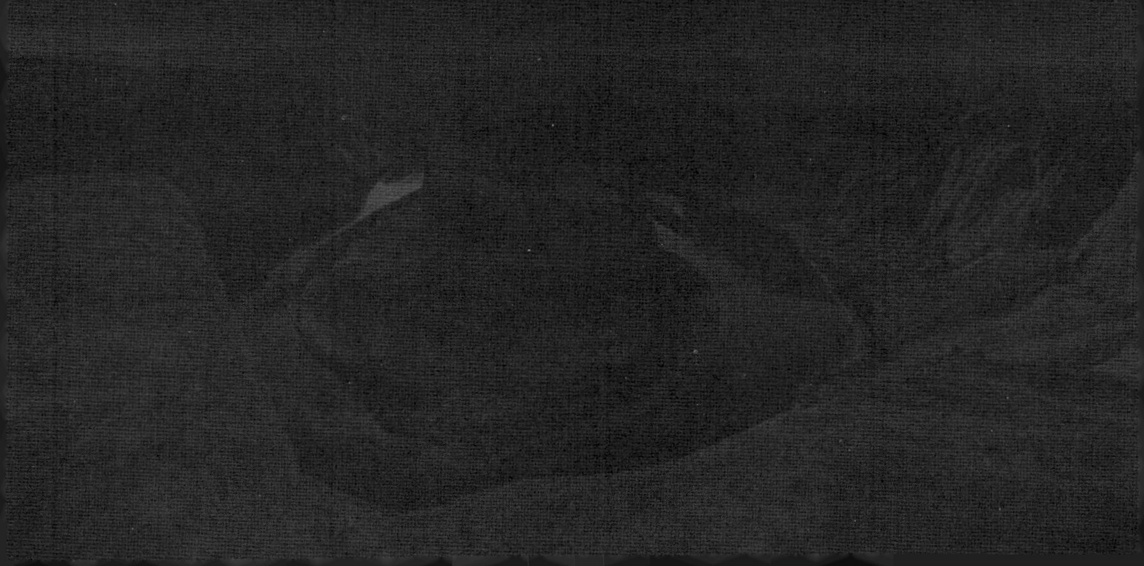

perficial com apelo comercial para tocar no rádio –, o que os executivos chamavam de "faixa de dinheiro". Talvez fosse apenas devaneio meu de que mesmo a música genuína de um artista em particular ficasse um pouco manchada por tal cálculo.

Sendo realista, talvez fosse apenas um bom negócio para um artista pensar em tais questões práticas, mas isso acabava corrompendo a integridade da estrutura da intenção. De novo, volto à mesma "nota" que, como uma voz em harmonia, parece colorir tudo ao redor dela. A pedra fundamental de qualquer construção artística está contida nesta simples questão: qual é a intenção?

Talvez a lição mais importante que carrego comigo depois de um ano de imersão em ioga em 2000 tenha sido o conceito de "intenção". Uma aula de ioga começou com alguns minutos de "centralizar-se" pacificamente, sentando de pernas cruzadas enquanto o instrutor falava palavras tranquilas, ou entoava um cântico hindu. Às vezes, os instrutores mais filosóficos evocavam o sentido da ioga de "união" – corpo e energia, mente e espírito – e, em algumas raras ocasiões, um professor eloquente elevaria tais conceitos para a filosofia.

"Faça desta sua intenção de apreciar sua prática". Significava mais do que mera semântica que uma aula de ioga não fosse "malhação" ou "treino", mas uma prática, então a palavra-chave para mim era *intenção*. Não uma "meta" ou "ambição", mas intenção. Ainda que concentrada e direcionada, mas gentil – misericordiosa e sem exigência. Não era a exigência dura de "vou fazer", mas de "tenho a intenção de fazer".

Eu tenho a intenção de fazer um trabalho melhor hoje, eu tenho a intenção de ser um homem melhor.

O instrutor de ioga dizia: "Deixe sua intenção impulsionar você gentilmente, colocar você em ação com cuidado".

São boas palavras, e uma boa filosofia.

E foi meio pelo critério suave da "intenção" que eu tentei julgar a música que escutava, e se não houvesse um comprometimento genuíno ali, *se eles não atribuíam significado a cada palavra que cantavam*, então não havia muita intenção, e eu podia descartar o que o artista havia colocado ali.

É claro que havia exceções, gênios como Hank Williams, Patsy Cline, Willie Nelson e muitos outros. Em seus estilos muito diferentes, cada um desses artistas pegou a música folk americana que a música country pretendia ser e lhe deu uma

voz que era cheia de emoção em vez de opinião, cheia de imagens em vez de clichês, e cheia de alma em vez de estilo.

Enquanto eu saía do restaurante Candelilla em Lajitas, Texas, o "Esconderijo Definitivo", vi o caubói cantor do lado de fora, diante de uma fogueira, conversando com dois hóspedes. O perfume da fumaça da algarobeira me cercou, e, enquanto os outros hóspedes se afastavam, eu e ele conversamos um pouco sobre o clima, sobre a neve e sobre a região de Big Bend. Quando eu dei boa-noite e me virei para ir embora, falei olhando por cima do ombro: "Você canta muito bem". Ele não saberia o que significava para mim dizer isso a um caubói cantor, mas ele me agradeceu mesmo assim.

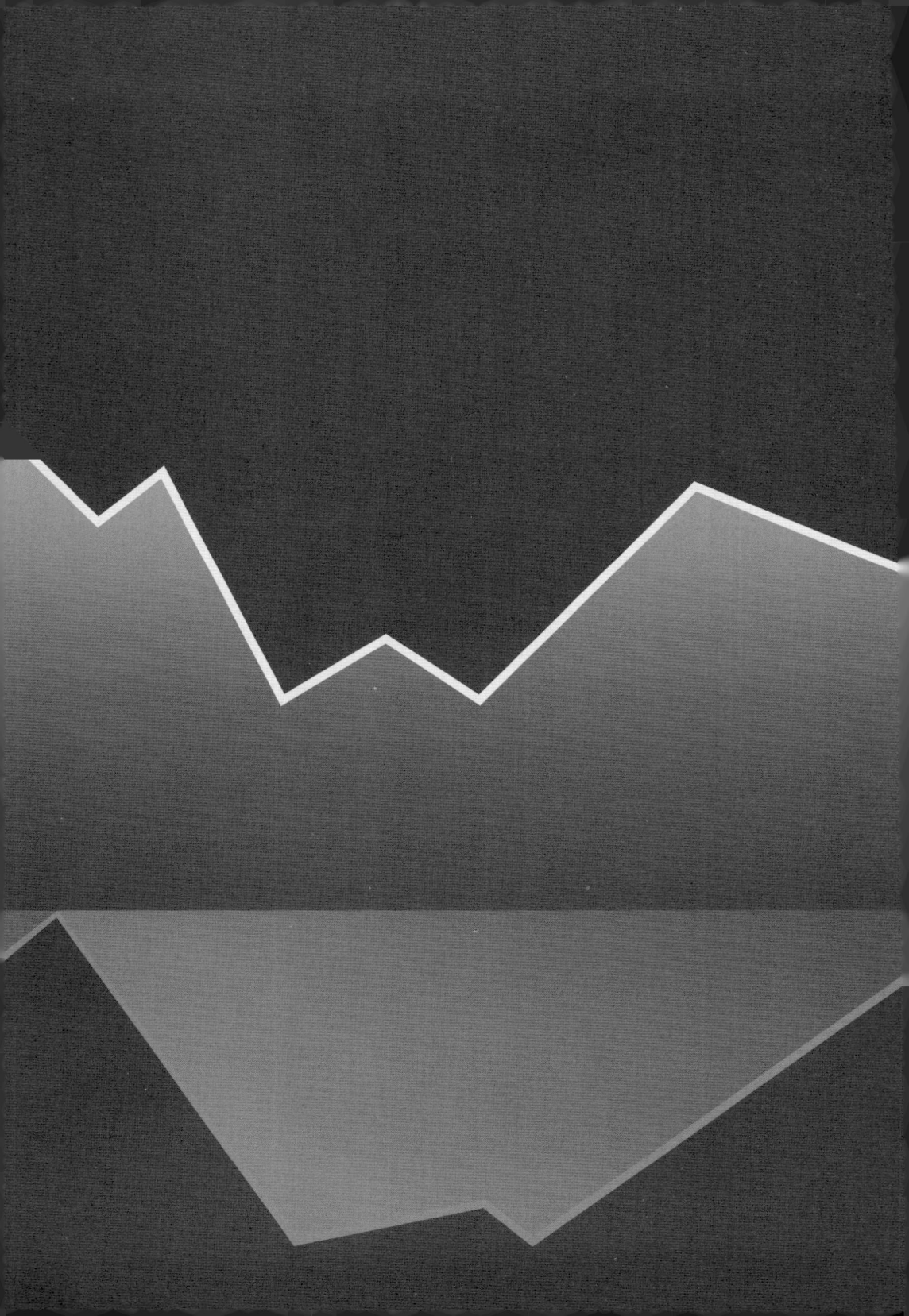

VERSO QUATRO

"Driving down the razor's edge between past and future"

"Dirigindo pelo fio da navalha entre o passado e o futuro"

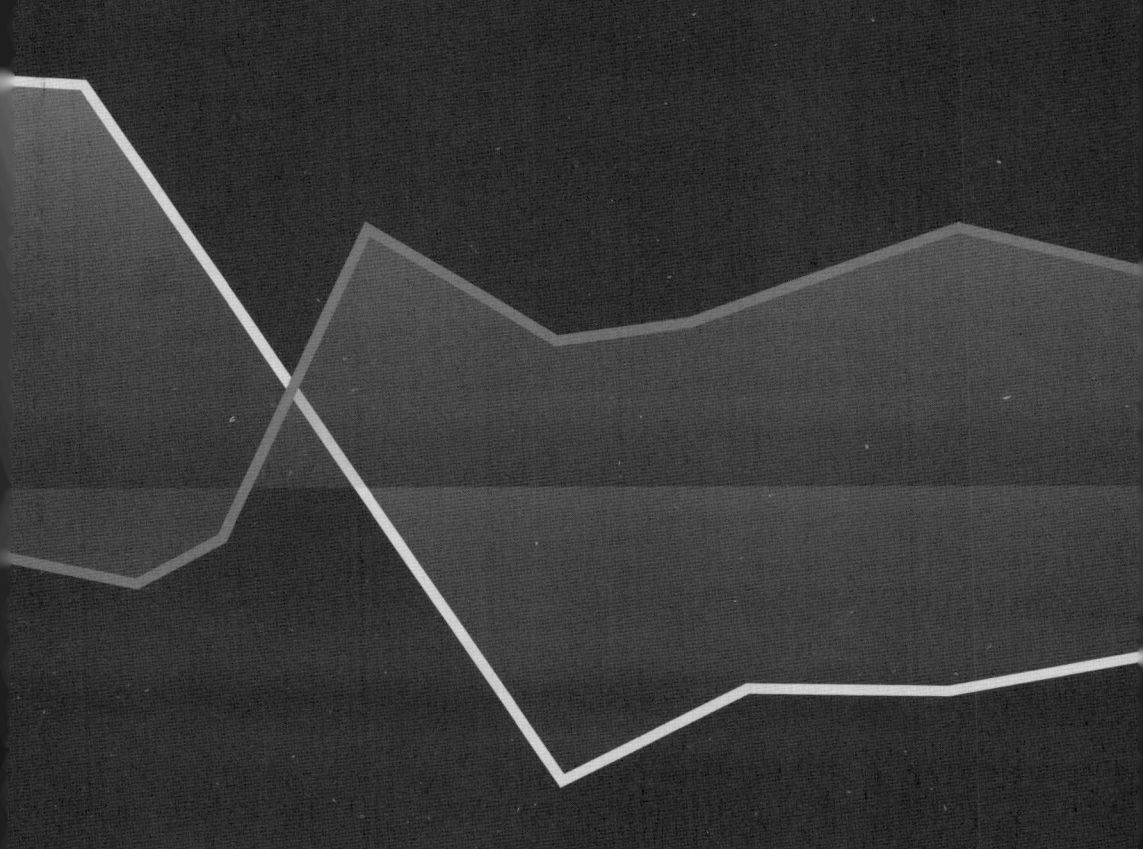

Então eu levantei de manhã e fui trabalhar. Ou, neste caso, levantei de manhã e… dirigi o dia inteiro. Estava voltando para casa agora, com 2.011 quilômetros para percorrer em dois dias, e muitas horas para ouvir música – e pensar sobre ela. Minha inspiração inconsciente daquela primeira noite em Lajitas – "Podia escrever uma história só sobre as músicas que ouvi nesta viagem" – continuava a criar raízes e ramificações no meu jardim inconsciente.

Patsy Cline embalou a minha partida de Lajitas antes de o sol nascer. A coletânea *Heartaches* abria com uma linda versão de "Crazy" *(Crazy for feeling… so lonely – Louca por me sentir... tão sozinha)*, escrita por um dos outros membros do meu pequeno panteão country, Willie Nelson. Patsy cantava tão, mas tão lindamente, com as pausas perfeitamente colocadas em sua voz e a maneira como ela mantinha as vogais longas com uma sustentação comovente. A dor era real: ela sentia aquilo, e eu também.

A produção de Owen Bradley também era perfeita, com o toque único do pianista Floyd Cramers, um tipo de minimalismo "honky tonk" sobre uma orquestração limpa, melancólica, e o refrão com as vozes masculinas ao fundo criava o clima para a voz de Patsy, e para minha viagem através do sudoeste do Texas. A estrada estreita e sinuosa seguia o rio Grande e o terreno acidentado, uma montanha-russa de cumes cegos e curvas fechadas, então eu segui devagar, dirigindo enquanto o sol se erguia no retrovisor.

A foto da capa do álbum em *Heartaches* era um deleite dos anos 1950. Patsy aparece sentada diante de um fundo fotográfico vermelho vestindo calças justas, lenço no pescoço e batom também vermelho, com uma blusa rosa e botinhas de lamê dourado. Nenhuma outra cantora country jamais se comparou a Patsy Cline, creio eu, no que diz respeito ao estilo e a sua música, e mais uma vez, assim como

Sinatra, não era apenas o encanto de sua voz como instrumento, mas a inigualável sinceridade que fazia seu canto tão irresistível. Ela atribuía significado a cada palavra que cantava.

Penso com frequência numa frase usada pelo lendário editor literário Maxwell Perkins, que trabalhou com grandes escritores como F. Scott Fitzgerald, Ernest Hemingway e Thomas Wolfe. Quando perguntaram se ele achava que Thomas Wolfe era um "grande escritor", Perkins – que passou incontáveis dias e noites repassando caixas de manuscritos tentando montar os textos de Wolfe em livros coerentes – respondeu: "De jeito nenhum. Ele é um sino dos ventos divino".

Um sino dos ventos divino. Tantos artistas, principalmente cantores, podiam ser definidos dessa forma, capazes de produzir um lindo som se alguém apenas "soprasse" sobre eles, dando-lhes palavras e música, direção e controle.

Até mesmo uma verdadeira artista como Patsy Cline teve de ser convencida por Owen Bradley para gravar as canções que se tornariam seus primeiros hits, "Walking After Midnight" e a irresistível "I Fall to Pieces" (escrita pelo prolífico compositor Harlan Howard, que definiu a música country como "três acordes e uma verdade" – entre suas várias composições estava "You're a hard dog to keep under the porch"). De maneira semelhante, Tina Turner foi contra gravar seu triunfo de retomada de carreira, "What's love got to do with it?", alegando que não era a canção "certa" para ela. Por coisas assim se torna possível entender a frase: "Cale a boca e cante". (Hey, seu sino dos ventos divino, sim, você mesma!)

E, é claro, como Patsy cantava bem! E quantas canções excelentes faziam parte daquela coletânea. "Crazy", "I Fall to Pieces", "She's Got You", "Sweet Dreams of You" e outra excelente e antiga música para viagem, "You Belong to Me": *See the pyramids along the Nile/ Watch the sunset on a tropic isle/ Just remember, darling, all the while/ You belong to me* (Veja as pirâmides ao longo do Nilo/ Veja o pôr do sol numa ilha tropical / Só se lembre, querido, o tempo todo/ Você pertence a mim). Eu me lembro de ouvir essa música no rádio quando era garoto, mas na versão de um daqueles grupos de vocais masculinos, The Duprees: *See the marketplace in old Algiers/ Send me photographs and souvenirs/ Just remember when a dream appears/ You belong to me* (Veja os mercados na antiga Argel/ Me mande fotografias e souvenirs/ Apenas se lembre quando um sonho aparecer/ Você pertence a mim). Essas imagens de um mundo longínquo e exótico pareciam extremamente românticas e misteriosas para um garoto do subúrbio de uma cidade canadense: *Fly the ocean in a silver plane/ See the jungle when it's wet with rain/ Just remember til you're home again/ You belong to me* (*Atravesse o oceano num avião prateado/ Olhe para a selva quando está molhada de chuva/ Apenas se lembre que até você voltar para casa de novo/ Você pertence a mim*).

Havia todas aquelas dolorosas canções "de ir embora" no final dos anos 1950. "Sealed With a Kiss", de Bobby Vinton (*I don't wanna say goodbye, for the summer/ But darling, I promise you this/ I'll send you all my dream, every day in a letter/ Sealed with a kiss – Eu não quero dizer adeus no verão/ Mas, querida, eu prometo/ Vou te enviar todo meu sonho, todo dia numa carta/ Selada com um beijo*), ou outro dos primeiros "grupos de moços", The Tempos, cantando "See you in September": *Have a good time, but remember/ There is danger, in the summer moon above* (*Divirta-se, mas lembre-se/ Há perigo na lua de verão lá no alto*) – talvez outro modelo para um dos primeiros hits dos Beatles composto por Lennon/McCartney, "All My Loving". Também me lembro daquela velha canção em ritmo de valsa de Burl Ives que tocava no rádio do Buick do meu pai: *Mary Anne regrets she's unable to see you again/ She's leaving for Europe next week, she'll be busy til then* (*Mary Anne se arrepende de não poder te ver de novo/ Ela está de partida para a Europa semana que vem, e estará ocupada até lá*) – também escrita por Harlan Howard e mais uma das "canções de morte" daquela época.

A coletânea *Heartaches* de Patsy terminava com mais uma canção de viagem, "The Wayward Wind", em que ela cantava totalmente melancólica sobre um amor perdido que "tinha nascido para vagar": *I guess the sound of the outward bound/ Made him a slave to his wandering ways* (*Acho que o som da partida/ O tornou escravo de seus ímpetos errantes*). E que som era esse! O apito distante do trem ecoando pela noite, transportando-me de volta para minha própria infância e por todo o caminho daquele ponto em diante. Como uma canção completa, letra e música, aquele acorde sombrio sempre evocava um completo aporte de sentimentos, de um solitário canto de sereia seduzindo-me para ir embora e vagar pelo mundo a um pungente rebocador da memória.

Quando eu era garoto, às vezes nossa família se hospedava na casa de alguns amigos agricultores, os Emslies, que tinham cinco filhos. Os gêmeos Dale e Diane tinham a mesma idade que eu, 10 anos, e nós brincávamos o dia inteiro no ce-

 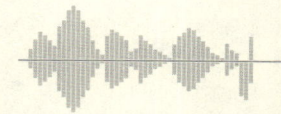

leiro, construindo fortes com os fardos de feno e brincando de "casinha". À noite eu me enfiava no meu saco de dormir de caubói no chão da sala de estar deles, ouvindo os acordes longos e tristes dos trens que passavam de vez em quando, e mais frequentemente ouvia o barulho dos pneus dos caminhões na rodovia, tudo intercalado com o radinho de pilha grudado no meu ouvido. Todos esses acordes e vozes juntos pareciam criar uma canção que continuou tocando dentro de mim para sempre, uma canção da estrada que algum dia poderia me levar para o mundo amplo e maravilhoso de que eu já sinto saudade.

Que mitos românticos pairam sobre as antigas canções "hobo", pelo menos as melhores delas como "Big Rock Candy Mountain", "I've Been Everywhere", "Four Strong Winds", "Gentle on My Mind" ou ainda "Love's Been Good to Me", de Rod McKuen. Todas essas odes ao espírito inquieto dos norte-americanos e às estradas dos Estados Unidos carregavam um toque de melancolia, um reconhecimento das dificuldades de uma vida errante, a ideia de que a *wanderlust* possa ser involuntária, exílio e liberdade ao mesmo tempo, e certamente a compreensão de que a liberdade não é livre. (Em meados dos anos 1970, estava a caminho de um show com a banda no centro de Los Angeles, no Shrine Auditorium, e um grafite que ocupava um muro inteiro me chamou a atenção: *Freedom isn't free* – A liberdade não é livre, e adaptei a frase para uma faixa do álbum *2112*, "Something for Nothing".)

Essas baladas "hobo" ressonantes cheias de nuances se impunham como um contraste claro ao que, suponho, fosse uma *paródia* superficial do gênero "King of the road" de Roger Miller. Como eu *odiava* essa música quando eu era garoto, parecia que tocava no rádio o tempo todo e ficava grudada na minha cabeça o dia inteiro. No romance *Drop City*, de T. C. Boyle, que se passa nos anos 1960, um dos personagens esbraveja sobre o quanto ele odiava essa música, e senti isso como um desagravo, ou pelo menos uma confirmação de que eu estava certo – é sempre bom saber que você não é o único.

Em "The Wayward Wind", o eu narrativo encontra seu amor andarilho "numa cidade de fronteira" e, enquanto a canção terminava no CD de Patsy Cline, eu entrava na cidadezinha de fronteira de Presidio, recém despertando naquela manhã de segunda-feira. Embora tenha ficado tentado por uma pequena linha no mapa a continuar seguindo o rio em direção a Ruidosa e até o final da estrada em Candelaria, havia um longo caminho a percorrer naquele dia, e virei para o norte para pegar a autoestrada mais larga e suave cruzando os campos verdejantes. Nas longas retas, eu acelerava o ritmo, percebendo mais uma vez que nesse tipo de estrada a velocidade "adequada", segura e comedora-de-quilômetros parecia ser 177 km/h. Não 190, nem 160, mas 177 (dando trabalho aos anjos). Certamente eu não estava colocando ninguém em perigo a não ser eu mesmo, e só um pouquinho, e eu considerei essa a minha definição de "risco aceitável".

A estrada subia pouco a pouco após se afastar do rio em Presidio, e à medida que eu me aproximava de Marfa a elevação já passava dos 1.200 metros. As planícies nuas se estendiam até o horizonte sob um vasto céu azul, a paisagem desolada e misteriosa que teve uma presença impactante no filme dos anos 1950, *Assim Caminha a Humanidade,* estrelado por Rock Hudson, Elizabeth Taylor e dois então jovens desconhecidos: Dennis Hopper e James Dean.

No final dos anos 1970, eu estava em turnê em algum lugar do Texas e numa tarde liguei a televisão no quarto do hotel, apenas para ter "companhia". Estava passando um filme do qual eu nunca tinha ouvido falar, *Assim Caminha a Humanidade,* e fiquei assistindo até que tive que sair para fazer a passagem de som. Nunca assisti ao final, mas é surpreendente que eu me lembre de grande parte do que assisti. A personagem de Elizabeth Taylor vinha de sua terra natal na Virgínia para morar numa mansão gótica de aparência lúgubre nas planícies nuas do oeste do Texas. Ela recém havia casado com o personagem de Rock Hudson, que era herdeiro dos ranchos e do império de petróleo da família. Numa cena, Taylor estava no carro ao lado de um jovem empregado do rancho, e embora ele parecesse apenas murmurar, sendo meio desengonçado e evasivo, havia alguma coisa naquele personagem, e eu fiquei fascinado por sua presença – "Quem é esse cara?". É claro, era James Dean.

E foi durante as filmagens de *Assim Caminha a Humanidade* que James Dean morreu, em setembro de 1955, enquanto seguia de carro com um amigo em seu Porsche Spyder 550 para um rali (ele era aficionado por corridas e por motocicletas) em Salinas, na Califórnia. Ao que parece, ele tinha parado para comprar uma maçã e uma Coca-Cola em Blackwells Corner, um posto de gasolina com loja de conveniência no meio do nada (e até hoje se apresenta como "A Última Parada de James Dean"), depois continuou rumo ao oeste sob o sol forte da Highway 46. Não se sabe o quanto ele estava "dando trabalho aos anjos", mas, perto de um ponto

no mapa chamado Cholame, um jovem chamado Donald Turnupseed parou no acostamento da autoestrada em seu Ford Tudor 1954 e, alegando jamais ter visto o Porsche prateado rebaixado, bateu de frente no carro de Dean. Turnupseed e o amigo de James Dean sobreviveram, mas o ator morreu na hora, com 24 anos. (Na turnê *Test for Echo*, Brutus e eu fizemos uma não planejada odisseia de James Dean, já que aconteceu de passarmos pela sua cidade natal em Fairmount, Indiana; depois por Marfa, Texas; sua "última parada" em Blackwells Corner, Califórnia; e a mesma interseção das Highways 46 e 41 onde ele morreu.)

De volta a 1955, não se deu muita atenção à morte de um jovem ator relativamente desconhecido, já que, dos três filmes em que ele atuou, apenas um, *Juventude Transviada,* tinha sido lançado. *Vidas Amargas* e *Assim Caminha a Humanidade* só saíram depois (parece que algumas das suas falas em *Assim Caminha a Humanidade* ficaram tão incompreensíveis que tiveram de ser dubladas mais tarde por outro ator), e começou a construção da figura lendária de James Dean, da eternamente frustrada juventude norte-americana.

E, falando em juventude norte-americana frustrada, Patsy Cline foi seguida pelo único exemplar de "música adolescente" na minha playlist, e a única "boy band" que eu estava disposto a ouvir: 98º. Esses quatro rapazes de Cincinnati eram diferentes de seus predecessores grupos de cantores brancos adolescentes, dos Osmond Brothers até New Kids on the Block, chegando a Backstreet Boys e N'Sync. A diferença é melhor exemplificada pela gravadora do 98º, a Motown Records, ou pelo subtexto de Stevie Wonder, que gravou um dueto no segundo álbum do grupo. Eles pertenciam à velha escola do R&B, e eram um verdadeiro grupo vocal, exatamente como aqueles que me impressionaram tanto no T.A.M.I. Show quando eu tinha 12 anos.

Os caras do 98º não eram parecidos com os outros grupos de garotos, e eles obviamente não tinham sido "criados" da mesma forma: cuidadosamente selecionados e fabricados para criar um "visual", uma imagem. Os garotos do 98º não eram particularmente bonitos (sem ofensas aqui), ou dançarinos excepcionais, mas todos eles tinham vozes excelentes, e o modo como cantavam e a escolha do material mostravam uma clara compreensão das raízes da música R&B.

Era o primeiro álbum, autointitulado 98º, que eu estava escutando enquanto acelerava pela Highway 67 de Presidio até Marfa, e tem sido um dos meus álbuns favoritos já há quase quatro anos. Para um álbum pop, esse era um "prazo de validade" incrível, mas todos os ingredientes estavam ali: ótimas canções, ótimos arranjos, ótimas performances e ótimo som. Ricas camadas de teclados e faixas rítmicas (ao estilo moderno, foram usadas baterias eletrônicas, mas eram programadas engenhosamente, e assim como com o Massive Attack combinavam com a música); as harmonias dos backing vocals eram ricas e arranjadas com cuidado, e os vocais eram voos altivos e cheios de sentimentos. Aqueles garotos sabiam cantar e mostravam isso principalmente nas músicas mais lentas como as baladas "Take My Breath Away" e "Heaven's Missing an Angel". Eu sempre fui ludibriado por esse tipo de coisa, esse tipo de canção que faz alguém se perder em si mesmo e querer ouvi-la repetidas vezes.

Nick Hornby escreveu sobre seu amor pela música pop de uma forma que eu compreendo:

> *Ah, obviamente, eu consigo entender por que as pessoas desdenham da música pop. Reconheço que grande parte, quase tudo, seja um lixo sem imaginação, composições pobres e produzidas sem capricho, repetitivas e juvenis (embora pelo menos quatro desses adjetivos possam ser usados para descrever ataques incessantes ao pop que ainda se encontram em revistas e jornais esnobes); também sei, acreditem, que Cole Porter é "melhor" que Madonna ou Travis, que a maioria das canções pop são direcionadas cinicamente para atingir um público-alvo que é três décadas mais jovem do que eu, que de qualquer forma a era de ouro foi há 35 anos e se ouve pouca coisa de valor desde então. Mas simplesmente acontece que existe essa canção que ouço no rádio, então acabo comprando o CD e agora tenho que ouvi-la dez, quinze vezes por dia...*

As letras das músicas do 98° eram hinos adolescentes descarados, cheias de desejos e de hormônios, disfarçando a luxúria de garotos adolescentes como amor obsessivo e ilimitado, voltadas para as fantasias românticas com imagens de contos de fadas das garotas adolescentes. Canções de amor idealizado como "Invisible Man", "Hand in Hand" e "Was it Something I Didn't Say?", com expressões menos sutis em canções como "Completely" (*Let yourself go/ We'll take it slow/ And let's go all the wa-ay-ay tonight* – "*Deixe-se levar/ Nós vamos devagar/ E vamos até o fundo*

hoje à noite") e "Don't Stop the Love" (em que não fica muito claro qual amor ele não quer que ela interrompa).

Mas, de novo, *era para ser* música pop voltada principalmente para garotinhas (e velhotes vigorosos). É isso que o 98º estava tentando fazer, e fizeram muito, muito bem. Vale dizer que também eram muito bons ao vivo. Carrie e eu fomos assistir a um show deles em 2001, numa arena em Hamilton, Ontário (lotada de garotas adolescentes). Graças ao nosso amigo Andrew, que estava fotografando o grupo antes do show, nós os encontramos no backstage. Foram muito educados e simpáticos, e pareceram felizes com o apreço de um velho baterista de rock pela música deles, principalmente quando contei que Carrie e eu escolhemos "Heaven's Missing an Angel" como música para a primeira dança no nosso casamento. Durante o show, dedicaram essa canção para nós, o que foi muito legal da parte deles, e eu fiquei só com um pouquinho de vergonha.

E eles foram a trilha perfeita para viajar, já que eu seguia em alta velocidade pelas campinas abertas em direção a Marfa, ansioso para encontrar um lugar para meu café da manhã e dar mais uma olhada naquela cidadezinha curiosa. Embora Marfa estivesse marcada com destaque no mapa, no cruzamento de duas autoestradas que corriam de norte a sul e de leste a oeste, sua proeminência parecia existir apenas porque não havia mais nada a se colocar no mapa do sudoeste do Texas. Marfa foi fundada em 1881 como um ponto de abastecimento de água na ferrovia, como muitas outras cidades do oeste, e batizada, como conta a lenda, por causa de uma personagem de *Os Irmãos Karamazov* de Dostoiévski, pois a esposa do fundador estava lendo esse livro quando passaram por ali em seu vagão privativo.

Pelo que sei, Marfa era conhecida por ter servido de locação para *Assim Caminha a Humanidade* quase 50 anos atrás, mas ao que parece havia também algo que chamavam de Marfa Mystery Lights, as Luzes Misteriosas de Marfa. Um marco no acostamento da estrada colocado pelo estado do Texas falava sobre "luzes fantasma".

As Luzes de Marfa, luzes misteriosas e inexplicáveis que têm sido relatadas na região há mais de 100 anos, têm sido objeto de muitas teorias. O primeiro registro das luzes foi de um rancheiro, Robert Ellison, em 1883. Amplamente descritas como fogueiras, minerais fosforescentes, gás do pântano, eletricidade estática, fogo de santelmo e "luzes fantasma", as luzes supostamente mudam de cor, apresentam movimento e mudam de intensidade. Estudiosos relatam mais de 75 contos folclóricos locais que tratam do fenômeno desconhecido.

A população de Marfa está listada no atlas rodoviário em 2.000 habitantes, e a área principal da cidade tinha uma aparência espaçosa, um tanto vazia. Contudo, os moradores claramente estavam resistindo ao declínio de sua cidade, e muitas fachadas de lojas ao longo da rua principal, a Highland Avenue, pareciam ter sido restauradas ou pelo menos arrumadas com uma camada nova de tinta. Como sede do Condado de Presidio, Marfa tinha um fórum enorme construído no século 19 que dominava o topo da rua, em estilo gótico e vitoriano (chamado de "Second Empire") de arquitetura imponente e um domo central com uma estátua branca sobre ele.

Dei a volta e estacionei próximo à calçada, então caminhei até o café do outro lado da rua, que parecia um lugar caprichado, chamado Mike's Place. As ruas do oeste deviam ter sido largas o suficiente para que uma carruagem conseguisse dar a volta, e esta era larga o suficiente para que os carros estacionassem na diagonal em ambos os lados. Ainda havia mais duas pistas em cada direção.

Mike's Place era uma típica lanchonete de cidade pequena, com um janelão na frente, uma fileira de bancos junto ao balcão dos fundos em frente à cozinha, mesas e bancos estofados ao longo de uma parede e um conjunto de mesinhas quadradas no meio. Amei o lugar no instante em que entrei lá. Enquanto me sentava junto a uma das mesinhas, ouvi "The Star-Spangled Banner" tocando no rádio da cozinha, e alguém assobiando junto com a música (mais difícil do que cantar, eu imagino). Ouvir o hino nacional no rádio às 8h45min da manhã só podia ser um sinal dos tempos, refletindo a recente onda de patriotismo por causa da guerra no Iraque. Naquela época, essas mesmas estações de rádio patrióticas começaram um boicote contra as Dixie Chicks, encorajando os ouvintes a queimarem os CDs da banda porque uma delas, durante um show na Europa, tinha ousado criticar o presidente Bush dizendo que tinham vergonha de que ele fosse do Texas.

Adesivos de para-choque sempre são um bom indicador do estado de espírito popular, e enquanto eu andava de bicicleta ao redor de Santa Mônica, no começo de 2003, reparei uma proliferação de carros com mensagens como "Give Peace a Chance" ("Dê uma chance à paz"), "War Is Not the Answer" ("A guerra não é a res-

posta"), ambas de letras de música, e com real ironia, compostas por músicos que tinham sido *mortos* por armas: John Lennon e Marvin Gaye, e "Peace is Patriotic", ("A paz é patriótica"). Outro adesivo que me fez rir: "When the Rapture comes, can I have your car?" ("Quando o fim dos tempos chegar, posso ficar com seu carro?").

Mas, longe daquele enclave liberal, enquanto eu seguia em direção ao coração da América, vi incontáveis bandeirinhas americanas em carros, caminhões, prédios, jardins e adesivos em que se lia "We Support Our Troops" ("Nós apoiamos nossas tropas") e "These Colors Don't Run" ("Essas cores não desbotam"). Até mesmo o cansativo e imbecil ultimato "Ame-o ou deixe-o" tinha sido ressuscitado dos tempos da guerra do Vietnã.

Em Mike's Place, Marfa, Texas, "The Star-Spangled Banner" chegava ao seu clímax histriônico, e eu dei uma olhada para a cozinha e reconheci (de uma caricatura no cartão de visitas) o próprio Mike assoviando de modo chamativo. Quando começou a música seguinte no rádio, fiquei tentado a acreditar que o DJ tinha um fino senso de ironia, porque se tratava de um hit dos anos 1960 de Sonny and Cher, "The beat goes on", com críticas sociais ao lado de versos dentro da lógica *Plus ça change, plus c'est la même chose.*

Men keep marching off to war, uh huh (Os homens continuam marchando para a guerra, ô, ô).

Sim, continuavam.

E *drums keep pounding a rhythm to the brain (A bateria continua tocando um ritmo dentro do cérebro).*

Sim, continua. (De novo Hal Blaine.)

La de da de de, La de da de da.

É mais ou menos isso.

Depois de um bom café da manhã com panquecas e ovos fritos, dobrei para o oeste na Highway 90, seguindo pelas campinas e fazendas de gado planas e desertas, de vez em quando pontilhadas por afloramentos rochosos (não eram vulcânicos, mas pertenciam ao antigo leito do mar em sublevação, como explicou o Geólogo Júnior). Era a hora para um pouco mais de Big Frank – um de seus álbuns mais populares, *Swing Along With Me,* de 1961, com arranjos e orquestra de Billy May. Esse era outro disco que me lembro de escutar no aparelho de som hi-fi do meu pai quando eu tinha nove anos, e os arranjos, a musicalidade, a voz de Frank (em seu ápice absoluto), e até mesmo a qualidade da gravação simplesmente *vibravam*. Orquestrado de modo revigorante, animado, descontraído e rico, principalmente nas faixas exóticas como "Granada" e "Moonlight on the Ganges", apimentado com a percussão étnica, esse foi um dos melhores trabalhos de Frank.

Como as notas curtas e diretas do encarte anunciavam: "Um Frank Sinatra ousado e animado, irrompendo em doze das canções mais arrojadas já gravadas!". Na capa, o velho Olhos Azuis abria a porta de um saloon (é claro que era uma daquelas portas vai-e-vem), vestindo um terno escuro, camisa branca e gravata estreita, e um chapéu *fedora* de brim com faixa cinza-prateada. Na foto da contracapa, ele estava balançando um taco de golfe, vestindo um cardigã e um boné, ao lado da legenda "Sinatra balança". Ele definitivamente chegou ao ápice naquele disco, da amargura comovente de "The Curse of an Aching Heart" à sutil descoberta de um novo amor em "Have You Met Miss Jones?". Outro álbum dos meus favoritos de todos os tempos de Sinatra.

Uma hora e 150 quilômetros depois, retornava a Van Horn, depois de volta à Interestadual 10, onde estaria por mais 1.500 quilômetros e durante todo o dia seguinte. Golpes de guitarra em *staccato* e bateria explodiram nos alto-falantes, algo mais moderno agora: *A Rush of Blood to the Head,* da banda britânica Coldplay. Alguns dias antes, no terceiro dia da minha viagem a Big Bend, eu estava escutando o primeiro álbum deles, *Parachutes,* que continua entre meus álbuns favoritos desde seu lançamento no final de 2000, e uma estreia muito bem-sucedida para eles, mas faltava eu dar minha opinião sobre este aqui. Às vezes, a música me encanta logo na primeira vez que a escuto, outras eu preciso ouvir algumas vezes, e este trabalho aqui permanecia um tanto opaco para mim depois de ouvir de primeira. Colocando de modo simples, eu ainda não tinha certeza do que eles estava tentando alcançar, ou o quanto tinham sido bem-sucedidos nisso, e me parecia que o segundo álbum de um artista devia ser o trabalho mais crucial em comparação a tudo o que farão na vida. "The sophomore blues", ou "A crise do segundo", como dizem.

Às vezes, a atitude mais árdua é poder ser você mesmo, e um sábio músico certa vez observou: "Você tem a vida inteira para se preparar para o primeiro álbum e apenas seis meses para se preparar para o segundo". O Rush vem tendo mais sorte que algumas bandas, não apenas ao atingir a popularidade, mas porque nossos trabalhos foram crescendo lentamente, e não havia o foco de atenção e de expectativa

repentinas sobre nós. Mas, ainda assim, com relação aos nossos primeiros álbuns juntos, saíamos da estrada com um punhado de músicas rascunhadas num violão e em pedaços de papel, entrávamos direto num estúdio de gravação e tentávamos costurar um novo álbum com tempo e orçamento limitados. Depois voltávamos direto para a estrada.

Se uma jovem banda tivesse sorte o suficiente de ter sucesso já no primeiro álbum, como esses que já "ouvimos", como Linkin Park, Coldplay ou Vertical Horizon (de qualquer maneira, seu primeiro trabalho por uma grande gravadora), eles seriam arrebatados pelo redemoinho das turnês e, de repente, pela atenção avassaladora – para a qual ninguém está preparado – e tudo isso podia causar… desequilíbrio.

Quando finalmente se consegue respirar e voltar ao trabalho para o próximo disco, há sérias decisões para se tomar: deve-se tentar imitar o que achavam que tinha tornado o primeiro álbum um sucesso? Ou, pior, tentar dar uma resposta aos críticos mudando para agradá-los, ou talvez apenas dar uma sacudida nas coisas e tentar demonstrar certo amadurecimento? O pior de tudo: deve-se curvar à pressão inevitável e à intromissão que viria direto do pessoal das gravadoras que cuidavam dos "Artistas e Repertório"?

Nos primórdios da indústria fonográfica, o departamento de A&R, a equipe que cuidava de "artistas e repertório", como o nome sugere, fazia a mediação entre os artistas e compositores. Encarando a obsolescência nos anos 1960 – quando os artistas começaram a compor seu próprio material – essas pessoas naturalmente buscaram sobreviver a tais mudanças e justificar sua existência. Então, gradualmente, sofreram uma mutação em duas direções: os relativamente benignos "caça-talentos" em busca de novos artistas para assinar com a gravadora; e o lado mais obscuro daqueles que, na verdade, presumiam entender de música, tomando para si o dever de dizer aos compositores o que compor, e aos artistas como se apresentar, segurando para si o poder e as rédeas da gravadora, e dessa forma o destino da empresa.

As carreiras de certas pessoas tinham sido impulsionadas por tais "guias", principalmente se não havia uma direção particular de qualquer maneira (sinos dos ventos divinos), mas eu conheci pessoalmente algumas bandas e artistas cujas carreiras foram realmente destruídas por causa dessa interferência arrogante. Às vezes, eles são "encorajados" (para não dizer "forçados") a continuar a compor e a submeter "demos" à gravadora até que suas canções e sua música se tornem completamente diluídas por tentar direcioná-las ao mais baixo denominador comum do gosto do público. Ou esse processo destruidor de almas leva tanto tempo que seu público em potencial os esquece, ou os estilos sempre em mudança da música popular os deixam para trás. Como já escrevi para o Matt, da Vertical Horizon: "Parece que, se alguém vai arruinar sua carreira, que esse alguém seja você mesmo".

No caso do segundo álbum do Coldplay, parece que eles resistiram à tal interferência, embora olhando de fora eles tenham conscientemente tentado causar uma primeira impressão mais agressiva que *Parachutes*, chegando com um rugido, como parecia, com aqueles trechos altos em *staccato* da canção de abertura "Politik". Contudo, esse desafio declarado logo cede espaço e é revertido para uma combinação mais gentil e mais bonita de textura, melodia e ritmo, e permanece ali por todo o caminho.

Ao longo do álbum, algumas canções começam a penetrar no meu sangue, como pareceu durante "In My Place", "The Scientist" e a adorável "Warning Sign". Eu estava sentindo aquela faísca conhecida, no cérebro e sob a pele, e mesmo enquanto eu dirigia meu carro ao longo daquela interestadual sem graça e plana, meu corpo começou sua resposta automática, sentindo as melodias e as harmonias no meu cérebro, os ombros se movendo com a batida, a cabeça balançando, os dedos batendo no volante.

Olhando a embalagem do CD (depois, quando não estava dirigindo), vi que o encarte continha uma espécie de manifesto político, com o título "Politik", contra "as ridículas leis de comércio internacional". Eles traziam uma lista de sites de organizações políticas e ambientais (seguida de uma frase que dava um passo atrás esperto e metafórico: "Obrigado por ouvir"). Eu admirei o desejo da banda de usar sua plataforma para divulgar as causas em que acreditavam, embora tenha ficado desapontado que as letras impressas não estivessem incluídas, não apenas como profissional, mas como ouvinte, porque houve trechos em que a letra da música era indecifrável. Sem dúvida estavam disponíveis no site da banda, para quem estivesse interessado, mas este ouvinte preferia que tivesse sido o contrário: a política no site e a letra no encarte. Prioridades.

Por volta de 1973, fui com alguns amigos a um show da dupla americana Seals and Crofts, que tinha alguns hits de soft-rock no final dos anos 1960 e começo dos

anos 1970: "Summer Breeze", e outra de que sempre gostei, tanto da letra quanto da música: "We May Never Pass This Way Again". Durante o show, eles falaram sobre sua devoção à crença Baha'i, e no final convidaram o público a ficar e debater com eles. Proselitismo num show parecia estranho, e fez com que eu me sentisse desconfortável na época, e de lá em diante isso meio que maculou meu gosto pela música deles. Como acontece com muitas canções de que gostei no passado, "We May Never Pass This Way Again" ainda toca de vez em quando no meu rádio mental, mas percebo que agora vem imbuída de um vestígio de propaganda, e continua maculada com tons suaves de foco parecidos com, digamos, um comercial de televisão da Igreja de Jesus dos Últimos Dias.

Uma linha muito tênue serpenteava de modo sombrio entre a sinceridade e a integridade de imbuir sua arte com suas convicções, além de pregar de um púlpito inapropriado, assim como estrelas de cinema que usam sua fama para espalhar opiniões políticas estéreis – embora, pelo menos, você soubesse o que iria receber. Talvez eu pudesse definir propaganda como uma mensagem política ou religiosa escondida em algo que se diz arte por si só, como um quadro, um livro, um filme, uma canção (dizem que a palavra "propaganda" na verdade é derivada de um comitê de cardeais da igreja católica, *congregatio de propaganda fide,* ou congregação para a propagação da fé).

Eu me encontro num estimulante território de gelo fino aqui, ou pelo menos debaixo de um telhado de vidro, quando contemplo canções que eu mesmo escrevi como "Freewill", "The Big Wheel" e muitas outras que continham uma espécie de mensagem religiosa, mesmo que fosse claramente antirreligião.

Anos atrás houve um breve surto de acusações de "mascaramento sonoro", quando zelotes paranoicos de dedo em riste estavam "descobrindo" mensagens satânicas em canções de rock tocadas de trás para frente, e asseguravam aos crédulos que esses demoníacos praticantes do mal estavam espalhando malevolência subconsciente pela juventude da nação. Bandas de metal com nomes como Judas Priest e Black Sabbath eram alvos óbvios para tais acusações, mas as mensagens subliminares também foram "encontradas" em álbuns dos Beatles, e até mesmo bandas puramente comerciais como o Kiss eram chamadas de "cavaleiros a serviço do Satanás". (Fomos a banda de abertura do Kiss durante meses a fio entre 1974 e 1975, então eu sabia que os membros dominantes, Gene e Paul, tinham um "plano mestre" – vi os esboços para as fantasias e maquiagem da banda feitos no colegial por Gene – mas o principal objetivo deles era se tornar um sucesso popular. E eles foram bons para nós naquela época.)

Nossa própria banda não ficou imune a tal tolice, e a estrela de cinco pontas da capa do álbum *2112* de 1976 (a mesma figura geométrica inocente usada na bandeira americana) foi confundida pelos ignorantes com um pentagrama, e então nós também estávamos manchados pela magia negra. Um fã me enviou um artigo de um jornal de uma universidade do Texas que acusava dezenas de bandas de praticar propaganda traiçoeira, e chegava a afirmar que uma música do Rush, se tocada de trás para frente, "revelava" a mensagem: "Oh, Satã, você é o único a quem me devoto" ou algo do tipo. Ultrajado, escrevi uma carta para o editor do jornal afirmando que eu nem mesmo acreditava nesses "espíritos", bons ou maus, e observei que eu conhecia muitas das outras bandas citadas, e que eles estavam bem mais preocupados com a posição nas paradas de sucesso e com as vendas de ingressos do que em disseminar qualquer tipo de mensagem.

Ironicamente, essa declaração, não a acusação de adoração ao demônio, incomodou alguns leitores, que não gostaram que eu dissesse que seus "heróis" estavam mais comprometidos com a popularidade massificada e o comércio do que com o *éthos* do rock – "rock'n'roll all night and party every day" – então é óbvio que eles reagiram me criticando. Contudo, diante do mal e da inverdade, eu tinha feito o meu melhor para propagar um pouco de sanidade e fechei minha carta assegurando o leitor de que eu, ao menos, não era um Anticristo maligno, e chamei como testemunha a Mais Alta Autoridade: "Se vocês não acreditam em mim, podem perguntar à minha mãe!".

O CD do Coldplay me levou pela maior parte do caminho até El Paso e, quando encerrou com a construção lenta de "Amsterdam", eu vi o CD-5 aparecer no visor. Um banho etéreo de sons de teclado faiscantes preencheu o carro, então uma voz suave feminina: *I traded fame for love, without a second thought* (*Eu troquei a fama pelo amor, sem pensar duas vezes*). Era *Ray of Light*, de Madonna, outro clássico pop e, para este ouvinte, sua obra-prima perene. Como artista pop, no sentido mais verdadeiro de ambas as palavras, Madonna tinha produzido um conjunto de ótimas canções pop dançantes ao longo de sua longa carreira sensacional, principalmente com seu álbum *True Blue*, quando ela começou a amadurecer tanto

vocal quanto musicalmente com preciosidades como "Papa Don't Preach", "La Isla Bonita" e "Live to Tell". Lembro quando assisti Madonna cantando esta última ao vivo na televisão numa cerimônia do Oscar e percebi como ela estava visivelmente nervosa, obviamente se concentrando com todas as suas forças para cantar bem. Pode ter sido naquela ocasião que resolvi que ela era "pra valer". Obviamente ela se importava.

Um dos segredos de Madonna é que ela sempre foi esperta o suficiente para contratar as melhores pessoas para trabalhar com ela. Compositores, produtores, músicos, programadores de bateria eletrônica, fotógrafos, tudo de melhor que o dinheiro pudesse comprar, e concatenava com sua visão forte e ousada, e o resultado foi qualidade. Em *Ray of Light*, os principais colaboradores foram William Orbit, que lhe deu uma paisagem sonora moderna e renovada com efeitos eletrônicos, guitarras e notações de percussão, e Patrick Leonard, que trouxe seu sentido clássico de construção de canções e orquestração para algumas das faixas mais passionais, como "Skin" e "Sky Fits Heaven". Então havia a "grande balada", "The Power of Goodbye", que eu sempre ouvia no volume mais alto, mesmo quando o som já estivesse num volume muito alto. Outra parte do apelo de *Ray of Light,* assim como em todos os trabalhos de Madonna, era a qualidade do som. A música era tão bem trabalhada, tanto no design quanto no modo como foi gravada e mixada, era simplesmente um prazer sensual ouvi-la, principalmente num bom sistema de som.

Da forma como a música quase sempre evoca um tempo e um lugar, geralmente a primeira vez em que a ouvimos, ou quando foi ouvida pela primeira vez de uma certa forma – apaixonado, desiludido, feliz ou triste – *Ray of Light* sempre parece ecoar o verão de 1999, que passei na casa à beira do lago em Quebec, com algumas visitas de vez em quando, mas a maior parte do tempo sozinho e num estado constante de desordem. Acho que aquela música ficava em suspenso pela casa inteira num dia quente de verão, pelo corredor e pela escada até a escrivaninha no andar de cima, onde eu me sentava escrevendo cartas repletas de desolação e de tênue esperança. Ou a música escapava pelas portas de tela e pelas janelas até a cadeira de vime, onde eu me sentava bebendo, cheio de desolação e de tênue esperança. Aquele verão foi uma época triste e confusa para mim, e a música se tornou parte da tristeza e parte da cura.

A música, se for boa, sempre vai transcender tais associações de memória, e, de qualquer forma, eu nunca parei de ouvir *Ray of Light* desde 1999, então ela passou a ser abraçada por toda aquela época. Quando se ouve muito uma música, em diferentes épocas, lugares e estados de espírito, no final ela se torna menos gatilho e mais bala, e em vez de fazer alguém lembrar alguma outra coisa, ela passa a fazer que se lembrem apenas dela mesma.

Uma casa, contudo, se ergue para abrigar tudo o que transpira dentro e ao redor de suas paredes, e aquela casa à beira do lago tinha uma luminescência sobrenatural nas minhas lembranças, um clima de verão verde e amarelo e um clima de inverno azul e branco, e tons mais escuros daquela época de tristeza no verão de 1999. Eu ainda me agarro numa moldura mais forte que circunda essa imagem ricamente pintada, outra, de verões mais felizes: nadar nas águas límpidas e frescas que sempre pareciam como seda na pele; remar sob o sol quente através da superfície, que era como um espelho deixando ondulações paralelas; sentar-me na doca até que o sol desaparecesse e os mosquitos chegassem; e dormir com as janelas escancaradas deixando entrar o ar fragrante pela tela, as estrelas brilhantes, os chamados das mobelhas na escuridão.

As lembranças de outros tempos eram algo a se apegar, mas agora era a hora de deixá-las ir embora. Passei a acreditar que a casa à beira do lago nunca mais seria um lugar "feliz" novamente e, acrescentando o fato de que eu raramente vou até lá e que custava muito mantê-la em perfeito estado, quase me convenci a colocá-la à venda antes da temporada de verão, quando ela estaria no seu melhor momento.

Durante minha última visita ao Canadá, no começo de fevereiro, viajei de carro durante seis horas entre Toronto e os Laurentides, e como sempre uma longa viagem é uma boa oportunidade para pensar. Em vez de insistir no passado e na sensação ruim de me desfazer de coisas antigas, eu estava tentando pensar no futuro e imaginava o que eu faria se vendesse aquela propriedade. Mesmo que estivesse morando na Califórnia, fui canadense a minha vida inteira, sendo o inverno uma parte fundamental de seus ciclos. Quando descobri o esqui cross-country e as caminhadas com sapatos-raquete de neve perto dos 30 anos, tornei-me um verdadeiro adorador do inverno, e soube que sempre ia querer "um lugar na neve". Também era importante psicologicamente para manter um pé no Canadá e não perder pelo menos alguma conexão com as minhas raízes. Eu tinha pensado em vender a casa

e o terreno em Quebec, mas manter a ilha e 80 acres de "mata" e depois construir uma cabana menor lá. Contudo, ainda teria a vista da casa antiga, da vida antiga, e quanto mais eu refletia sobre isso, mais parecia uma má ideia.

Enquanto eu seguia pelo sul de Ontário na longa e entediante Highway 401, uma fita escura entre os montes de neve sob o céu cinzento pulava de uma estação de rádio para outra enquanto entrava e saía do alcance delas. Em certo momento, eu estava ouvindo a estação CBC de Ottawa, e isso me levou a pensar naquela região e principalmente numa área mais afastada das áreas urbanas que Brutus e eu já tínhamos explorado de moto algumas vezes. Mais acidentada do que a maior parte do sul de Ontário, tinha algumas estradas sinuosas e parecia suficientemente longe de Toronto para evitar o congestionamento e os preços altos da chamada "terra dos chalés". Talvez eu devesse considerar sair de Quebec completamente e começar do zero em algum lugar como aquele.

Mais tarde naquela semana, Brutus veio me fazer uma visita e contei que eu tinha essa sensação de que talvez fosse hora de sair daquela casa, de me afastar daquelas lembranças e dos altos custos de manutenção. Embora ele também há muito tempo fosse apaixonado pelos Laurentides, e principalmente por aquele lago – foi ele quem encontrou o lugar para nós dois, e também era proprietário de um terreno lá – Brutus compreendeu meus sentimentos. Quando mencionei a região em que estava pensando, ele imediatamente ficou entusiasmado com a ideia, e tão logo voltou para Toronto começou a me mandar anúncios da internet com as terras que estavam à venda entre Ottawa e Algonquin Park. Em março, mandei para ele dinheiro para arcar com as despesas de ir até lá e fazer uma seleção preliminar por mim, e ele me mandou um conjunto de informações bem organizadas sobre quatro propriedades diferentes, com fotos e descrições bem-humoradas sobre a propriedade e sobre suas aventuras ao visitá-las de snowmobile, sapatos-raquete de neve e até mesmo trator removedor de neve.

Enquanto eu seguia para o oeste cruzando El Paso para entrar no Novo México, *Ray of Light* criava um bom fundo musical para a cuidadosa dança mental que eu estava seguindo naquele campo minado – evitando o sentimentalismo de pensar sobre a casa e tudo que ela representava e me concentrando nas praticidades do presente e nas possibilidades para o futuro. Um bom plano seria viajar para Quebec antes do verão e tomar as providências necessárias para colocar o lugar à venda, depois talvez seguir de carro ou de moto até Ontário e encontrar Brutus para juntos darmos uma olhada naquela região. Então foi isso – estava decidido. Como Madonna estava cantando, era hora de "aprender a dizer adeus". De novo.

Carrie e eu fomos ver Madonna na turnê *Drowned World* no Staples Center, em Los Angeles, em setembro de 2001, e foi um show espetacular em todos os sentidos. As produções dos shows de Madonna buscam o mesmo alto padrão de arte e de qualidade de seus álbuns, e novamente foi muito bem-sucedida na estratégia de contratar os melhores profissionais para design, coreografia, direção, figurino, luz e atuação, e apresentou o que era essencialmente um evento teatral.

Embora o palco, o figurino e a coreografia fossem espetaculares, o foco realmente parecia permanecer na música, em contraste com a filmagem que eu tinha visto da turnê anterior, *Blonde Ambition*. Logo na canção de abertura, "Substitute for Love" – quando ela apenas ficou no centro do palco e *cantou*, tocando guitarra e violão como aparato de palco e acompanhamento, parecia que estava determinada a centrar aquele show tanto na música quanto no espetáculo.

O show ao qual assistimos aconteceu poucos dias após 11 de setembro de 2001, quando muitos eventos haviam sido cancelados por medo de mais ataques terroristas, e eu fui obrigado a admirar a teimosia, a decisão e o profissionalismo de Madonna por simplesmente seguir em frente independentemente daquilo. Quando Carrie e eu conversamos sobre ir ou não ao show, decidi que, se Madonna era corajosa o suficiente para estar lá, nós também deveríamos ser.

Foi uma época estranha para se viver nos Estados Unidos, naquele momento e desde então, com as influências ocultas do temor, do desacato e do patriotismo desesperado criando um redemoinho ao meu redor. O estado de inquietação me lembrava do outono de 1962, durante a Crise dos Mísseis em Cuba, quando, na minha cabeça de 10 anos de idade, o mundo inteiro parecia ter enlouquecido, e é quase certo que as crianças sentiam a ressonância na esteira de 11 de setembro de 2001 de um modo profundo. Enquanto tentava entender o que eles estavam vendo, os aviões explodindo, os prédios ruindo e como era diferente das explosões e da morte que viam na TV e nos filmes diariamente, eles também absorveram o pânico e a agitação do mundo adulto. Ouviam as conversas cheias de medo e os comentários na televisão sobre o que poderia acontecer em seguida, o possível ataque de germes de doenças mortais ou algo chamado de "armas de destruição em massa". As

crianças em 1962 e em 2001 entenderam que o mundo que eles podiam ter achado seguro e duradouro de repente se tornou perigoso e desordenado, na fronteira do pânico e do colapso. E, como sempre, um bando de homens velhos eram culpados por assustar as crianças, distorcendo sua inocência com medo incompreensível.

Na primavera de 2003, as crianças do ocidente tinham também outra guerra para tentar entender, assim como minha geração tinha crescido com o espectro televisivo do agravamento da Guerra do Vietnã e a agitação e a violência crescentes ao sul da fronteira, nos Estados Unidos. Os tumultos raciais da metade da década de 1960, depois os protestos contra a guerra nos campus das faculdades, os movimentos *Students for a Democratic Society*, os *Black Panthers*, os *Weathermen*, Patty Hearst e a *Symbionese Liberation Army*, Charles Manson, gás lacrimejante e assassinato em Ohio, Lyndon Johnson na televisão com seu discurso fúnebre "Meus companheiros americanos, venho diante de vocês com pesar no coração": tudo parecia fora de controle.

No final dos anos 1960, em St. Catharines, tínhamos nosso próprio desertor do exército, Norbert, um jovem pacífico, descolado, com cabelo e barba em tom de areia, óculos e uma "vibe branda". Ele era o guia favorito para quem quisesse fazer sua primeira viagem de ácido, e o fotógrafo que tirou fotos da tela da TV da última apresentação ao vivo dos Beatles, tocando "Revolution" e "Hey Jude" (outra justaposição de Lennon/McCartney, o tenso Lennon e o sorria-e-cante-comigo McCartney).

De novo, lembrando tudo isso, o bom e o mau – o que Wallace Stegner chamou de "a própria riqueza do passado" – eu penso sobre Ben, o jovem assistente de fotografia de Andrew, que nasceu em 1976. Ele realmente perdeu tanta coisa. Como Albert Camus escreveu: "Não se pode criar a experiência. Ela deve ser vivida".

Na Interestadual 10, o estéreo do carro voltou para o rock, com uma tecnologia digital que devia ser desconhecida 20 ou 30 anos antes, mas com guitarras, bateria e vocais que eram claramente parte do *continuum* do rock'n'roll.

Novamente o filho do Canadá, The Tragically Hip, e seu álbum *Phantom Power* de 1998. Saiu durante meu exílio da cultura pop imposto pelo luto, mas lembro que, durante o verão de 1999, estive em Toronto com a minha moto, cuidei de alguns negócios e passei a noite no hotel Four Seasons. Liguei a televisão para checar a previsão do tempo, como sempre, e passei por um canal de música. Por alguma razão parei e ouvi uma canção com um toque country, e vi a imagem do vocalista dirigindo um carrão antigo americano por uma paisagem sombria de começo de inverno. Mesmo que eu achasse que tinha parado no canal de música country, o que eu não faria normalmente por vontade própria, havia algo imediatamente sedutor sobre a canção, e eu prestei atenção.

Assim que a música lançou seu feitiço, consegui reconhecer o vocalista, Gord Downie, e a banda que aos poucos se revelava, aparecendo para montar o equipamento e então se juntar para tocar. Era o Hip, óbvio, e a canção era "Bobcaygeon", mesmo nome de uma cidadezinha da "região dos chalés" de Ontário, ao norte de Toronto. Como sempre, as letras de Downie eram enigmáticas, mas lindamente poéticas: *It was in Bobcaygeon, I saw the constellations/ reveal themselves one star at a time – Foi em Bobcaygeon que vi as constelações/ revelando uma estrela de cada vez*. Em seguida, ele usa na canção uma adorável construção em paralelismo: *The sky was dull, and hypothetical/ and falling one cloud at a time – O céu estava opaco, e hipotético/ e caindo uma nuvem de cada vez*.

As letras, os vocais e os arranjos: "Bobcaygeon" era uma pequena obra-prima, pensei, e se tornou uma das canções favoritas que eu tive que ouvir todos os dias durante semanas e meses. Não havia uma emoção óbvia na letra da música, e ainda assim certo *páthos* implícito, casado com a música sedutora, arrancava meu coração e brincava com ele toda vez que escutava.

Gord Downie pode um dia ser reconhecido como um dos melhores letristas do nosso tempo. Ele conseguia combinar alusões literárias – como numa canção chamada "Cordelia", se referindo à filha caçula do Rei Lear a quem era leal, e "Courage (for Hugh MacLennan)", em homenagem ao escritor canadense – com pequenas narrativas peculiares e ótimos versos conclusivos, como *No one's interested in something that you didn't do (Ninguém está interessado numa coisa que você não fez)*. Um daqueles versos que ouço e penso no melhor elogio de todos: "Queria ter escrito isso".

Downie também fez o melhor com sua voz, usando-a como um instrumento de caracterização em vez de alcance e tecnicalidade, interpretando as partes vocais tanto como um ator interpreta um papel quanto um cantor vocaliza uma melodia. Quando ouvi pela primeira vez o álbum *Phantom Power* na íntegra, tinha certeza de que as primeiras duas músicas eram cantadas por outros membros da banda

pela diferença do timbre e do fraseado. Quando contei isso para Gord numa noite em 2000, no backstage depois de um show deles na House of Blues, em Sunset Boulevard, ele pareceu feliz em ter me "enganado" e disse: acho que estava fazendo bem o meu trabalho.

E eles eram muito bons ao vivo, já que Carrie, eu e nosso amigo Andrew estávamos no camarote do House of Blues. Andrew e eu éramos amigos canadenses expatriados e fãs da banda de longa data, e nos virávamos um para o outro sempre que uma canção começava, balançando a cabeça e sorrindo em reconhecimento e apreço. Embora eu tenha escrito antes sobre como o The Tragically Hip parecia ter sido de certa forma traído pela falta de popularidade nos Estados Unidos, o público que eles tinham era bastante engajado, cantando junto em uníssono cada uma das músicas. Mais tarde, enquanto contava a Gord sobre o quanto eu adorava "Bobcaygeon", ele observou que o público parecia adorar cantar junto os versos: *Til The Men They Couldn't Hang/ stepped to the mic and sang/ and their voices rang with that Aryan twang* (*Até que os caras da* The Men They Couldn't Hang/ *pegaram o microfone e cantaram/ e suas vozes ressoaram como um som anasalado ariano*).

Enquanto *Phantom Power* tocava, algumas canções continuavam a me dominar toda vez que as ouvia, e eu continuava seguindo meu caminho rumo ao oeste na Interestadual 10. Peguei um sanduíche num posto de gasolina, acumulando os quilômetros através do sul do Novo México e de volta ao Arizona.

Outro CD de Sinatra começou a tocar, seu álbum lançado depois da aposentadoria em 1973, *Old Blue Eyes is Back*. Quanto ao estilo, recomeçava do ponto onde havia parado em 1971, com *Sinatra & Company*, também produzido por Don Costa. Este saiu quando eu estava morando em Londres, com 19 anos, redescobrindo aquela música por mim mesmo pela primeira vez, e eu costumava tocar "I Will Drink The Wine" (*You can drink the water, but I will drink the wine – Você pode tomar água, mas eu vou beber vinho*) na jukebox do pub Red Lion, meu "ponto" na travessinha entre Carnaby Street e Regent Street.

O primeiro lado de *Sinatra & Company* remontava à parceria dos anos 1960 entre Frank e o compositor brasileiro Antonio Carlos Jobim, enquanto o segundo lado levava a algo mais *mainstream*, uma direção mais pop, com canções de John Denver e Burt Bacharach. *Sinatra & Company* também era notável pela linda execução de "Being Green", de Joe Raposo, escrita para Caco, o sapo de "Os

Muppets", como uma metáfora de autoaceitação (e, novamente, Frank cantava com muita emoção, mesmo sendo um sapo!). Algo deve ter dado certo ali, porque *Old Blue Eyes is Back* trazia quatro faixas de Joe Raposo. Também era notável "Nobody Wins", de Kris Kristofferson (que deve ser a mais longa faixa de Sinatra da história, com mais de cinco minutos), e talvez a versão definitiva de "Send in the Clowns" de Stephen Sondheim (nada de "talvez" quanto a isso para qualquer um que goste de Sinatra).

Os arranjos de Don Costa e Gordon Jenkins eram exuberantes e dinâmicos, a qualidade dos músicos, superlativa, e a qualidade da gravação excelente. Nesse sentido, e no ritmo e no estilo, era um álbum profundamente "moderno", sem traço algum de *swing beat*, seções rítmicas animadas e sopros retumbantes que eram marca registrada de Sinatra ao longo dos anos 1940, 1950 e 1960. No material e no tratamento, tudo cresceu a partir de uma sensibilidade pop dos anos 1960, mas a música ainda era inegavelmente Big Frank e, como sempre, ele tomava todas as canções para si. Seu maestro e arranjador, Nelson Riddle, deu algumas dicas de como ele alcançava tal feito:

> *Frank acentuava minha consciência da dinâmica exibindo sua própria sensibilidade naquela direção. Uma coisa é indicar através de marcas de dinâmica como você quer que a orquestra toque sua música. Outra coisa totalmente diferente é induzir um grupo de músicos blasé, já vividos, a observar tais marcações e tocar de forma correspondente. Eu tentava, com uma palavra ou gesto, fazer com que tocassem corretamente, mas depois de algumas vezes, a orquestra ainda não tinha observado efetivamente a dinâmica. Mas Frank aparecia de repente e extraía deles as nuances mais refinadas, usando o meio mais efetivo já descoberto, pura intimidação.*

(Como a placa na entrada da casa de Sinatra em Rancho Mirage: "Não dê bola para o cão. Tenha cuidado com o dono".) Ainda assim, basicamente tinha relação com "A Voz". Como Stan Cornyn escreveu no encarte: Velho Olhos Azuis retorna como aquele cantor que ainda fecha os olhos quando entra numa canção.

Recentemente eu vi um especial na televisão que acompanhava o lançamento de *Old Blue Eyes is Back,* e enquanto Frank avançava numa série de sets que repre-

sentavam saloons à meia-luz e cantava um medley de "Violets for Your Furs", "Angel Eyes" e "One for My Baby", eu não conseguia evitar de balançar a cabeça diante da perfeição daquilo – naquele dia, naquele estúdio, em frente àquelas câmeras e diante do fato de ele ter interpretado daquela forma. Maravilhoso.

E seguimos cruzando o Arizona, Frank e eu, então ele cedeu espaço para mais duas coletâneas de pop moderno, o último do 98°, *Revelation*, e o primeiro do Matchbox 20, *Yourself or Someone Like You*. Nesse ponto da viagem, eu tinha trabalhado (ou tocado) a maioria da minha "rotação atual", como os programadores de rádio falam, e mergulhava em outros CDs que por acaso ainda estavam no meu estojo de viagem para ver se mereciam estar lá. Esses dois candidatos faziam músicas decentes para pegar a estrada, passando o tempo com deleites ocasionais de melodia e textura, mas acho que ambos eram exemplos de "fast food" musical. Agradavam momentaneamente, mas não satisfaziam a longo prazo, e era hora de tirá-los de rotação.

E também hora de voltar para meu favorito atual do tipo "você tem que ouvir isso", Linkin Park. Mais uma vez, eu tinha guardado esse aqui para o final do dia, e enquanto eu passava por Tucson, tendo deixado 965 quilômetros atrás de mim, era hora de me dar o privilégio de um pouco de música eletrizante.

Percebi que outra razão pela qual eu gostava de Linkin Park era porque eu não tinha ideia da aparência deles, ou de como eles se projetavam visualmente. Eu nunca tinha visto um vídeo deles, nem mesmo uma foto da banda. Não fazia ideia de onde eles eram, que idade tinham, a que raça pertenciam, que tipo de corte de cabelo usavam ou até mesmo quantos membros havia na banda. Tudo se resumia apenas à música.

E essa música era sobre o poder do *verdadeiro* rock, o modo com que nenhum outro estilo, não importava o quanto eu pudesse *gostar*, podia me afetar como guitarra, baixo e bateria em alto volume em torno de um jovem, homem ou mulher, irrompendo suas frustrações e fantasias. Sutileza e sofisticação estavam muito bem representadas ali, eu também amava isso, mas se eu fosse orquestrar a trilha sonora da minha vida não seria com uma música vencedora de um Oscar de esplendor sinfônico: seria um aglomerado de guitarra, baixo, bateria e vocal.

Talvez alguns teclados, para trazer textura, ou melhor, um cantor que também tocasse teclado (tecladistas não são conhecidos por sua humildade – talvez nem

NÃO FAZIA IDEIA DE ONDE ELES ERAM, QUE IDADE TINHAM, A QUE RAÇA PERTENCIAM, QUE TIPO DE CORTE DE CABELO USAVAM OU ATÉ MESMO QUANTOS MEMBROS HAVIA NA BANDA. TUDO SE RESUMIA APENAS À MÚSICA.

mesmo os vocalistas, e eu sempre fiquei contente que o Rush não tivesse um cara assim, mas um baixista sobrecarregado, Geddy, que também cantava e tocava teclado ao mesmo tempo). Uma vez um tecladista meu conhecido estava reclamando de fazer turnê e disse: "Beethoven tinha que viajar de van a noite toda?".

Bem, não. Beethoven não aparecia em vídeos desprovidos de conteúdo e em revistas evasivas, pressionado pelo departamento de A&R das gravadoras para compor um hit, emboscado por *paparazzi*, detonado por tabloides, perseguido por um fã no shopping ou interrogado por um estranho enquanto fazia abdominais na academia (como aconteceu comigo ontem à tarde).

É claro, não colocaria Linkin Park, ou eu mesmo, na mesma "van" que Beethoven (ei, eu nem mesmo sou tecladista!), e sem dúvida senti a celebração ardente e devota em "Ode à Alegria", o anseio reprimido e insistente em "Sonata ao Luar", a delicadeza refinada de "Für Elise", para não mencionar reações semelhantes a Mozart, Tchaikovsky, Debussy e – principalmente – às óperas de Puccini. Contudo, nenhuma música clássica podia alimentar ou tocar minha necessidade diária de afirmação, de catarse, de expressão vicária e de redenção da emoção do sangue bombeando nas veias com raiva, amor e ultraje diante da injustiça do mundo.

Nenhuma orquestra sinfônica ou trio de jazz podia chegar às alturas ou às profundezas que eu atingia sob o domínio de guitarra, baixo e bateria enquadrando um jovem, homem ou mulher, que dava todo o sangue de sua juventude enquanto cantava. Para mim, isso era música, a trilha sonora, o sangue da minha juventude, a própria riqueza do passado.

Não havia muita distância para percorrer no momento em que eu saía do Holiday Inn em Casa Grande, Arizona, logo após o sol nascer. Tinha percorrido 1.100 quilômetros no dia anterior, então restavam "apenas" 800 pela frente. Eu me sentia na parte final da corrida agora, seguindo para o oeste na I-8 até Gila Bend, depois para o norte para pegar novamente a I-10.

O dia começou com talvez meu disco favorito de Sinatra, se eu tivesse que escolher apenas um. Geralmente eu evitava esses tipos de listas de "melhores de todos os tempos", simplesmente porque meu gosto parecia sempre mudar de acordo com a minha voracidade constante por novidades, mas neste ponto da minha escrita, e da minha vida, eu brincava com a ideia de finalmente tentar decidir quais seriam os meus 10 discos para se levar para uma ilha deserta. Parecia impossível, mas se algum dia eu conseguir fazer essa lista, *Watertown* de Frank Sinatra certamente estará nela.

Watertown foi lançado em 1970, e estava destinado a ser um dos álbuns de Frank de menor sucesso, e ainda assim um dos mais *adorados* entre aqueles que tiveram sorte suficiente para descobri-lo. *Watertown* foi o que se costumou chamar de "álbum conceito", uma narrativa cíclica musical em primeira pessoa que conta a história de um homem comum que vivia numa cidade pequena genérica, Watertown, com seus dois filhos depois que a esposa os abandonou para viver na cidade grande.

A história prossegue numa sequência de letras lindamente elaboradas moldadas em solilóquios e cartas de amor, e ajustadas a melodias e estruturas pop clássicas. Frank se comprometeu, como sempre, a viver tais canções, a transpor seu próprio coração no retrato doloroso da torrente de emoções do personagem: desilusão amorosa, resignação, confusão, devaneios sensíveis e, é claro, solidão (seu "veio de ouro"). A música foi composta por Bob Gaudio (um dos membros originais do Four Seasons, ironicamente, e dessa forma o vocalista do primeiro disco de que fui proprietário – ou meio-proprietário), e Jake Holmes escreveu as letras, elaboradas com uma perfeita economia de detalhes, evocando nuances sutis de personagem, clima e espaço. Como toda boa letra, havia também muitas coisas que só ficavam implícitas nas entrelinhas sobre a vida, a família e o trabalho do personagem (*All those years I worked for Santa Fe/ Never missed a single day/ Just one more without a raise in pay/ And I'm leaving – Todos esses anos trabalhei para Santa Fe/ Nunca faltei um dia sequer/ Apenas mais um sem aumento de salário/ E eu vou embora*), vizinhos e a vida numa cidadezinha americana.

Entrevistado para as notas do encarte no lançamento do CD de *Watertown*, Jake Holmes comentou: "Há muita coisa acontecendo sob a superfície".

Ao que parece, os compositores escolheram o nome da cidade num mapa do estado de Nova York como um "típico" nome de cidade pequena. Numa música do Rush chamada "Middletown Dreams", de 1985, escolhi o nome fictício da cidade de um jeito semelhante – porque parecia haver uma Middletown em todos os estados (e parecia que eu já tinha andado de bicicleta por metade delas). Os outros dois caras queriam mudar o nome da cidade num primeiro momento, porque os fazia

lembrar de um professor esquisitão que eles tiveram no Ensino Médio chamado Mr. Middleton – e eu fiquei contente por eles terem superado isso.

Agora que fiz uma pausa para refletir, o terceiro verso de "Middletown Dreams" foi criado segundo a imagem que eu fazia da mãe e da esposa que deixava Watertown: *Middle-aged Madonna, calls her neighbor on the phone/ Day by day the seasons pass, and leave her life alone/ But she'll go walking out that door, on some bright afternoon/ To go and paint big cities, from a lonely attic room* (*Uma senhora de meia-idade, telefona para a vizinha/ Dia após dia as estações passam, e deixam a vida dela sozinha/ Mas ela vai sair por aquela porta em alguma tarde ensolarada/ Para ir embora e aproveitar as cidades grandes de um solitário quarto no sótão*).

O primeiro verso dessa música foi inspirado na história real do escritor Sherwood Anderson e do pintor Paul Gauguin (bem como na ficcionalização de Gauguin escrita por Somerset Maugham em *The Moon and Sixpence*). Esses artistas encontraram sua vocação mais tarde em suas vidas e abandonaram empregos, até mesmo suas famílias, em busca de seus sonhos. *But he's still walking down those tracks, any day now for sure/ Another day as drab as today, is more than a man can endure* (*Mas ele ainda está caminhando por aqueles trilhos, a qualquer dia a partir de agora com certeza/ Outro dia tão insípido como hoje é mais do que um homem pode suportar*). Acredito que Sherwood Anderson realmente caminhou pelos trilhos ao deixar sua cidadezinha em Ohio para ir a Chicago e se tornar escritor.

Inesperadamente, "Middletown Dreams" se tornou uma espécie de teste definitivo para os fãs. Embora estivesse claro que havia dado forma à letra em torno de personagens que não realizaram seus sonhos, ou que ao menos continuavam a se alimentar deles, alguns fãs a ouviram como um retrato cínico dos derrotados, dos "losers" que ficaram presos na existência banal e jamais ousaram escapar ou ir em busca de seus sonhos.

O segundo verso sem dúvida tem a ver com minha juventude, e a de todos os músicos que conheci: *The boy walks with his best friend through the fields of early May/ They walk awhile in silence, one close; one far away/ He'd be climbing on that bus, just him and his guitar/ To blaze across the heavens, like a brilliant shooting star* (*O garoto caminha com seu melhor amigo pelos campos no começo de maio/ Caminham um momento em silêncio, um deles aqui perto; o outro bem longe/ Ele subiria naquele ônibus, só ele e seu violão/ Para resplandecer pelos céus como uma estrela cadente brilhante).* Meu amigo Matt, da Vertical Horizon, me falou dessa canção um dia, dizendo como ele sentia que era sobre ele e seu amigo James – um que tinha partido e um que tinha ficado – e isso fez com que eu me sentisse feliz com o fato de que, 18 anos depois, essa canção ainda tocava a realidade da vida dele, uma geração depois da minha.

Da mesma forma, *Watertown* tinha continuado a repercutir ao longo da minha vida, refletindo as diferentes facetas da experiência da vida adulta à medida que passava por elas: casamento, paternidade, amor e perda, e as canções se enraizaram cada vez mais e se tornaram mais relevantes para mim nos últimos 30 anos.

Mesmo quando os CDs tomaram conta da minha coleção ao longo dos anos 1980, e a maioria dos LPs foram vendidos para lojas de discos usados, eu mantive cerca de 100 deles como tesouros que não se pode viver sem. Durante o tempo em que morei na Inglaterra, onde as lojas de discos naqueles dias exibiam as capas de LPs vazias em embalagens plásticas e guardavam os vinis no balcão envoltos em papel kraft, eu comprei centenas daquelas capas protetoras para minha coleção. Sempre manuseava os delicados discos de vinil com muito cuidado e usava pincéis e removedores de estática, então, mesmo depois de 30 anos ou mais, meus discos ainda parecem novos.

Recentemente, peguei meu álbum duplo de *Tommy,* talvez o que eu mais ouvi na vida, e segurei um dos discos (Lado 1 com o Lado 4, de modo que pudesse empilhar os dois primeiros lados num toca-discos que os trocava automaticamente). Eu senti o disco que há muito tempo tocava se ajustar no conhecido berço entre o canto do polegar e dois dedos no centro. A superfície estava prístina, sem marcas, como a linda capa e o encarte (as artes gráficas são a maior perda quando se troca um formato: aquele velho espaço de 30 centímetros da capa).

Também procurei meu disco original de *Watertown*, uma capa dupla em papel grosso de qualidade, estampada dentro e fora, e impressa com uma tinta prateada especial. A embalagem obviamente tinha a intenção de ser um grande lançamento de um artista importante. Contudo, o álbum que tenho conta outra história: uma perfuração de meio centímetro na capa indicava, segundo os códigos das lojas da época, que era um disco "de liquidação", colocado à venda com um preço reduzido para limpar o estoque de discos não vendidos.

De acordo com o produtor Bob Gaudio, o plano original tinha sido lançar o álbum com um especial para a televisão, onde Frank interpretaria o personagem numa locação de cidade pequena. Mas Sinatra não estava contente com seu modo de cantar, e não queria fazer nenhuma apresentação ao vivo na televisão (isso foi pouco antes de sua primeira aposentadoria). Frank também não queria adiar o lançamento do álbum e, dessa forma, segundo Gaudio, não conseguiu a "plataforma de lançamento" de que precisava.

Num ensaio que acompanhava o CD, Ed O'Brien escreveu: "Embora seu sucesso comercial tenha sido elusivo, ao longo dos anos alcançou sério status de cult entre os dedicados *connoisseurs* de música popular norte-americana. *Watertown* pode parecer uma simples história de um amor frustrado, mas se ouvir cuidadosamente ele revela muito mais do que aparenta na superfície". Ele cita uma amiga que lhe disse ser impossível ouvir o álbum sem ficar comovido, porque "parece tão verdadeiro, é o que acontece na sua vida".

Abrindo a capa do LP, a parte da frente e a parte de trás eram marcadas de lado a lado por um desenho em sépia, cinza-prateado, da estação de trem e da rua principal de uma cidade pequena quintessencial, brilhando com a chuva. Uma figura solitária encarava duas outras figuras menores: o marido abandonado e seus dois filhos pequenos, Michael e Peter (*Michael is you/ he has your face/ he still has your eyes/ remember? – Michael é você/ ele tem seu rosto/ ele ainda tem seus olhos/ lembra?*). Dentro do encarte duplo, as letras e os créditos eram decorados por uma montagem bem elaborada de fotografias, cartas e cartões, como se estivessem sobre uma cômoda, que também guardava uma ressonância aguda com o fim da história, quando percebemos que todas as cartas que o personagem escreveu jamais foram enviadas (*the letters still lying in my drawer – as cartas ainda sobre minha cômoda*), todos aqueles sentimentos jamais demonstrados para sua esposa que nunca mais iria voltar.

A expressão sutil e sincera de Sinatra da vida do personagem carregava todo o subtexto emocional que Jake Holmes tinha entrelaçado nas letras tão habilmente, reforçado pelas melodias pungentes de Bob Gaudio e os arranjos adicionais, mas emotivos, criados por Gaudio, Charles Callelo e Joe Scott. Para mim, *Watertown* tinha mais a ver com sobreviver ao teste do tempo: tinha ficado mais forte e permaneceu não apenas como um clássico na minha opinião (o álbum inteiro era perfeito para ouvir no capacete durante uma longa viagem de bicicleta ou de moto), mas também uma grande obra de arte norte-americana.

Numa resenha de *Watertown* que li na internet, fiquei impressionado com o comentário de um admirador que achava que esse álbum era a versão da costa leste para *Pet Sounds*. A comparação jamais tinha me ocorrido, mas tive uma sensação de reconhecimento. Como a obra-prima eterna de Brian Wilson, lançada em 1966, *Watertown* era uma obra de alta ambição, de originalidade, de atenção meticulosa a cada detalhe de sua criação, orquestrações e combinações de sons únicas, letras e vocais sinceros, e como experiência musical em sua totalidade abrigava o mesmo tipo de intimidade entre música e ouvinte.

O cuidado tomado com a reedição do CD, com elementos extras como o ensaio profundamente sensível e as entrevistas com os compositores, era obviamente uma obra feita com amor, que chegava 30 anos depois de um disco discutivelmente malsucedido. Isso mostrava a consideração com que o álbum se mantinha por uma minoria (talvez exigente) que o apreciava. Como é típico nessas várias reedições em CD, *Watertown* incluía uma "faixa inédita", uma canção chamada "Lady Day", que, segundo as notas de encarte, tinha sido planejada como o encerramento da história. Em vez disso, decidiram (sabiamente, na minha opinião) encerrar a história com "The Train", para deixar a conclusão um pouco mais incerta e aberta à interpretação dos ouvintes.

Uma versão diferente de "Lady Day" foi lançada no álbum seguinte de Frank, *Sinatra & Company,* em 1971, levemente retrabalhada num andamento mais lento e num arranjo mais dramático, como um tributo a Billie Holiday. Para mim, essa canção sempre teve o título de "música mais triste que conheço", e houve épocas na minha vida que eu me colocava em autocomiseração tocando "Lady Day" sem parar.

Feliz ou triste, de modo relativo há poucas canções que eu quis ouvir repetidas vezes desse jeito – ou, mais precisamente, canções que eu precisava ouvir várias vezes seguidas. Houve muitos álbuns pelos quais me apaixonei e ouvi muito, mas não é a mesma coisa que ficar viciado numa única canção. Na minha adolescência, eu deitava na cama com meu radinho de pilha e ficava acordado até ouvir "Just Another Face in the Crowd", de uma banda local, The Veltones, ou mais tarde "He Ain't Heavy, He's My Brother", do The Hollies. Meu amigo Tuck e eu costumávamos ficar sentados no porão da casa dele e tocar a versão do LP de "America", de Simon

and Garfunkel, várias vezes seguidas. Nos últimos anos, tive paixões semelhantes com canções que eu tinha que ouvir todos os dias, como "Only Human", do Human League, "No Promises", de uma banda australiana chamada Icehouse, "Seven Seconds", dueto entre Youssou Ndour e Neneh Cherry, e mais recentemente "Don't Worry Baby", dos Beach Boys, e (por falar em *Pet Sounds*) a arrebatadora "I Just Wasn't Made for These Times".

Se *Watertown* era meu álbum favorito do Sinatra em sua totalidade, na sequência vinha minha compilação favorita, um álbum duplo para acompanhar essa manhã no oeste do Arizona. Alguns anos antes da morte de Frank em 1998, quando ele tinha quase 80 anos, a filha dele, Tina, trabalhou com o pai para compilar um conjunto das canções favoritas *dele* entre as gravações do selo Reprise – cerca de 450 músicas. As 19 canções que ele acabou escolhendo tinham sido gravadas durante um período de 21 anos, de 1960 a 1981, e refletiam a escolha pessoal de um artista por uma canção em particular, e uma interpretação em particular, de uma carreira que durou seis décadas na linha de frente da música americana. O título, *Everything Happens to Me,* funcionava perfeitamente com a imagem da capa: Frank já na terceira idade pintado pelo artista Paul Clemens, descrito como "um homem imerso em si mesmo, com seus pensamentos privados".

As canções que ele escolheu refletiam a mesma imersão, o homem privado, mas este homem tinha o dom de expressar sua alma através de alguns dos melhores compositores do século 20, de Rodgers e Hart a Antonio Carlos Jobim ou Jimmy Webb, e como sempre se apropriar das canções. Tina Sinatra escreveu nas notas de encarte: "Ficava aliviada cada vez que papai ignorava a escolha mais óbvia preferindo uma mais obscura. Afinal, esse deveria ser mais que um outro álbum de grandes sucessos… e é. *Everything Happens to Me* revela a alma de Frank Sinatra como um espelho musical, um homem refletindo sobre uma vida rica e maravilhosa".

Ouvi essa coletânea pela primeira vez na casa do meu irmão Danny e de sua esposa Janette durante minhas perambulações atormentadas como Ghost Rider, e logo senti que era diferente de outras compilações. Ela tinha uma espécie de unidade, uma integridade, e mesmo a sequência das faixas parecia cuidadosamente pensada, como uma apresentação ao vivo. As canções em *Everything Happens to Me* eram claramente pessoais, em nada lembravam um pacote de *greatest hits* (nada de "My Way", nada de "Strangers in the night", nada de "New York, New York"), e mesmo que houvesse alguns clássicos conhecidos, como "Summer Wind", "The Second Time Around" e a sublime "Didn't We" de Jimmy Webb, havia também muitos outros tesouros desconhecidos.

A canção "Everything Happens to Me" foi a que me arrebatou, principalmente naquele período da minha vida, quando eu mal ficava em pé por causa da tragédia que vivi e vagava sem rumo em busca de redenção. Sentei e anotei a letra para memorizá-la, de modo que pudesse cantá-la dentro do meu capacete naquelas longas e solitárias viagens pelo oeste americano. (Por mais que eu adorasse cantar as músicas de Sinatra sozinho, percebi que eu raramente cantava acompanhando os álbuns – acho que seria um sacrilégio.)

Mais tarde, meu pai tocou para mim uma versão mais antiga dessa canção, gravada por Frank em 1940 com a banda de Tommy Dorsey, e meu pai e eu concordamos que "A Voz" certamente tinha mudado ao longo dos anos, crescendo tanto em potência quanto em emoção, mas já lá atrás o fraseado era puro Sinatra. Essa versão mais antiga era mais alegre e brincalhona, com o herói desafortunado meio azarado (*I make a date for golf, and you can bet your life it rains/ I try to give a party, and the guy upstairs complains/ I guess I'll go through life just catching colds and missing trains/ Everything happens to me – Marco uma partida de golfe, e você pode apostar que vai chover/ Tento dar uma festa, o cara do andar de cima reclama/ Acho que vou passar a vida pegando resfriados e perdendo trens/ Tudo acontece comigo*), e essa versão foi mais tarde gravada por outros cantores como Billie Holiday, Chet Baker, Rosemary Clooney e… Neil Sedaka.

Essa faixa-título da coletânea pessoal de Frank foi gravada em 1981, e os primeiros dois versos da letra tinham sido reescritos. As palavras traziam uma profundidade mais madura de ironia melancólica, uma filosofia irresistível de tristeza-com-um-sorriso. O mesmo compositor foi creditado, Tom Adair, e, tentando descobrir se foi o próprio Frank quem a reescreveu, eu me deparei com algumas histórias interessantes seguindo um rastro na internet, que é geralmente o início de uma viagem fascinante pela história arcana e cultura inútil de livre associação (ah, os lugares a que se chega!).

O compositor Matt Dennis trabalhou com Tom Adair para a banda de Tommy Dorsey no começo dos anos 1940, e juntos escreveram grandes *standards* como "Angel Eyes", "Violets for your Furs" e "The Night we Called it a Day". Tom Adair

continuou compondo para filmes (como *A Bela Adormecida* da Disney, em 1956) e shows da Broadway, e viveu até 1988, então é possível que ele mesmo tenha feito a reescrita de "Everything Happens to Me" mais de 40 anos depois.

A versão moderna tinha um ar de desilusão real, contudo levemente transportada por um coração há muito em sofrimento, mas que ainda mantinha a ironia e o humor negro (*Telegraphs and phones, I sent an airmail special too/ Your answer was goodbye, and there was even postage dure/ I fell in love just once, and then it had to be with you/ Everything happens to me – Telégrafos e telefones, eu enviei uma correspondência por avião especial para você/ Sua resposta foi adeus e ainda tive que pagar a postagem/ Me apaixonei uma única vez, e tinha que ser justo por você/ Tudo acontece comigo*). A interpretação atualizada de Frank era menos alegre, mais reflexiva, trazia mais arrependimentos, com uma pegada na voz em versos como *Now in the school of life, well I was lucky just to pass/ Now I'm chasing rainbows with the losers in the class/ But pal, you don´t find rainbows in the bottom of a glass/ Everything happens to me (Agora na escola da vida, bem eu tive sorte de passar de ano/ Agora estou perseguindo arco-íris com os fracassados da turma/ Mas, amigo, você não acha arco-íris no fundo de um copo/ Tudo acontece comigo*). Como sempre, Sinatra faz você sentir aquele desespero, aquela solidão, é a combinação de intérprete e música que melhor se poderia ter.

E os quilômetros passaram rapidamente sob minhas rodas, a I-10 levando-me para o oeste através do Arizona. No meio da manhã, clara e ensolarada, abasteci no Rip Griffin Truck Stop (irmão de Merv Griffin, acho que li em algum lugar), e de volta à autoestrada.

A próxima seleção musical era algo totalmente diferente. *No Angel,* da cantora inglesa Dido (o apelido substituía o nome de batismo Florian Cloud de Bounevialle Armstrong). Lançada no final de 1999, a canção de abertura "Here With Me" me fisgou logo na primeira vez que eu a ouvi na rádio 98.7, em Los Angeles, durante os primeiros meses que morei lá. Comprei o CD e aos poucos o álbum inteiro me conquistou, principalmente na força de suas canções e na voz delicadamente apaixonada de Dido, embora a produção também fosse atraente e exuberante, com suas raízes sólidas na herança dos anos 1980 de teclados bem presentes, percussão e bateria eletrônica, e um pot-pourri de produtores, engenheiros de mixagem e programadores (mais créditos para programadores do que para músicos, na verdade – tão anos 1980!). Juntamente com a influência de cantoras femininas celtas, os fantasmas de Enigma, Tears for Fears e Propaganda continuavam vivos na música de Dido.

No começo de 2000, logo após eu ter comprado *No Angel*, mas antes de conhecer bem o álbum, eu estava dirigindo numa freeway de Los Angeles, preso no trânsito congestionado (sim, isso mesmo!) e zapeava pelas estações de rádio. Minhas escolhas normais eram a 98.7 para "rock ativo", 95.5 para "rock clássico" e 101.1 para "velharias", zapeando até encontrar alguma coisa decente. Às vezes todas elas estavam tocando músicas que eu não suportava (ou, pior, música nenhuma, só propaganda), e eu procurava além. Naquele dia aconteceu de parar em algo em que eu normalmente não prestaria atenção, um rap, mas senti que havia algo ali na hora e levantei o volume. (Que qualidade era essa que prendia minha atenção tão rápido, em questão de segundos, eu só posso chamar de um tipo de radar, ou de "intuição profissional", uma sensação de que era para valer.)

Os versos eram narrados por uma voz forte masculina, cheia de "atitude" hip-hop, contando a história de um fã que escrevia para seu herói sobre como sua vida tinha mudado por causa da música desse herói. Aos poucos, a carta do fã se direcionava para a área da desilusão sobre a "relação" deles, e finalmente para o ressentimento e amargura. Ele e seu herói "deviam estar juntos", e como podia o herói ignorá-lo dessa forma? (Obviamente isso tinha uma forte conexão com minhas próprias experiências com esse tipo de fã, como na definição de esquizofrenia feita pela Organização Mundial da Saúde: "Os pensamento mais íntimos, os sentimentos e as ações são geralmente percebidos como conhecidos ou compartilhados pelos outros, e delírios explanatórios podem se desenvolver".)

Os versos do rap se alternavam com refrões cantados por uma gentil voz feminina, um suave canto celta sobre uma guitarra distorcida e bateria eletrônica. Eu sabia que conhecia aquele som, mas não conseguia lembrar de onde. A história segue com a raiva do narrador crescendo até uma ira psicótica, até o clímax assustador em que ele se atira de uma ponte com a esposa grávida presa no porta-malas. Então, no verso final, o "herói" está escrevendo uma carta, pedindo desculpas por demorar tanto a responder e implorando para que o fã procure ajuda.

Fiquei estupefato com essa interpretação, maravilhado com ela, mas permaneci sem ter ideia de quem era o artista. A rádio continuou direto para a próxima

música, e eu tinha que estacionar o carro e ir ao meu compromisso. Achei que jamais saberia. Muitas vezes na vida fui assombrado por trechos de música que ouvia de passagem, mas não conhecia pelo nome – "Für Elise" num comercial da Mercedes-Benz, uma ária de Puccini num comercial da Honda, "Arabesque" de Debussy tocada pelo pianista de um evento, muitas, várias canções pop durante anos – e se tornou uma jornada tentar identificá-las, geralmente com sucesso no final das contas.

Pouco tempo depois de ouvir aquela interpretação de rap emocionante, eu estava visitando a família de Buddy Rich em Palm Springs e, quando descrevi o trecho de música para o neto de Buddy, o adolescente Nick, ele me disse: "Isso é Eminem!". Ele tocou a música e, com certeza, depois que passamos pela torrente de profanidades que inicia o álbum, havia uma canção chamada "Stan", um hit gigantesco de Eminem. Dali em diante, mesmo com toda a polêmica e demonização de Eminem, ficou claro para mim que qualquer artista capaz de produzir tal obra de arte, seja lá quais forem as outras "questões", merecia meu respeito.

A voz feminina nos refrões era, é claro, Dido, de sua canção "Thank you". Ela já tinha vendido um milhão de cópias antes disso, mas, com o impulso acrescentado pela popularidade massiva de Eminem, ela acabou como o álbum mais vendido de 2001, algo em torno de 20 milhões de cópias.

"E os hits continuam chegando", como costumavam dizer nas rádios AM. Em seguida, outro álbum relativamente moderno, tanto em época (1997) quanto em estilo: *OK Computer*, do Radiohead. A música do Radiohead era tão diferente quanto possível da música cordial, melódica, cheia de texturas de Dido: era angular, abrasiva, barulhenta, bizarra, fascinante e completamente única, mas apesar disso tudo também conseguiu ser popular. Portanto, eles se classificaram como "artistas pop". Nunca tive certeza se eu realmente adorava a música do Radiohead, ou se não gostava nem um pouco, mas com certeza amava o conceito. Havia alguns artistas cujos álbuns eu comprava se gostasse de uma faixa em particular ou não (David Sylvian e Joe Jackson me vêm à mente), apenas para apoiar sua *existência*.

Desafiadoramente nada formalista, intransigente, inventivo, cheio de guitarras vertiginosas, bateria irascível, roupagem eletrônica flutuando para dentro e para fora – títulos de canções como "Paranoid Android" e "Subterranean Homesick Alien" – sua obra era engenhosa, no sentido mais verdadeiro da palavra, desde o projeto da capa, todo o texto em letras minúsculas estilosas ao estilo de e. e. cummings e k. d. lang. Os créditos incluíam tais atribuições como "liberdades artísticas no mercado mantidas por" e "letras usadas graças à sua generosa permissão mesmo que nós a tenhamos escrito". O Radiohead tinha até mesmo senso de humor.

Apesar de sua estranheza, o Radiohead claramente havia alcançado sucesso e popularidade segundo seus próprios termos. *OK Computer* foi particularmente reverenciado, ganhando um Grammy por Melhor Álbum Alternativo em 1998, e até mesmo sendo escolhido Melhor Álbum de Todos os Tempos pelos leitores da revista Mojo. Eu não acho que iria tão longe com relação a qualquer álbum, mas eles podiam ter escolhido algo pior.

Ao buscar informação sobre alguns desses artistas enquanto escrevia sobre eles, encontrei algumas críticas contemporâneas que eram tão equivocadas que só consegui rir delas. Um exemplo foi a resenha da *Rolling Stone* do álbum *Grace*, de Jeff Buckley, logo após seu lançamento em 1996. Numa resenha de três estrelas (num conjunto de cinco), o autor elogiava as *intenções* de Buckley, mas com má vontade, com muitas reservas sobre como ele entregou a obra, e observou que Buckley não estava "sofrido e desesperado o suficiente" para interpretar "Hallelujah" adequadamente – a bela canção que atraiu tantas pessoas, incluindo este crítico aqui, para sua música.

Mais tarde naquele ano, a revista concedeu-lhe o prêmio de Melhor Revelação, e depois que Buckley morreu muitos outros reconheceram sua grandeza, e a *Rolling Stone* incluiu *Grace* entre os "Álbuns Essenciais dos anos 1990".

Outro crítico da *Rolling Stone*, escrevendo sobre a discografia do The Who numa coletânea de entrevistas publicadas em 1975, deu sua perspectiva de meados dos anos 70 sobre *Who's Next*, então com apenas alguns anos de existência, condenando-o a um elogio brando como "fã" autodeclarado, ao que parece sem nunca imaginar o lugar que esse álbum iria ocupar no panteão do rock'n'roll:

> *Em meio a muita especulação – principalmente por parte de Townshend – sobre se algum dia eles poderiam transcendê-lo* [Tommy], *eles lançaram seu primeiro novo álbum de estúdio em dois anos,* Who's Next. *Como heavy metal cerebral ele era absolutamente incomparável; já como The Who era outra humilhação*

substancial quando não estava exsudando autoimportância e profundidade, ele sofria de uma autoconsciência levemente menos irritante.

[Alguns problemas de pontuação ali, presumo]

Grandiosamente executado e incrivelmente produzido, podia muito bem ser usado como um manual para o rock pesado (em todos os sentidos do termo) dos anos 70. Que, para não ser modesto, é o X do problema para aqueles de nós que estávamos acostumados aos primeiros trabalhos da banda e para nossos ouvidos isso parecia soar escorregadio, artificial e autoconsciente.

Se ao menos a crítica musical se aproximasse da qualidade da crítica literária. Eu posso ler uma resenha de quase qualquer livro no New York Times Book Review e sentir como se não apenas estivesse conhecendo os livros recentes mais importantes, mas também aprendendo a partir de um alto padrão de escrita e de reflexão dos próprios críticos literários.

Uma editora de resenhas de livros, Laura Miller, escreveu um artigo para a *Book Review* chamado *The hunting of the Snark – A caçada do Snark*, no qual ela descreve um website chamado Snarkwatch como "colocado de forma direta, um lugar para reclamar de resenhas de livros". (Um texto bem engraçado era "o autor de um volume de poemas inspirado pela banda de rock Queen que sustenta que seu livro não recebeu um aceno justo desta publicação"). Sua definição pessoal de "snarkiness" pode ser encontrada numa observação significativa:

Aprendi que é preciso ter cuidado ao dar livros de escritores jovens e renomados para jovens críticos obscuros, os resultados podem variar da adoração ao herói ou (no caso de escritores mais talentosos) uma fúria nociva totalmente desproporcional com relação ao tema em questão: snarkiness.

O tom editorial da *Rolling Stone* como árbitros do *hipness* – cheios de elogios para os escolhidos, fúria nociva para o resto – foi estabelecido de início pelo fundador Jann Wenner, que, em 1967, escreveu um artigo venerador sobre os Beatles, mas ao longo do caminho se sentiu compelido a atacar os Beach Boys e Brian Wilson, dizendo que o rótulo de "gênio" era "essencialmente um verniz promocional" em que o próprio Brian acreditava.

Por volta da mesma época, Wilson afirmou: "Não sou um gênio, sou apenas um cara dedicado". E que preço ele pagou por tal reputação – o peso das expectativas em cada obra musical que ele tentou criar depois de *Pet Sounds,* de sentir que tudo o que ele fazia tinha que gritar "gênio". Certamente essa pressão sobre uma mente já frágil contribuiu para seu colapso nervoso e para o abuso de drogas que se seguiu.

Sob o peso de sua própria reputação, Stewart Copeland contou-me que, depois que o The Police acabou, ele parou de tocar bateria durante alguns anos por causa do que ele chamou de "Síndrome de Eric Clapton" – ele cansou de sentir que, cada vez que tocasse o instrumento, tinha que ser *brilhante* e impressionar todos ao seu redor.

Wenner também esnobou *Good Vibrations* (ainda uma obra-prima eterna) porque não era "verdadeiro rock'n'roll", num artigo em que elogiava os Beatles e *Sgt. Pepper's,* sobre o qual, certamente, o mesmo podia ser dito. George Martin de novo: "Se há uma pessoa que eu tenho que escolher como um gênio da música pop, escolheria Brian Wilson".

Que opinião vale mais, a de Sir George Martin ou a de Jann Wenner?

As opiniões pessoais de cada um valem a mesma coisa, na religião, na música e na política, mas as opiniões de alguns especialistas são definitivamente mais informadas, mais reflexivas e mais *válidas.*

Essas reflexões nos trazem tranquilamente à próxima e última seleção para essa *extravanganza* musical de cinco dias e 4.000 quilômetros. *Vapor Trails,* o último lançamento de um certo trio de rock canadense. Continuando meus 12 anos ignorando as poucas resenhas que nossos álbuns geralmente recebem – uma prática inteligente e defensiva inspirada na decisão que Tom Robbins tomou e descreveu para mim numa carta –, entendi que quaisquer análises de *Vapor Trails* seriam as usuais críticas pungentes automáticas. Não havia valor algum naquilo.

Em 1996, Geddy me contou que estava conversando com um jornalista da *Rolling Stone* que deixou escapar que o Rush era um dos temas mais solicitados pelos leitores para ser capa da revista. O jornalista, contudo, admitiu que isso jamais aconteceria, porque não éramos "cool" o suficiente para eles. De acordo com uma citação que li no calendário de aniversário de 30 anos do Rush, na época eu disse que não éramos "cool" o suficiente nem para nós mesmos.

Ao longo dessa jornada, tive o cuidado de manter minha playlist "natural", e o estojo de CDs que levei comigo necessariamente representava minha playlist geral naquele ponto no tempo, março de 2003. Mesmo depois de eu começar a considerar a ideia de que minha odisseia musical se tornasse um tipo de narrativa, ainda não escutei nada só para poder escrever a respeito depois. Contudo, mesmo apenas considerando como um arco de seleções musicais, alguma coisa parecia inefavelmente certa sobre concluir o programa com nosso trabalho mais recente. Uma conclusão, uma nova avaliação objetiva de onde já estive musicalmente, e talvez até mesmo para onde eu queria ir.

Após ouvir cada faixa dúzias de vezes durante a gravação e a mixagem, e depois novamente através das variadas sequências das faixas e provas finais, eu muitas vezes quase fiquei enjoado do álbum. Quando o produto final estava fabricado e em minha posse (sempre um grande momento), eu podia escutar mais uma vez, para ouvir da mesma forma que outros fariam (de alguma forma essa realidade fazia o som parecer totalmente diferente), e então deixá-lo de lado. É claro, eu posso tocar essas canções dezenas de vezes nos shows nos anos seguintes, mas isso não é uma experiência de *audição*.

Cada vez que lançávamos um novo álbum, sempre parecia levar pelo menos seis meses para ter o distanciamento daquela parte do nosso trabalho (uma parte da nossa *vida*) para entendê-lo por inteiro; para ver num contexto em que você seja um apreciador de música, não apenas o "autor" da obra. Com o tempo, você ganha perspectiva da música como uma entidade e começa a vê-la, de certo modo, com certa "cor", um espírito determinado e um caráter que ela passou a incorporar para você.

Principalmente depois de tocar tantas dessas canções nas turnês, elas se tornam familiares em cada detalhe, talhadas em ranhuras no cérebro por pura repetição. Há também gravações dos shows ao vivo para escutar ao longo do caminho, para rever minha performance, examinar os aspectos técnicos da execução e do controle do tempo. Mas tudo isso era totalmente diferente da experiência de simplesmente escutar, de tentar dar um passo atrás e vivenciar a música simplesmente como mais um amante de música.

O que eu acharia disso se não fosse eu? Essa sempre foi uma pergunta que tentei responder, embora fosse difícil, talvez impossível, para realmente ver com clareza.

Se uma obra foi uma expressão honesta de seu criador, é também um marco do seu progresso e um ponto de referência sobre o qual construir o futuro. Por mais que a ideia de música "progressiva" tenha sido ridicularizada, usada para desabonar um estilo particular de musicalidade e de arranjos experimentais e ambiciosos, era realmente o único tipo possível de música honesta.

Não quero dizer que a simples passagem do tempo significasse que o trabalho de determinado artista necessariamente ficava melhor; não tinha que ser um progresso qualitativo, mas certamente um progresso cronológico. A vida não pode ser vista de qualquer outra forma que não seja como uma progressão – para a frente, e talvez necessariamente para cima – e acontece que a obra também tinha que ser vista dessa forma. Para mim, cada marco, cada ponto de referência era necessariamente progressivo, refletindo o que eu tinha aprendido musicalmente como baterista e o que eu tinha aprendido existencialmente como letrista. Como meu amigo Mendelson Joe disse: "A arte não mente". E como isso era particularmente verdadeiro nos casos em que tentaram mentir – fingindo ser algo que não eram para atrair um público que não mereciam. Isso é o que realmente significa ser "pretensioso".

Numa contradição desafortunada, a música progressiva foi descrita por críticos tendenciosos e ignorantes como "pretensiosa", mas tal terminologia apenas representava um sistema de valores bastante confuso. Raramente houve um estilo de música mais honesto, baseado em princípios sólidos de musicalidade, exploração e fascinação. Não "fingia" juventude, ou paixão adolescente, como tantas músicas pop compostas por homens e mulheres de meia-idade com fórmulas cínicas; e também não "fingia" rebeldia, como tantas músicas compostas por mercenários de olhar torto com jaquetas de motociclistas e cabelos bem-cuidados. (De "The Sound of Muzak", do Porcupine Tree, uma banda "progressiva" dos dias de hoje: *The music of rebellion makes you wanna rage/ But it's made by millionaires who are nearly twice your age – A música de rebelião te faz querer despertar sua ira/ Mas é feita por milionários que têm o dobro da sua idade*).

Em seu pior momento, o rock progressivo até pode ter se tornado inflado, com a cabeça maior que o corpo, mas inevitavelmente precisava se destruir em si mesmo, no ciclo de realinhamento dos mecanismos comuns na música popular: o anteriormente descrito "princípio da banda de garagem". Tão logo a música po-

pular ultrapassou a habilidade dos iniciantes de imitá-la, houve uma revolução. Poucos dos pioneiros dos anos 50 sobreviveram comercialmente no começo da década de 60, e pouquíssimas bandas do começo dos anos 60 sobreviveram até o final dos anos 60, e assim por diante. É uma lástima, de certo modo, que muitos bons artistas tenham sido marginalizados injustamente por uma linha imaginária traçada na areia, entre "velho e brega" e "novo e moderno", e não há nada que se possa fazer quanto a isso.

Quando os estilos punk e new wave explodiram no final dos anos 70, alguns artistas foram ágeis o suficiente para acompanhar as mudanças. Alguns resmungavam: "O que eu devo fazer, devo esquecer como se toca?", e continuavam a guiar seus dinossauros rumo à extinção, mas outros se adaptaram de boa vontade à projeção da onda de retorno-ao-básico, sem abrir mão de tudo que tinham aprendido. O ex-vocalista do Genesis, Peter Gabriel, por exemplo, ou o ex-tecladista do Yes, Trevor Horn, continuaram a produzir uma música influente e vital ao longo dos anos 1980 e 1990. Ian Anderson continuou a liderar o Jethro Tull para longe dos anos 1960 e 1970 e sem alarde durante décadas, fazendo música de alta qualidade e encontrando um público grande o suficiente para continuar gravando e fazendo shows no mundo inteiro.

O Rush estava trabalhando na Inglaterra durante o final dos anos 1970, fazendo shows e gravando durante meses a fio, e dessa forma estávamos bem no centro da ebulição. Assistir à explosão do Sex Pistols com "God Save the Queen" na parada "Top of the Pops" da BBC foi inesquecível, eletrizante, e apesar do carisma de um para-raios de Johnny Rotten em sua camisa de força e joaninhas ter sido efêmero, aquilo me preparou, como hoje percebo, para coisas como o primeiro álbum dos Talking Heads, para Elvis Costello e Joe Jackson, ou para o hipnótico *Marquee Moon* do Television – me reapresentando à simplicidade e à repetição como ferramentas musicais.

Amando aquele tipo de música, eu não podia deixar de ser influenciado por ele, e a banda como um todo se mudou de épicos "progressivos" radicais como *Hemispheres* em 1978 para a arquitetura um pouco mais concisa de *Permanent Waves* (o título absorvendo aquela nomenclatura "new wave") em 1979, e finalmente para o que ainda continua o nosso álbum mais popular, *Moving Pictures,* em 1980. Parece que nós capturamos o equilíbrio perfeito entre nossos valores tradicionais quanto à musicalidade e construção desafiadora e uma noção contemporânea de concisão, relativamente despojada e direta, que trouxe ao nosso encontro as rádios e os fãs de rock. Naquele ano, nosso público dobrou de tamanho de repente (mesmo que temporariamente), e na turnê *Moving Pictures*, enquanto tocávamos duas noites em cidades onde sempre havíamos tocado só uma, percebemos que muitas pessoas no público não faziam ideia do nosso estilo musical nem conheciam nossa música; apenas éramos "o show" para se ver naquele ano. ("Você vai ver o Rush?", "Sim, com certeza, cara!"). Por um breve e desconfortável período (para nós e para nossos fãs verdadeiros), estávamos "na moda".

Na época, inevitavelmente, o punk e o new wave tinham eles próprios progredido, como era de se esperar (mesmo se uma banda começasse realmente inapta, era provável que fosse melhorar e crescer). Em 1980, quem estava na dianteira da música pop tinha se metamorfoseado em bandas criativas e ambiciosas como Ultravox e The Police, e todo esse fluxo se infiltrou na música do Rush. "Você é o que você come", ou o que você ouve, e para mim a motivação era a mesma que já me motivava no começo: eu adorava ouvir música, então queria tocar.

São os mesmos valores e motivações que estiveram a serviço da criação de *Vapor Trails*, tantos anos depois. Enquanto eu voltava para a constelação de subúrbios na órbita de Los Angeles, depois de uma longa jornada e toda a música que a tinha acompanhado, ouvi essa "cápsula do tempo" de 2001, as letras abordando a odisseia dos anos anteriores, tudo o que eu tinha enfrentado, tudo o que eu tinha aprendido, e a música narrando uma odisseia paralela que havia nos mantido juntos, nós três, durante as décadas de nossa aprendizagem, todos os experimentos, todas as influências, todas as lutas, o trabalho, as mudanças e as adaptações.

> *Celebrate the moment, as it turns into one more*
> *Celebre o momento, enquanto ele se transforma em mais um*
>
> *Winding like an ancient river, the time is now again*
> *Serpenteando como um rio antigo, o momento é agora novamente*
>
> *All this time we're burning like bonfires in the dark*
> *Este tempo todo estamos ardendo como fogueiras na escuridão*

Here we come out of the cradle, endlessly rocking
Aqui saímos do berço, que balança infinitamente

O momento, o rio, as fogueiras no escuro, o balanço eterno. O momento em que *Vapor Trails* se tornou mais uma gota no rio, outra gota no curso interminável da música moderna. Todos esses riachos e afluentes, o próprio sangue da juventude, a própria riqueza do passado. Nenhuma dessas vertentes fluía de um crítico de música ou de uma corporação multinacional. Cada nota de música verdadeira surge de um coração humano, motivada pela paixão e pela ambição de um milhão de vozes, e essa música para viagem seguia adiante continuamente, através de milhões de outros corações, num balanço eterno.

Pareceu muito boa, mas ainda acho que podemos fazer melhor.

Levantei o volume da música e sorri, os olhos fixos na estrada diante de mim.

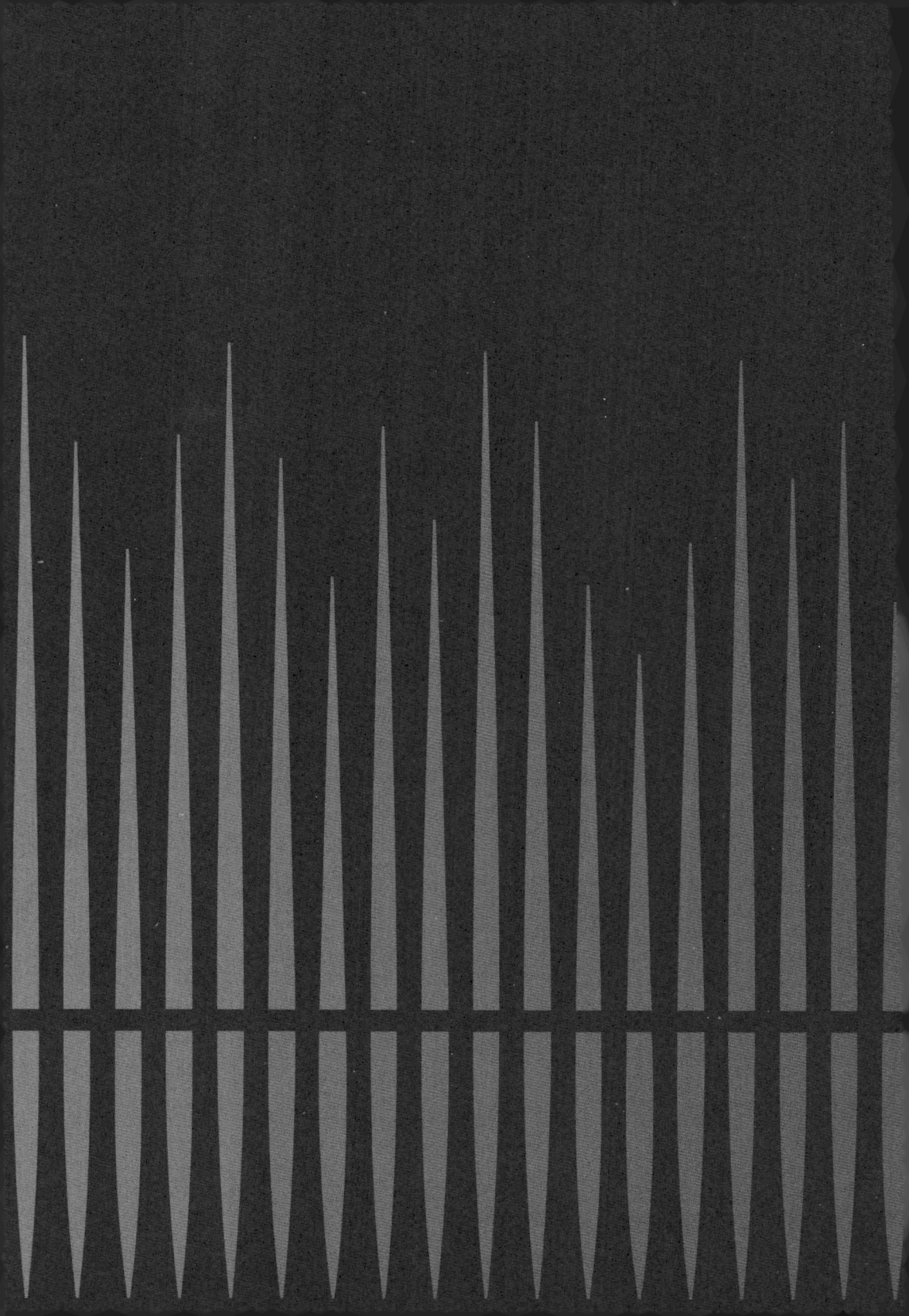

REFRÃO QUATRO

"Drumming at the heart of an African village"
"Tocando bateria no coração de um vilarejo africano"

Minha fuga de St. Catharines para um mundo mais amplo

me levou para longe: primeiro para Londres; depois, com meus colegas de banda com o Rush, para uma odisseia criativa de 30 anos de composição, gravação e turnês ao redor do mundo. Mas, mesmo então, eu continuava a procurar novas aventuras, novos desafios e novas fugas.

A vida de um músico em turnê também pode ser opressiva vista apenas do lado de dentro dos ônibus, hotéis e arenas durante semanas e meses a fio. Nos meus primeiros anos em turnê com o Rush, eu preenchia as horas vazias com livros, mas no começo dos anos 1980 passei a levar uma bicicleta comigo dentro do ônibus da banda e saía sozinho sempre que podia – pedalando de uma cidade para outra nos dias de folga, ou até mesmo simplesmente circulando por Indianápolis, Seattle ou Richmond durante algumas horas nos dias de show, visitando museus de arte e dando continuidade à minha educação em ciências naturais, ciências sociais e arte.

Não é exagero dizer que viajar se tornou um tipo de *casa* para mim, e também um tipo de música. As viagens de aventura se transformaram de inspiração em transpiração numa busca por novos horizontes com desafios diários para a resolução de problemas e adaptação, cada jornada tomando forma e estrutura do começo ao fim, e depois reverberando na minha vida para sempre.

Em 1985, fiz minha primeira longa viagem de bicicleta pela China, logo após reabrirem as fronteiras para os ocidentais depois de terem permanecido fechadas para o mundo exterior desde a revolução de 1948. Eu me inscrevi para uma excursão de duas semanas numa agência chamada China Passage, me juntando a outros 20 ciclistas do Canadá, Estados Unidos e Austrália. Essa aventura difícil, mas fascinante, inspirou a canção "Tai Shan", que faz parte do nosso álbum *Hold Your Fire*, de 1987, e eu também fiz amizade com alguns ciclistas de Nova Jer-

sey – Bob, Rosie e Gay – que gostavam de planejar suas próprias excursões. Nos anos seguintes, eu me juntei a eles para viajar de bicicleta de Munique a Veneza cruzando os Alpes Suíços, depois atravessando os Pirineus de Barcelona a Bordeaux. Nós também cruzamos as montanhas rochosas de Calgary a Vancouver, e os Alpes austríacos de Munique a Istambul, passando pelas ilhas gregas de *ferryboat* até chegarmos à Turquia.

A partir do final da década de 80 e o início dos anos 90, entre cumprir os compromissos com turnês e gravações com o Rush e ficar um tempo em casa com a minha família, todos os anos eu tentava reservar algumas semanas para escapar – para eu sair sozinho, com estranhos ou com amigos com quem mantinha afinidade, e me afastar o máximo possível da minha vida confortável, mas exigente. Às vezes, essas jornadas também se tornavam um tipo de música para viagem, de maneiras muito diversas.

Sem dúvida alguma, o DNA da música americana – *minha* música – tem raízes na África, e eu procurei essas raízes numa série de viagens àquele continente onde tanto a vida quanto a arte começaram. Um safári no Quênia e na Tanzânia, viagens de bicicleta em Camarões, Chade, Togo, Gana, Costa do Marfim, Mali, Senegal e Gâmbia e uma viagem de moto pela Tunísia. Ao todo, foram 11 países africanos, e todas essas aventuras incluíram experiências com a música africana e sua percussão. Na maior parte do tempo, eu apenas assistia e ouvia, às vezes eu tocava, e outras vezes ela simplesmente se infiltrava em mim, o modo como a música de Youssou Ndour era tão onipresente no Senegal, em cada bar, restaurante, ônibus ou banca de feira, que acabei totalmente seduzido por seu lirismo rítmico.

Numa noite quente num vilarejo em Togo chamado Assohoum, em novembro de 1989, deitei no meu saco de dormir debaixo de um telhadinho de adobe e fiquei olhando as estrelas no silêncio perfeito de uma noite africana – nada de trânsito, televisão, nem rádio, apenas conversas dispersas e cães que latiam ao longe. Enquanto eu pegava no sono, um ritmo de tambor ecoava pelo vale: dois percussionistas tocavam um padrão entrelaçado e isso ficou gravado na minha cabeça para emergir meses depois como a base de um ritmo que eu usei numa canção do Rush chamada "Heresy" (do álbum *Roll the Bones,* de 1991). (Legítimo entrecruzamento cultural, um ritmo africano tocado por um baterista canadense, com baquetas japonesas e bateria americana com prato chinês, numa canção produzida por um inglês sobre a queda do comunismo na Europa Oriental e na União Soviética). Mais tarde, o mesmo ritmo se tornou a base de um solo que criei no começo dos anos 1990 para servir de faixa de acompanhamento enquanto eu praticava marimba chamada "Momo's Dance Party". Uma versão desse pequeno *étude* aparece no final do meu vídeo instrucional *A Work in Progress* (1996).

"Momos Dance Party" também foi inspirada por uma experiência que tive na mesma viagem à África, numa excursão guiada por David Mozer e o grupo do Bicycle Africa por Togo e Gana, que terminou num trecho em que segui pedalando sozinho para encontrar minha família na Costa do Marfim, hospedada (entre tantos lugares) num Club Med. No ano anterior, eu tinha viajado com David por Camarões (*O Ciclista Mascarado,* 1996)*,* na minha primeira excursão de bicicleta pela África Ocidental, e tinha me juntado ao grupo na última hora quando conversei com ele e soube que poderia me inscrever a tempo.

Éramos um grupo de cerca de 10 ciclistas, e certa noite paramos num vilarejo remoto em Togo chamado Agbo Kope. Novamente, nada de eletricidade, nem máquinas, nem água encanada, apenas casas feitas de barro e palha e ruas de chão batido. David já tinha visitado Agbo Kope antes, enquanto fazia o reconhecimento de terreno para este roteiro, e tinha conhecido Momo, um jovem ambicioso que frequentou uma escola longe do vilarejo. Momo parecia ser o único habitante do local que falava francês, a língua colonial, e parecia estar tentando colocar seu vilarejo no mapa turístico.

Desde a visita anterior de David e uma carta que tinha enviado a Momo para comunicá-lo de que planejava trazer um grupo de ciclistas ao seu vilarejo, construíram um pavilhão aberto com galhos e folhas de palmeira, e nós colocamos nossas bicicletas e sacos de dormir sob o telhado. As mulheres do vilarejo cozinhavam ali perto em fogareiros de barro, preparando o costumeiro jantar de arroz e cozido de "carne misteriosa" (que em Camarões eu tinha batizado como "arroz com porcaria em cima") e à noite o vilarejo inteiro se reunia para apresentar um show para nós. As crianças cantavam e dançavam enquanto os homens tocavam tambores, então as mulheres (algumas delas com bebês adormecidos amarrados e presos nas costas com panos coloridos que combinavam com os tradicionais trajes de *pagne*) apresentavam coreografias graciosas contando uma história. O *grand finale* foi apresentado pelo coral do vilarejo, as ricas vozes dos homens e das mulheres em linda

harmonia, acompanhadas por um homem que tocava um idiofone, e outro que tocava um prato de metal com uma baqueta. O padrão sincopado me hipnotizou e continua na minha memória como umas das performances mais musicais que já ouvi. Mesmo 14 anos depois, ainda posso invocar a imagem auditiva daquelas vozes entrelaçadas e do acompanhamento simples da percussão.

Depois que o coral terminou, os percussionistas recomeçaram a tocar, e as garotas americanas do nosso grupo entraram na roda e dançaram com as mulheres africanas. Elas foram saudadas por urros de risadas alegres enquanto imitavam o que tínhamos descrito entre nós como "a galinha dançante". Passei discretamente atrás da multidão até chegar onde os percussionistas estavam, e dei um jeito de superar minha timidez para pedir que eles me "designassem" um tambor. Eles me deram um tambor feito de um tronco oco com uma pele sobre uma das pontas e um galhinho retorcido para tocar, e o percussionista ao meu lado me mostrou o ritmo que eu deveria tocar. O tambor parecia desafinado, com um som baixo e de pouca ressonância, e o ritmo era um simples um-dois-três, pausa, um-dois-três (um padrão comum na música tradicional, como tinha percebido nos cânticos nos templos chineses, e que adaptei para a canção "Tai Shan", o mesmo que ouvi enquanto passava de bicicleta pelas igrejas de Gana nos domingos de manhã, de onde trouxe um para casa e usei como mais um elemento rítmico de "Momo's Dance Party", tocado em claves).

Sempre que eu tentava sair mais da minha parte, ou mais *dentro* dela – usando as duas mãos, por exemplo, para conseguir sons diferentes com os dedos esticados ou em concha, como se faz num tambor conga –, o homem ao meu lado sacudia a cabeça, pegava a vareta e colocava de volta na minha mão.

Ele insistia que eu tocasse somente daquela maneira. Percebi que, para eles, havia apenas um modo de se tocar aquele tambor e aquela música, e que se tratava de um fato que, como membro de um conjunto de percussionistas de tambores africanos, você tinha que se submeter à voz do grupo, tocar aquele pequeno trecho do modo como sempre havia sido tocado. Essa música não tinha a ver com expressão ou exploração, mas simplesmente com a interpretação rotineira de uma música tradicional, como na música clássica ocidental. Naquele contexto, não havia nada errado com aquilo, é claro, mas era um contraste enorme com relação ao modo como eu costumava pensar sobre tocar bateria, como se fosse um conjunto inteiro de vozes que eu pudesse orquestrar e levar para onde eu quisesse numa interação com outros músicos.

Na manhã seguinte, enquanto colocávamos as mochilas nas bikes para irmos embora, Momo estava por perto, esperando alguma coisa, ao que parecia, mas eu não sabia o quê. Dinheiro, talvez? David tinha feito o pagamento pela comida e pelo abrigo, mas Momo ainda parecia atormentado, quase em lágrimas, e eu supus que ele simplesmente esperava mais de nós – ele tinha imaginado que de alguma forma nós iríamos mudar as coisas para ele e para seu vilarejo. Enquanto seguíamos em frente e deixávamos Momo e seu vilarejo da forma como sempre tinha sido, eu me senti mal por ele.

A canção "Momo's Dance Party" aparece como a faixa instrumental dos créditos de *A Work in Progress,* mas eu também tinha escrito uma letra para ela (embora nunca tenha sido cantada, exceto na minha cabeça), com o seguinte refrão:

> Momo é um jovem do vilarejo
> Momo foi embora para aprender a língua do homem branco
> Momo tem ambição para seu povo
> Momo tem grandes sonhos para os jovens
> E ele quer mais…

Em outubro de 1992, eu me juntei à terceira excursão de bicicleta pela África Ocidental (cada vez dizia que eu jamais iria me colocar numa situação daquelas de novo, e toda vez eu voltava para lá), cruzando Mali, Senegal e Gâmbia. A excursão começou com duas semanas em Mali, depois seguimos para o Senegal nas duas semanas seguintes. Na capital do Senegal, Dakar, nosso pequeno grupo de cinco "clientes" e David se reuniu com outros quatro ciclistas que estavam chegando dos Estados Unidos, e viajamos juntos para o sul do Senegal e depois até a Gâmbia e de volta a Dakar.

Além de levar comigo um diário, eu mantinha um gravador na bolsa do guidom e, onde as condições da estrada permitiam, eu pegava o gravador e gravava minhas observações enquanto pedalava. Os trechos a seguir são transcrições de uma série de gravações que fiz na viagem de um dia entre a capital de Gâmbia, Banjul, e o vilarejo de Bwiam, já com três semanas de pedal pela

África. Elas oferecem um resumo justo dos altos e baixos de um dia de viagem pela África Ocidental.

● Recém saindo de Banjul, ou Bakay, a área onde nos hospedamos em Cape St. Mary. O jantar da noite passada no Jungle Bar, capitaneado por Fred, um daqueles dissolutos expatriados ingleses com que nos deparamos na África, e também no Caribe. Fred: óculos, um tipo de cabelo ondulado e ralo, com entradas no topo. Já faz 18 anos que está perambulando pela África, cerca de uma dúzia de países diferentes, engenheiro civil, trabalhou para a ONU por muito tempo, desenvolvimento de projetos, depois para uma madeireira na Libéria até que a guerra forçou sua saída. É deprimente ouvi-lo dizer que, em todos os projetos em que trabalhou, ele não tinha muita esperança porque tão logo partisse deixariam tudo ruir. Agora ele tinha cerca de cinco negócios, pequenos o suficiente para não se incomodar, nos disse. Três pequenos restaurantes, incluindo o Jungle Bar e essa cafeteria da manhã, onde comemos ovos fritos e chips, um deleite, mais duas laranjas e duas bananas. Não havia xícaras suficientes, mas Herb e eu tínhamos nossas xícaras dobráveis portáteis.

Dois criníferos enfileirados [pássaros] à frente.

● É importante observar como o Senegal e a Gâmbia não puderam se reunir numa federação [Sengambia] nem mesmo por dois anos, apesar de que tenham sido criados pelos mesmos grupos étnicos. Simplesmente a língua [Senegal foi colônia francesa, enquanto Gâmbia foi colônia britânica] significava que eles não pensavam da mesma forma – acrescente-se a isso como eu sinto que adoto uma personalidade diferente em francês, me torno mais expressivo, mais inclinado a exagerar nos gestos, nas afirmações e nas expressões.

● É maravilhoso me sentir reanimado depois de um dia de folga da bike, ou como Murray [outro ciclista] disse: "Eu me sinto como um ser humano de novo". Disse para ele não desperdiçar, querendo dizer para que ele não se esgotasse. Ele estava pedalando forte com o pelotão da frente, colado na minha roda por um tempo até que eu fiquei para trás.

Por mais desagradável que fosse de algumas formas estar num mundo de brancos ingleses no Cape Point Hotel, eu me sinto muito melhor capacitado para lidar com a África e os africanos hoje, como resultado disso, e também com mais flexibilidade no pedal.

• Engraçado conversar com Ornar [um jovem de Gâmbia] na noite passada, ele se autodeclarou um Rasta. Quando perguntamos mais sobre o que ele queria dizer exatamente, questionando-nos por que ele fumava cigarros e bebia cerveja, e depois sobre Haile Selassie [nada popular na África Ocidental] etc, ele finalmente admitiu que para ele ser um Rasta tinha apenas a ver com a música, *mon*.

"É legal…"

• Eu nunca reparei num lugar sem pensar na percepção de milhagem, onde em casa um trajeto de 80 quilômetros é algo agradável que se pode percorrer antes do café da manhã, e uma viagem de 150 quilômetros se torna épica. Aqui um trajeto de 80 quilômetros já é épico, às vezes tendo que lidar com a geografia, mas com mais frequência se trata simplesmente do calor, das estradas ruins e das condições de vida no geral. Embora sentindo-me hoje como me senti na viagem de San to Bla – que diferença um dia de folga sem pedalar pode fazer. Tão revigorante que eu me sentia forte e de bom humor, e pronto para acelerar.

• Um pouco de pensamento crítico a respeito de Keith Moon nesta manhã – eu acho que a faixa "Bellboy" de *Quadrophenia* levou o álbum adiante, e isso surgiu durante minha soneca na praia, eu acho, esse fluxo de pensamento [de um *middle eight* clássico de Pete Townshend: *Some nights I still sleep on the beach, remember when stars were in reach? – Algumas noites eu ainda durmo na praia, lembra quando as estrelas estavam ao nosso alcance?*]. Pode ser interessante fazer um pouco de digressão sobre o pobre e velho Keith, o que ele significou para o meu começo e como ele se foi de forma triste. A importância do The Who na minha vida.

• Herb me lembrou outro dia do nome *Kwasi Obloni*, que eles nos chamavam lá em Gana, acho que significava Johnny Nariz-Vermelho.

• Uma pequena explosão de adrenalina lá. Colidi com um galo. A ave idiota ficou bem no meio da estrada e, em vez de fugir, correu na minha direção. Me deu um

susto, mas o instinto de autopreservação assumiu o controle. Felizmente eu estava debruçado no guidom, segurei firme, senti aquela coisa estúpida bater em mim e fugir para o acostamento. Achei que ele seria esmagado ou se cortaria nos raios das rodas, mas pareceu não ter se machucado.

• Ontem acordei no meio da noite e lembro que fiquei pensando sobre generalizações e sobre como as pessoas não gostam disso porque sempre se sentem a exceção, seja com relação a questões de gênero ou raça ou qualquer outra coisa. Então, para reagir diante disso, podemos usar "todas as generalizações são falsas, incluindo esta", e também "se aceitam minha generalização, eu vou aceitar sua exceção a ela".

• Bem, hoje estou realmente com força total no pedal. Seguindo pelo lado sul da "autoestrada" de Gâmbia, máxima velocidade, pedalando pelo acostamento quando necessário. Algumas mulheres lá atrás caminhavam com segurança pela estrada, eu estava no acostamento à esquerda, e uma delas olhou para trás e simplesmente entrou em pânico. Elas atravessaram correndo na minha frente e depois cruzaram a valeta, sendo que, se elas simplesmente tivessem ficado onde estavam, não haveria problema algum.

De qualquer forma, agora estamos pedalando num ritmo constante, as estradas um pouco mais planas. Havia uma laterita [argila vermelha] nojenta e um trecho bem difícil por um tempo em que tive que andar no acostamento. Algumas árvores grandes e palmeiras frondosas aqui, agora, muito verdes.

• Um velho lá dizendo "Bem-vindos". Coisa linda. Recém vi um cartaz interessante, dizendo "O Islã não é contra o planejamento familiar". Uma coisa que certamente me deixou pensando. [Algumas culturas africanas acreditam que a promoção do controle da natalidade por organizações humanitárias ocidentais é uma armação racista.]

• Muitas palmeiras lá adiante, campos verdejantes, tudo agradável, é lindo de se ver as árvores grandes se projetando, e vários hectares de palmeiras mais adiante.

• Um bando de garotos ali gritando "Me dê alguma coisa, me dê alguma coisa". Caiu por terra a esperança de que as pessoas seriam mais educadas longe das grandes cidades. Já passamos uns bons 65 quilômetros de Banjul, ainda ruim, talvez pior. Recém tive que acenar com a bomba [de encher pneus] para afastar um bando de garotos que corriam ao meu lado e mexiam na minha bicicleta. Pura ignorância. Falta de educação inacreditável. Um velho recém me chamou de *toubab* [homem branco], e eu perguntei a ele se era assim que ele cumprimentava os visitantes.

• Vou cair fora daqui – vamos logo para Dakar. Hoje, amanhã. Esse lugar é uma merda.

• Recém tive que pensar no bom humor com que comecei o dia, e em como essas pessoas acabaram comigo. Somadougou [Mali] é sempre o ponto de comparação, onde eu estava num mau humor daqueles, e as pessoas foram tão legais que me encantaram e me fizeram recuperar o bom humor.

• Parei lá por uma hora e meia, li um pouco de Nietzsche. [Descansando ao meio--dia debaixo das árvores, evitando o sol a pino da África]. Assim como na viagem de Camarões eu tinha lido Ética de Aristóteles durante o dia e as cartas de Van Gogh à noite, desta vez eu levava *The Portable Nietzsche* e *The Cerebral Symphony: Seashore Reflections on the Structure of Consciousness*, de William H. Calvin. Calvin oferecia uma moldura poética para muitas afirmações profundas dele e de outros sobre o tema da consciência humana, mas me senti mais grato pelas Três Questões Primordiais: 1/ "Para onde estamos indo?" 2/ "Quando chegaremos lá?" e 3/ "Por que eu tenho que sentar no meio?" .

• Schopenhauer é citado por Nietzsche: "Toda grande dor, seja física ou espiritual, declara o que nós merecemos; porque ela não pode vir até nós se nós não a mere-cermos". (Que filho da mãe!)

• Pensando em Nietzsche e *O Anticristo* hoje, e sua ideia do desprezo cristão pelo corpo. Como é verdadeiro em todo seu sentido, particularmente sexual, ou adicio-nalmente sexual, e sua piadinha sobre se os olhos lhe ofendem, arranque-os – e eles não se referem *aos olhos* exatamente!

É interessante que ele e Voltaire são os únicos filósofos que tinham senso de humor. A ideia também da hipocrisia desse ódio ao corpo, os votos de castidade, os

padres pederastas e a piada quanto ao fato de que ao lado de cada convento existe um orfanato.

Talvez o anticristianismo de Nietzsche tenha levado ao seu descrédito – primeiro sob o pretexto de "loucura", depois sob a mancha do fascismo, quando os nazistas se apropriaram de suas ideias para justificar seus fins?

As últimas palavras de Nietzsche [talvez sua última declaração coerente conhecida]: "Estou apenas tomando todas as vacinas antissemitas".

• Agora de volta à estrada, como uma força da natureza. Inexorável. Ainda um dia do tipo "DHAP": descansado, hidratado, abastecido e pronto. Percorri mais de 90 km, talvez 93 km ou algo assim até o momento, ainda pedalando forte pela estrada. Ninguém sabe até onde ir, mas tenho certeza de que chegaremos lá.

Aquela noite nós nos hospedamos num vilarejo chamado Bwiam, numa região de florestas no rio Gâmbia, outro destino rústico (para não dizer primitivo) do Bicycle Africa. Encostamos nossas bikes no tronco de uma árvore frondosa na sede do chefe da tribo, montamos nossas pequenas barracas de tela contra mosquito e depois tomamos banho de balde e filtramos a água potável com nossas bombinhas manuais.

Na calmaria do final da tarde, dei uma caminhada em torno das poucas ruas de chão batido sob a sombra das árvores e ouvi os titubeantes batuques de tambor que vinham de uma das casas. Incapaz de resistir, espiei sobre uma cerca de folhas de palmeira entrelaçadas e vi uma mulher no pátio trabalhando diante de uma fogueira. Ela olhou para mim, e fiz um gesto apontando para uma cabana de barro e capim de onde o batuque parecia estar vindo, e ela fez sinal para que eu entrasse.

A porta desgastada pelo tempo estava entreaberta, e eu lentamente espiei para dentro na penumbra da cabana. Um homem mais velho, grisalho e robusto, estava sentado em frente a um tambor alto feito de madeira, e ao lado dele estava um jovem branco – na verdade, um menino – com um tambor menor. Depois que trocamos as saudações formais sem pressa, nos costumes africanos, o garoto me contou que era um missionário irlandês que havia sido designado para aquela região havia pouco tempo, e o velho estava tentando lhe ensinar como tocar tambor. Enquanto continuavam com a lição, o africano tentou fazer com que o jovem irlandês repetisse até mesmo o padrão mais simples, mas ele parecia não conseguir captar. O homem mais velho ficou frustrado, pegou a mão do garoto e tentou *mostrar* como movê-la, mas nada dava certo.

Com um olhar inquisitivo, perguntei se eu podia experimentar o tambor do garoto, e comecei a ouvir o que o mestre tocava, então eu repetia. Com um resmungo de aprovação, ele criou padrões mais intrincados, e eu repetia tocando o melhor que podia. No fim das contas, estávamos tocando juntos, primeiro em uníssono, depois separando-nos em padrões complementares, e ambos começamos a suar e a sorrir um para o outro enquanto tocávamos.

Eu percebi a sombra da mulher que espiava pela janela aberta, depois uma comoção no pátio enquanto as crianças começaram a se aglomerar no pequeno cômodo, observando-nos e tagarelando. Uma fila de rostos femininos se agrupou junto à janela, e elas apontavam e riam em expressões de incredulidade ao ver um homem branco tocando tambor. As crianças começaram a dançar, e logo as mulheres se juntaram à dança, se espremendo na cabana superlotada enquanto o mestre e eu tocávamos, sorrindo e suando.

Finalmente terminamos com um longo trecho num rulo em toque triplo e num giro decisivo, e o lugar rugiu em risadas felizes. O jovem irlandês olhava para mim boquiaberto e gaguejou: "Como... como você *consegue* fazer isso?".

Com um pouco de falsa modéstia e encolhendo os ombros, respondi: "Ah... Eu trabalho com isso".

Cerca de três semanas antes, nosso grupo original de cinco ciclistas tinha começado a jornada na cidade movimentada e empoeirada de Bamako, em Mali, e seguiu David até Koulikoro, onde carregamos as bicicletas num barco fluvial lotado, o Kankou Moussa (denominado em homenagem a um rei do antigo reino do Mali, por volta do século 12, que tinha liderado uma *haje* até Meca com 72 mil pessoas e distribuiu tanto ouro pelo caminho que as economias locais ficaram fortalecidas por anos). Nós navegamos pelo rio Níger durante dois dias, rodeados pelo cortejo colorido da vida africana ao longo de suas margens. No final do segundo dia, desembarcamos na cidade de Mopti, depois pedalamos durante o breve entardecer africano e o anoitecer, guiados pela lua cheia, até o vilarejo de Songo.

No dia seguinte, seguimos para Djiguibombo, onde nós deixamos as bicicletas e descemos a pé pela trilha das falésias de Bandiagara até o coração de Dogon com

um guia local chamado Nouhoum. Os vilarejos espalhados com as casas de telhados de palha ficavam sob o abrigo da encosta, ou falésias, e tinham permanecido isolados, e assim imutáveis desde os tempos antigos, e o povo da região de Dogon era famoso por suas esculturas de madeira e pelos rituais animados que se ocupavam de sua rica cosmogonia. Mesmo nos anos 1990, o isolamento continuava tão completo que cada vilarejo de Dogon ainda tinha uma língua completamente diferente das outras (87 línguas, conforme Nouhoum), a maioria incompreensível para os outros, e num vilarejo perguntaram a Nouhoum se um garoto podia se juntar a nós para caminhar até o vilarejo vizinho, cerca de três quilômetros de distância – porque ele não conhecia o caminho.

Depois da trilha, voltamos para as bicicletas e partimos para o vilarejo de Bandiagara. Parti um pouco mais rápido que os outros e persegui nosso guia, Nouhoum, em seu ciclomotor, seguindo a rota que ele abriu em meio aos sulcos na terra. Quando a escuridão desceu muito rápido, usei o farol de Nouhoum para enxergar o caminho à frente. Nos trechos mais suaves e mais rápidos, às vezes eu chegava a pedalar em seu vácuo, então, para mim, aquele trecho foi emocionante e ousado ("dando trabalho aos anjos"), e na hora que cheguei à ponte logo nas cercanias de Bandiagara, onde tínhamos combinado de nos encontrar, eu estava me sentindo maravilhosamente bem.

A lua cheia flutuava sobre o rio enquanto eu observava os meninos do vilarejo nadando, rindo, chapinhando e pulando da ponte nus. Tive que esperar cerca de uma hora até os outros chegarem, mas era um ótimo lugar para ficar esperando, até que finalmente Herb apareceu para me levar até nossas acomodações, para onde os outros tinham se dirigido. Herb era bombeiro de São Francisco, com cerca de 40 anos, e um ciclista ávido explorador das regiões exóticas do mundo. Nós já tínhamos viajado juntos em 1989 no grupo da Bicycle Africa de Togo para Gana. Ele mostrou ser uma boa companhia em ambas as viagens, interessava-se com entusiasmo sobre as culturas locais e estava sempre pronto para ajudar se alguém precisasse ou para fazer uma pausa e esperar enquanto alguém consertava um pneu vazio.

Deixamos nossas bikes na pousada Auberge Kansaye e seguimos os fachos das lanternas pelas ruas escuras, sem calçamento, à procura de alguma coisa para o jantar. Depois de uma longa trilha sob o sol e a viagem assustadora de bicicleta sob o luar, estávamos famintos. Perto da parada de ônibus, encontramos uma banca de comida e nos sentamos ao redor de um lampião de querosene devorando tigelas enormes de arroz e molho.

Era evidente que meu bom humor não era compartilhado pelos outros, e não parecia que outra pessoa tinha achado esse trecho da segunda noite uma experiência "espiritual", então fiquei calado. Todos pareciam cansados e letárgicos, mas sob a fadiga ainda restava bom humor. Não havia reclamações, e até mesmo algumas piadas surgiam aqui e ali: David, geralmente o Estoico, disse que se ele algum dia sugerisse outro pedal à noite, alguém deveria dar um soco nele. Theresa mencionou que ela achava ser "contra as regras" do Bicycle Africa pedalar à noite. "Na verdade", ela disse, "não há alguma coisa sobre isso no seu livro?". David riu e assentiu com a cabeça. Em seu livro *Bicycling in Africa*, ele tinha escrito: "Não se deve medir esforços para ficar longe das estradas à noite".

"Bem", disse ele, "de agora em diante, esta é a regra!"

O Auberge era uma construção baixa de concreto sem charme algum, uma daquelas pousadas de preço exagerado que devem ser lucrativas não importa quão poucos hóspedes recebam – porque eles não têm despesa alguma: não há eletricidade, nem encanamento (exceto por um chuveiro que respingava água de um barril de óleo graças à força da gravidade), os quartos eram pequenas celas com camas com uma tira de espuma em cima, não eram pintados nem lavados desde os tempos coloniais. Mas, como já havíamos nos hospedado antes em lugares assim, os quartos eram perfeitamente adequados – como garagens – e apertamos nossas bikes dentro deles, levamos as tiras de espuma para o terraço e armamos as telas de mosquito *en plein air*.

A lua estava quase cheia a ponto de enganar a multidão de galos de Bandiagara que cantavam durante uma madrugada que durou a noite inteira, e o tempo todo ouvimos a serenata desse coro vibrante, com o contraponto ocasional de mulas zurrando e cães latindo. Logo antes do amanhecer, os muezins se juntaram a eles, cantando o chamado para as orações de diferentes partes da cidade. Fiquei deitado acordado dentro da minha barraca, verdadeiramente impressionado com toda aquela algazarra, e olhei para o campo lá embaixo em direção ao rio. Uma árvore grande nas margens estava tomada por manchas brancas, que ao amanhecer se revelaram garçotas, centenas delas reunidas para se abrigarem numa única árvore. Pouco a pouco, cada pássaro estendeu as asas e se juntou ao bando que voava em

círculos preguiçosamente em torno das árvores como se estivessem aquecendo. Quando o sol surgiu, todas elas revoaram, produzindo um zunido parecido com o de abelhas.

Minha sensação de bem-estar da noite anterior continuou na manhã seguinte, e eu saí de Bandiagara sentindo-me forte, feliz e em paz comigo mesmo, com meus companheiros, com a bicicleta e com o mundo. Depois de um bom café da manhã na simpática lancheria da vizinhança – omelete, baguete, café preto de Nescafé, um bom refrigerante de abacaxi e a fruta de sobremesa – seguimos para o norte, nos espalhando pela estrada, já que cada um estava encontrando sua cadência matutina. Alguns ciclistas gostavam de começar devagar e ir aumentando o esforço à medida que passava o dia, enquanto outros, como eu, saíam em disparada, se sentindo mais fortes pela manhã. David era assim, e eu e ele nos revezávamos na frente, às vezes conversando e às vezes indo mais à frente ou mais atrás um do outro. Atrás de nós estavam as duas irmãs de Seattle, Theresa e Patty, a psiquiatra italiana Silvia, que mantinha seu ritmo lento mas contínuo, e Herb ficava no final, sentia fraqueza e mal-estar naquele dia.

Encontramos algumas carroças puxadas por jumentos a caminho de Bandiagara, geralmente transportando famílias grandes que nos saudavam enquanto passávamos. Uma garotinha mal se equilibrava debaixo da carroça, de cócoras sobre o entre-eixos, enquanto alguns cães corriam debaixo dela, acompanhando o movimento do pedaço de sombra. Passamos por um outdoor enorme onde se lia *"Lutte contre la désertification"* ("Luta contra a desertificação"), com a ilustração de um estranho objeto esférico com três pernas. Esse totem misterioso representava um projeto de fogão que o governo e agências humanitárias internacionais estavam encorajando as pessoas a usar, já que tornava mais eficiente o uso da limitada lenha. No outro lado do outdoor havia um alerta contra princípio de incêndio, e ambos os painéis eram um lembrete do ambiente perigoso que essas pessoas habitavam. Se não fosse por causa da barreira natural do rio Níger, essa parte norte do Sahel, "a fronteira", há muito tempo teria sido engolida pelo Saara.

A primeira parte da nossa rota era a mesma estrada boa pela qual tínhamos viajado dias antes, saindo de Songo, mas depois de alguns quilômetros David parou e esperou que todos o alcançassem, então nos conduziu para uma estrada vicinal – se é que "estrada" podia ser a palavra certa para descrever uma vaga rota através do mato, algo entre uma trilha de carroças e um caminho de bodes. Nenhum veículo de quatro rodas usava esse desvio local, porque havia estradas melhores para os mesmos destinos, embora não tão diretas. As únicas marcas de rodas que havia eram de ciclomotores e de carroças, e, embora sempre fosse bom pedalar sem ter que se preocupar com o trânsito, às vezes *caminhávamos* sem ter que nos preocupar com o trânsito, empurrando as bicicletas pesadas para atravessar os trechos de areia profunda ou o leito rochoso de um arroio. Mesmo que não tivéssemos que temer caminhões ou micro-ônibus em alta velocidade, a própria estrada oferecia bastante emoção para quem estava sobre o selim. Quando eu pude me dar o luxo de tirar uma das mãos do guidom, peguei o gravador da bolsa e registrei os comentários a seguir:

Enquanto a estrada não está tão horrível por um minuto, quero falar sobre o quanto essa estrada é horrível! Pensando que não é um tormento tão horrível logo cedo de manhã – não tão cansado, não tão quente, não tão mal-humorado – mas com essas pedras terríveis e a areia, e alguns arbustos espinhentos de aparência assustadora, que eu espero não encontrar... pneumaticamente.
Inacreditavelmente difícil de se ver a estrada às vezes, quanto mais segui-la. A superfície aqui penso que possa ser descrita como argila cimentada, com alguns trechos de areia fofa, mas geralmente não muito profunda, felizmente. Algumas pedras maiores se fundem nela, relva seca por todo lado que, provavelmente em um ou dois meses, à medida que as coisas secam cada vez mais, vai desaparecer quase que completamente ou ficar marrom. E os arbustos espinhentos mencionados anteriormente, alguns outros arbustos menores, e nada mais que se possa chamar de árvore na verdade, muito de vez em quando se vê uma árvore de tamanho decente, no caso algo em torno de 10 metros de altura.

Theresa chamou de "sua típica estrada do Bicycle Africa" e um novo slogan nasceu, para ironizar as refeições do Bicycle Africa, os hotéis do Bicycle Africa e "seu típico dia do Bicycle Africa". Não havia nada normal num dia de viagem do Bicycle Africa, é claro, e essa não foi exceção: uma trilha épica, um evento de ultrarresistência, um treinamento militar de sobrevivência e um teste de determinação, força, perseverança e bom humor. Herb estava passando por maus bocados,

dizendo que ainda se sentia exausto por causa da subida do dia anterior, e ele achava que tinha contraído algum tipo de vírus que estava fazendo com que se sentisse tão fraco.

Várias vezes perdemos a rota totalmente e tivemos que parar para reagrupar enquanto vasculhávamos os arredores, ou tentávamos achar alguém para pedir informações. No entanto, poucas pessoas moravam nessa terra árida; passamos por dois ou três vilarejos minúsculos, mas dificilmente víamos uma alma viva sequer. A certo ponto, um pequeno planalto dominou a paisagem à direita, cercada de plantações secas de painço. O contorno geométrico de um vilarejo de casas de adobe exibia sua silhueta no topo, uma atraente paisagem formada por casas e celeiros, com uma torre de barro mais elevada: a mesquita. Já era quase meio-dia, e com esse tipo de ciclismo de máximo esforço (e também por termos empurrado as bikes) bebemos muita água e estávamos à procura de mais, mas aquele vilarejo parecia ser acessível apenas se subíssemos pela lateral da formação rochosa a pé, então seguimos em frente.

Depois de mais uma hora naquelas condições, o sol estava forte, estávamos cansados, suados e sujos, e a questão da água estava se tornando crítica. Quando nos aproximamos de outra plantação de painço, marcada por pegadas, decidimos que aqueles caminhos deveriam levar a um vilarejo e à água, então seguimos por ali. Numa área aberta e arenosa em meio a árvores e talos de painço, secos, mas ainda verdes, avistamos um poço. Estava cercado no chão por troncos que eram amparados pela corda usada para erguer o balde. O interior circular estava revestido de pedras, com um pouco de musgo entre elas, e a superfície da água, apenas alguns metros abaixo, era opaca e marrom-esverdeada. Quando olhamos para o fundo do poço meio hesitantes, Herb apontou para dois sapos residentes que descansavam entre as pedras. Isso teria que ser nosso oásis.

Apoiamos as bicicletas nas árvores, tiramos as luvas e os capacetes, enquanto David seguiu em frente para achar o vilarejo e pegar um balde emprestado. Estávamos todos infectados com outra peste do Sahel: pequenos carrapatos chamados *kram-krams* que tinham se prendido em cada pedaço de pano que possuíamos, das meias e bermudas aos panniers, agarrados com seus espinhos. Os emaranhados de espinhos parecidos com os de um ouriço-do-mar eram afiados demais e enredados demais para serem removidos com a mão, então desenvolvemos vários métodos para extraí-los – com a pinça de Herb, ou raspando-os com a extremidade afiada de um pedaço de cerâmica que encontrei na areia (claro que eu tinha descoberto uma antiga ferramenta criada justamente para este propósito, e fazíamos piada sobre como vendê-la no mercado com o nome de "Kram-Kram Whiz").

David voltou com um balde atado a uma corda, seguido por algumas mulheres e crianças. Elas nos cercaram nos observando em silêncio enquanto nós nos agachávamos na terra batida com nossos filtros de água e começávamos a encher todas as nossas garrafas. Era um trabalho lento, já que esvaziávamos nossas garrafas tão rápido quanto podíamos enchê-las, podendo finalmente beber o quanto quiséssemos sem a preocupação constante de ficarmos sem água. E a grande surpresa foi que realmente era uma água deliciosa. Qualquer água teria sido bem-vinda naquele lugar e naquele momento, mas foi mais do que isso. Depois que o líquido esverdeado havia sido filtrado, emergia claro e delicioso na garrafa, e eu lembraria para sempre como a melhor água da viagem, melhor que qualquer outra de poços artesianos ou até mesmo da água mineral que às vezes conseguíamos encontrar nos armazéns. Herb me disse que achava que era a urina de sapo que a tornava tão especial.

Para os moradores dos vilarejos, contudo, que não tinham nossos ótimos filtros, aquela água não era tão salubre. Embora a maioria daquelas pessoas que viviam em lugares remotos não falasse francês, um agricultor que passava com um ancinho sobre os ombros parou um instante para nos observar e ouvir as mulheres, então murmurou algo em francês que foi o suficiente para entender o que desejavam: *"Médicaments pour les enfants"*. Queriam remédio para as crianças. Uma das mulheres mais velhas, certamente a avó, ninava um bebê nos braços, então apontou para sua própria pálpebra implorando, e eu entendi o problema: infecções oculares, cegueira do rio, oncocercose – um dos muitos efeitos colaterais de beber água contaminada. Balancei a cabeça com pesar, me sentindo mal por aquelas pessoas que não apenas não tinham água potável, mas sequer possuíam alguns centavos para comprar remédios e evitar que uma criança ficasse cega.

Mais tarde naquele dia, em Somadougou, outra mulher trouxe seu bebê e o colocou cuidadosamente sobre uma coberta ao meu lado, afastando as moscas que se aproximavam dos olhinhos esbranquiçados e lacrimejantes. Mais uma vez ela fez gestos para a mesma questão, o dedo gentilmente esfregando um bálsamo imagi-

nário sobre as pálpebras do bebê, e mais uma vez eu só pude balançar a cabeça com tristeza. Por dentro, tomei a decisão de que eu tinha que tentar fazer alguma coisa a respeito quando eu voltasse para casa. Algumas tragédias africanas parecem gigantescas e desesperadoras: corrupção política, secas, guerras civis, AIDS e outras doenças infecciosas, culturas conflitantes, explosão demográfica. Mas isto parecia acessível: um pouco de *médicaments pour les enfants*.

A questão básica era água potável, é claro, e esse era o foco principal das organizações humanitárias seculares e das minhas próprias contribuições para a caridade. Mas, como David observou, isso apenas contribuiu para outro grande problema da África: superpopulação. Mais poços provendo água potável permitiam que mais crianças sobrevivessem, e assim a taxa de natalidade ainda refletia o desejo tradicional de gerar tantos filhos quanto possível, não só por uma questão de orgulho, mas por uma questão pragmática diante das probabilidades. Em Mali, até mesmo nos anos 1990, quase um em cada cinco bebês não sobreviveria – mas não muito tempo atrás essa proporção teria sido de dois ou até três bebês em cinco, então, de um modo tragicamente irônico, a bênção da água potável exacerbava a praga da superpopulação.

O único modo de corrigir isso seria o controle de natalidade, não apenas como um desejo altruísta pelo futuro da África, mas como o maior problema enfrentado pelo mundo. Os métodos chineses de forçar seu programa "um casal, um filho" têm sido questionados, mas a China conseguiu atingir a meta, e no processo eles salvaram seus descendentes de viverem num país cada vez mais superpovoado e malnutrido como aconteceu com seus antepassados.

De novo, o controle de natalidade é uma questão de alto impacto político na África, por causa da ilusão paranoica de que se trata de uma conspiração racista promovida pelo ocidente para exterminar os africanos. E o Papa, com chocante fé cega, tinha recentemente compartilhado essa crença com os africanos, como citei em *O Ciclista Mascarado*:

Os programas de controle de natalidade contêm uma poderosa ideologia antivida. Eles anulam o amor saudável que o povo africano tem por suas crianças. Deve-se ter cuidado com a tendência grosseira do materialismo ocidental em desenvolvimento.

Planejamento familiar era "antivida"? O "amor saudável pelas crianças" era incompatível com o amor por crianças saudáveis? Mas quando as organizações de ajuda humanitária enfrentaram esse tipo de resistência política e religiosa às questões reprodutivas, elas recuaram e se concentraram em programas menos polêmicos. Seguindo minhas próprias experiências na África, contribuí com essas organizações e escrevi para elas, insistindo que destinassem mais recursos a esta causa válida, mas eles alegaram que tiveram que deixar esse assunto delicado nas mãos dos governos.

A tarde toda nós vagamos por aquela planície, avançando com esforço pela lama endurecida ou deslizando na areia. Várias vezes perdemos a estrada novamente e tivemos que nos reagrupar e sair em busca da rota correta, mas no final encontramos uma estrada de verdade, com apenas alguns quilômetros a percorrer até o nosso destino, a cidade de Somadougou. Enquanto aguardávamos no entroncamento para reagrupar antes de dobrar para o norte, um velho caminhão bastante surrado passou rugindo numa nuvem de poeira e diesel que nos envolveu e nos sufocou por um longo minuto. Então, assim que a nuvem de pó baixou, um micro-ônibus veio a toda velocidade da outra direção, levantando mais um manto de poeira. Pelo menos, com tudo o que tínhamos passado naquela estrada vicinal, não tínhamos medo do trânsito nem nos sufocávamos com o pó.

Antes de partir, eu amarrei minha bandana sobre o rosto, no estilo dos bandidos de velho-oeste, depois segui David e Patty na estrada, os outros vindo logo atrás. Depois de quase 65 quilômetros de pedal num trecho tão difícil, Herb estava completamente exausto. Ele nos disse que seguiria num ritmo mais lento pelo resto do caminho, provavelmente parando para descansar com frequência. Sem problemas, nós esperaríamos por ele na encruzilhada em Somadougou.

Enquanto eu pedalava pela estrada de cascalhos, uma rota secundária que levava a Burkina Faso, descobri que ela guardava seus próprios desafios – valões e corrugações causadas pela estação das chuvas – e eu tinha que manobrar para os lados da estrada para evitá-los, e às vezes seguia pelo caminho de pedestres acima do acostamento. Grupos de pessoas radiantes vinham em nossa direção, voltando para casa do mercado em Somadougou, e todos eles nos saudavam com um sorriso e um aceno. Gente andando em carroças puxadas por burros ou mulheres caminhando em fila com trouxas sobre as cabeças, todos eles sorridentes e graciosos.

Embora eu me sentisse cansado e um pouco desanimado por causa do dia duro, os sorrisos genuínos de boas-vindas logo me encantaram e me levaram a retribuir com meus próprios sorrisos sinceros de apreço.

A única dificuldade extra que isso exigia era a síndrome da mão direita. Na maioria das regiões da África, a mão direita tinha que ser usada para cada ação de etiqueta, desde comer até indicar quais laranjas se deseja comprar, e essa tendência destra incluía acenar. Dessa forma, eu passei a maior parte desse trecho com a mão direita no ar saudando o fluxo contínuo de transeuntes, e o braço esquerdo tinha que suportar meu peso no guidom ao mesmo tempo em que controlava a bike. Meu corpo já estava cansado e dolorido, e teria sido bom alternar a mão que acenava pelo menos, mas ninguém quer ofender outra pessoa se quiser simplesmente ser amistoso. (Este costume logo se tornou tão entranhado durante nossas viagens que por semanas a fio depois que voltei para casa me pegava evitando usar a mão esquerda, sempre cuidando até mesmo para colocar meu drink sobre a mesa ou pegar uma batatinha com a mão direita.)

Essa estrada terminava na encruzilhada de Somadougou, onde desembocava na rodovia – *asfaltada*, fiquei feliz ao observar –, a primeira que via desde que saímos de Bamako pra pegar o transporte fluvial até Koulikoro, quase uma semana antes. No final da tarde, a cidade ainda estava movimentada com o final do dia de feira, e a rodovia trazia um fluxo contínuo de micro-ônibus e caminhões em meio à multidão. Enquanto David saiu para fazer o reconhecimento do terreno, Patty e eu deixamos as bikes encostadas num muro e nos acomodamos para esperar os outros. Com Herb se sentindo daquele jeito, foi uma longa espera, mas no final de um trecho longo, sentar-se para descansar por um tempo não era nada mau. Eu me recostei no muro, e mesmo que fosse feito de pedras dentadas e fosse tão confortável quanto se escorar num porco-espinho, soltei um suspiro de prazer enquanto esticava as pernas sobre a terra e o pedregulho.

"Não sei se é possível se sentir bem assim, mas eu me sinto", eu disse a Patty, e ela concordou que, no final de uma longa batalha, qualquer coisa seria boa desde que a batalha estivesse encerrada. Ela recém tinha terminado os treinos para uma maratona em sua cidade natal, Seattle, então ela realmente sabia tudo sobre sofrimento e alívio. Enquanto aguardávamos, contei a ela um pouco sobre os percursos de bicicleta que eu havia feito nos Estados Unidos durante as turnês com a banda.

Conversando com ela sobre isso, naquele ambiente, me dei conta de que, além do sentimento de independência e de escapismo do circo da turnê por um dia, uma das grandes alegrias para mim nessas viagens era chegar – depois de passar oito ou dez horas sobre a bicicleta, lutando contra quaisquer obstáculos do dia: calor e poeira, frio e chuva, ventos e trânsito, às montanhas onduladas de North Carolina ou às serras de estradas de chão em Utah. Eu fazia o check-in num bom hotel, bebia um gole de uísque, tomava uma longa ducha quente, depois pedia um jantar no quarto e simplesmente me deitava exaurido, mas ainda assim revigorado.

Durante a turnê *Power Windows,* em 1986, pedalei de Savannah, Georgia, até Atlanta, uma distância de cerca de 280 quilômetros, a maior distância que percorri num único dia. Saí ainda no escuro, antes do alvorecer, e ainda estava pedalando 14 horas depois, navegando pelos subúrbios de Atlanta, quando escureceu novamente.

Cheguei ao Ritz-Carlton e entrei no lobby com a bike, pedindo a chave. Um segurança do hotel se aproximou e começou a me dizer que eu tinha que deixar a bicicleta do lado de fora, mas ele tinha escolhido a hora errada, o lugar errado e o homem errado. Dessa vez eu não fui acometido com o que Saul Bellow chamou de *trepfverten*, a palavra em que você pensa nas escadas quando já está de saída, e eu me virei e disse rangendo os dentes: "Estou pagando 40 quartos neste hotel, e recém pedalei 280 quilômetros. Me deixe em paz".

E ele me deixou.

Estava contando a Patty sobre a alegria de empurrar minha bicicleta pelo lobby do Ritz-Carlton em Houston, digamos, ou no Four Seasons de Newport Beach, e de me mimar com cada luxo e banquete de serviço de quarto depois de um dia de pó, fumaça de escapamento, suor, esforço e o medo inevitável causado pelos perigos da estrada e do trânsito.

Então, de repente, parei de falar sobre todos aqueles luxos, me dando conta de que era uma fantasia nada aproveitável no presente. Voltei a me recostar nas pedras pontiagudas, as pernas estendidas na terra, limpei o rosto sujo com a bandana encardida e tomei mais um gole da água morna com mijo de sapo daquele vilarejo sem nome. Como Patty e eu concordávamos com a surpreendente excelência daquela água, e o surpreendente conforto de nos recostarmos num muro de pedras pontiagudas, um novo tema para nossa jornada foi criado: "O declínio dos valores

ocidentais". É claro que não era realmente um declínio, mais um realinhamento de expectativas reduzidas, mas se tornou uma piada recorrente durante a excursão, já que nossos padrões de necessidade e de luxo foram… recalibrados.

De volta para casa, voltamos a nos acostumar a uma cama confortável, mas aprendemos a ser gratos por um pedaço de esponja entre sua tela mosquiteira e o chão. Podemos aprender a viver de sanduíches de ovo frito toda manhã, e de arroz com molho toda noite, sobreviver filtrando água de vasos de barro ou de poços esverdeados, passar o dia com as unhas sujas e as meias encardidas. Depois de uma semana de latrinas e de banhos de balde, um vaso sanitário manchado e sem assento e uma ducha gelada parecem um luxo. Mesmo que raramente beba refrigerante em casa, pedalar pela África pode nos deixar com tanto calor e tão desidratados que só continuamos a pedalar motivados pela esperança de encontrar uma Fanta quente no vilarejo seguinte, talvez até duas. Algumas pessoas não tomam água se estiver morna – numa viagem de bicicleta pela África, você vai gostar dela mesmo quente. E com gosto de sapo.

O Declínio dos Valores Ocidentais. Às vezes eu me referia a isso como "A Purificação" – deixar minha vida confortável e meus vícios de conforto para sair pela África durante um mês de esforço físico e de privações, sob calor tropical, com insetos, sem barras de chocolate, com raros sistemas de água encanada e eletricidade, banhos de balde, muito arroz e nenhum uísque *single malt*.

As razões para fazer essas excursões com a Bicycle Africa eram difíceis de justificar para algumas pessoas. Como sua esposa ou seu marido: era ilustrativo que cinco dos seis ciclistas em Mali tinham cônjuges em casa que sequer *cogitariam* acompanhar seus parceiros numa aventura tão masoquista. Quando eu contava aos meus amigos que estava voltando para a África, depois das histórias que tinham ouvido de mim da última vez, eles geralmente apenas perguntavam: "Hum… por quê?".

Fiquei pensando numa resposta fácil, mas era complicado demais. Jamais pude explicar a recompensa inefável, por que para vivenciar a África daquela maneira era válido um pouco de sofrimento. A única resposta em que pude pensar foi: "É bom para os meus valores". Não era a história inteira, mas grande parte dela na realidade. Em casa eu levava uma vida feliz, gratificante, não faltava nada que eu realmente quisesse, então de vez em quando era saudável Ter o Básico, reduzir a vida a preocupações elementares: Vou ter água suficiente para beber? Essa câmara vai conseguir segurar 40 quilômetros ou eu deveria parar e consertá-la? Será que vou conseguir uma Fanta morna no vilarejo seguinte? Vou encontrar um lugar para dormir hoje à noite? Um pouco de arroz? Um pouco de água?

Talvez meus dois temas se complementassem: "A *Purificação* dos Valores Ocidentais". Talvez isso pudesse responder à pergunta "Por que fazer isso?".

Mas era ainda mais complicado. A curto prazo, essas excursões pela África revigoravam-me pelo contraste com o meu próprio estilo de vida, mas a longo prazo eu tinha uma sensação permanente de crescimento. Embora eu continuasse por vontade própria conectado à minha própria cultura, eu tinha experimentado os aspectos positivos do modo africano e os abraçava – acrescentava à minha visão de mundo e, dessa forma, ela se expandia. Enquanto eu continuava ambicioso, pontual e hedonista em casa, havia aprendido a apreciar melhor as belezas atemporais e as bênçãos da natureza, a valorizar a sinceridade como uma virtude cardinal e a rejeitar a reverência ocidental pela afetação e hipocrisia e dar uma pausa na minha vida frenética para ver o sol nascer, para ver o sol se pôr e para ver a lua cheia.

E, é claro, quando retomava minha vida frenética depois de um mês na África, eu ficava feliz de verdade com isso. As coisas simples se tornavam especiais novamente, e geralmente continuava assim por muito tempo. Duchas quentes, vasos sanitários com descarga, lençóis limpos, louça limpa, boa comida, água potável ilimitada – as amenidades básicas que a maioria de nós toma como algo corriqueiro, e que muitos outros não têm.

Também dentro do departamento "Por que fazer isso?", sempre lembro de uma velha piada sobre um cara a quem perguntaram por que ele ficava batendo a cabeça contra a parede, ao que ele respondeu: "Porque é tão bom quando eu paro!". Nos Estados Unidos, essa sensação de alívio feliz fazia uma hospedagem num hotel de luxo depois de uma dura viagem de bicicleta parecer uma recompensa divina, em vez da rotina usual de descer do ônibus de madrugada e reclamar porque a bagagem estava demorando a chegar, ou de que não havia serviço de quarto 24 horas. Depois de uma viagem pela África, eu amava meu lar e a minha vida de um modo totalmente devoto pela mesma razão: mero alívio. Era bom sentir que eu tinha sofrido para alcançar uma meta, mas era ainda melhor saber que o sofrimento tinha acabado.

A CURTO PRAZO, ESSAS EXCURSÕES PELA ÁFRICA REVIGORAVAM-ME PELO CONTRASTE COM O MEU PRÓPRIO ESTILO DE VIDA, MAS A LONGO PRAZO EU TINHA UMA SENSAÇÃO PERMANENTE DE CRESCIMENTO.

AS COISAS SIMPLES SE
TORNAVAM ESPECIAIS
NOVAMENTE, E
GERALMENTE
CONTINUAVA ASSIM
POR MUITO TEMPO.

Então eu dizia: "Eu gosto da Bicycle Africa porque é bom para os meus valores... e... me sinto tão bem quando eu paro!".

Herb, contudo, não estava se sentindo tão bem naquele dia. Quando ele finalmente chegou pedalando com Theresa e Silvia, que o acompanharam durante seu avanço lento, ele colocou os pés no chão parecendo destruído e desabou sobre o guidom. A última parte do percurso tinha sido um inferno para Herb, e ele era o retrato daquilo. Ele se sentiu cada vez mais fraco e zonzo, e teve de parar e descansar a cada poucos minutos até chegar. Os corredores chamam isso de "bater no muro", os ciclistas chamam de "golpe" – ficar completamente drenado de todas as energias e reservas – e Herb disse que nunca havia se sentido tão mal. Ele sentia que poderia se deitar no acostamento e simplesmente desmaiar, mas não queria parar até que pudesse parar, então nós pedalamos juntos e entramos na cidade juntos, procurando um lugar para comprar algo para beber e deixar Herb descansar.

Embora Somadougou fosse uma cidade movimentada com mercado e terminal de micro-ônibus, sua infraestrutura era limitada. Pedalamos pela via principal procurando uma loja ou uma *buvette* (uma banca de bebidas), mas não encontramos nenhuma placa, e depois de 700 metros a cidade terminava abruptamente. Demos meia-volta, nos dando conta de que teríamos que procurar melhor. David e eu começamos a pedir informações às pessoas, e finalmente nos indicaram uma entrada num muro de barro.

Dentro havia um pátio minúsculo com dois bancos de cada lado, onde Herb imediatamente desabou. Um cartaz escrito à mão anunciava todos os tipos de bebidas não alcoólicas, mas na verdade todos os refrigerantes e sucos só existiam mesmo no anúncio – a loja tinha apenas três garrafas de refrigerante de abacaxi, *ananas,* e duas garrafas de água tônica. Eu passei a primeira garrafa de *ananas* para Herb, que a bebeu agradecido, e o resto de nós escolheu entre as duas últimas garrafas de *ananas* ou água tônica. Felizmente David disse que não queria, então havia uma para cada um – mas nós todos teríamos bebido duas ou três garrafas se houvesse mais.

Ao longo de muitos anos viajando pela África, David tinha aprendido que um vício em refrigerante podia se tornar caro, e sendo meio estoico, além do orçamento apertado, ele raramente se dava o luxo de tomar um. Se alguém sente calor e sede constantemente e fica cansado de beber apenas incontáveis litros de água – além de não existir qualquer outra regalia disponível –, muitas pessoas que não incluiriam Coca-Cola ou Fanta em seus hábitos alimentares ficariam chocadas ao se flagrar bebendo de seis a oito garrafas por dia, e isso podia se tornar caro. Havia dias em que a sede parecia insaciável, e não havia suco de frutas, nem repositor hidroeletrolítico dos atletas, nada de Califórnia Coolers – apenas simples água morna, e até mesmo ela era raramente deliciosa como a água aromatizada de sapo que agora estava nas nossas garrafinhas. Então, mesmo se você se der o luxo de beber um refrigerante cada vez que faz uma parada de descanso numa *buvette*, e talvez beba uma ou duas Fantas com seu arroz e molho (uma harmonização óbvia, creio eu, como Sauterne com *foie gras*, vodka gelada com caviar, chocolate com conhaque), logo isso se tornava dispendioso. O açúcar nessas bebidas provavelmente era um estimulante bem-vindo, e a cafeína na Coca-Cola podia ser uma injeção de ânimo muito necessária (embora provavelmente fosse melhor se ainda houvesse um pouco de coca na fórmula). Certa manhã no Senegal, quando não pudemos encontrar nada para o café da manhã, Herb pedalava ao meu lado e riu ao admitir que tinha atingido níveis muito mais profundos no Declínio dos Valores Ocidentais. Com uma mistura de orgulho e vergonha, ele anunciou: "Hoje tomei duas Cocas antes do café da manhã!".

Perguntando aos moradores, David soube que a *case de passage* (albergue) de Somadougou ficava do outro lado da rua. Ele nos deixou com Herb, que estava tão imóvel no banco quanto Lenin em sua tumba, e foi até lá conferir nossas acomodações. Logo estávamos empurrando as bikes pela rua e entramos num pátio mais amplo, cheio de bodes, galinhas, crianças, fogueiras e a costumeira fila de cômodos abafados que podiam ser boas garagens. Alertados para não nos aproximarmos de um dos bodes, que era *méchant* – malvado –, nós levamos as bikes para os cômodos, onde Herb imediatamente encontrou um banco de madeira estreito e assumiu a pose de Lenin.

Agora que realmente tínhamos chegado a algum lugar, meu próprio corpo decidiu que estava muito cansado, e de repente senti uma onda de fadiga. Sentia muito calor e estava exausto, tonto e trêmulo. Encontrei um convidativo montinho de terra no canto do pátio, me deitei sobre ele e fiquei observando as crianças carregarem pesados baldes cheios de água do poço até um pequeno cercado atrás de uma porta de zinco – o banheiro. Uma garotinha mais alta caminhava com es-

forço carregando o balde cheio que provavelmente pesava mais que ela; eu queria levantar para ajudá-la, mas… não consegui. Logo Patty, Theresa e Silvia estavam se revezando no closet de barro, aproveitando seus luxuosos banhos de balde. Quando chegou a minha vez, pude lavar o suor e a poeira e derramar um pouco de água fresca sobre a cabeça. Comecei a me sentir um pouco melhor.

Uma escadaria íngreme feita de barro, esculpida no meio da parede de adobe, levava para o telhado do quadrilátero, onde amendoins e feijões de aparência fibrosa estavam espalhados para secar sob os últimos raios de sol. Enquanto erguíamos nossas tendas de proteção contra mosquitos em fileira mais uma vez, fiquei lá parado por um momento olhando os telhados da cidade, cubos e retângulos de adobe no meio das árvores, e ouvi o barulho da movimentação de um grupo, gritos, risadas, rádios a todo volume e o rugido de caminhões e de ônibus na rua lateral. Isso não era um bom prenúncio para uma noite de descanso em Somadougou, mas na verdade foi mais silenciosa do que os vilarejos durante o festival dos galos na lua cheia. De qualquer maneira, quando se está exausto, não há o que perturbe o sono, e eu me estiquei grato para descansar até que o jantar ficasse pronto.

Nos reunimos ao redor de uma mesa de madeira rústica no pátio, onde um lampião de querosene iluminava o inevitável arroz com molho. Talvez a exaustão tivesse tirado meu apetite, como às vezes acontece, mas eu não tinha interesse algum no arroz empelotado e ralo, nem no molho repugnante. O calor no pátio parecia insuportável, mesmo assim tive que estender meu *pagne* sobre as pernas para manter as moscas longe – o dilema de um lugar cheio de insetos: ou se tenta suportá-los, ou se enche de repelente, o que parece desagradável com aquele cheiro horrível. Mesmo lavando as mãos em seguida, em pouco tempo precisava coçar outras partes do corpo e o cheiro do repelente voltava para as mãos e parecia que pesteava tudo que comia ou bebia.

Então eu permaneci à mesa apenas tempo suficiente para dar uma beliscada no arroz e filtrar um pouco de água (infelizmente, do mesmo balde onde nosso arroz havia sido cozido, então estava quente e tinha um gosto e um cheiro acre que eu teria de suportar durante todo o dia seguinte). Então, embora fossem ainda 19h30min, eu me retirei para o santuário da minha barraca, feliz por me deitar numa área livre de insetos e tentar atualizar minhas anotações. Havíamos rodado tanto nos últimos dias, e eu tinha vivenciado tantas coisas novas – a visão da região

Dogon, a informação dos guias locais – que nós concordamos que ficamos meio zonzos com tanta coisa, e que teria sido bom ter um dia extra para poder assimilar aquilo tudo.

David entendeu que não estávamos reclamando – até porque tivemos doses extras de algo muito bom – e nós certamente sabíamos que, ao organizar um itinerário para uma excursão como essa, que nunca tinha sido feita antes (David gostava de se manter motivado e oferecia duas ou três excursões diferentes todos os anos), ele ainda tinha muita coisa para planejar: o horário do transporte fluvial, permitindo o máximo de tempo possível na região de Dogon, a chegada a cidades como Bandiagara em dias de feira ou o destino do dia seguinte em Djenné, tudo mantendo uma quilometragem diária razoável.

Nas excursões anteriores com David, observei de perto as demandas conflitantes que ele enfrentava por causa de clientes sem noção: um reclamava por ter que sair cedo demais todos os dias, outro por ter que pedalar sob o calor do meio-dia, outro por não querer pedalar até muito tarde, ou ainda quem ficava resmungando que os trajetos de bike eram longos demais, enquanto outro queria fazer mais quilometragem. Algumas pessoas eram menos específicas e simplesmente reclamavam de tudo. Então David, num primeiro momento, tinha que trabalhar duro para preparar os itinerários e depois exercitar muita diplomacia, persuasão e pura boa vontade para fazer as pessoas obedecerem.

Felizmente, nosso pequeno grupo era formado por gente que não reclamava, e os indivíduos eram pé no chão o suficiente para enfrentar a realidade de pedalar na África com resiliência e bom humor. Depois de dez dias viajando juntos, passei a apreciar isso, particularmente depois do dia castigante que havíamos enfrentado, e eu me dei conta de que este era o melhor grupo do Bicycle Africa do qual fiz parte. Inscrever-se para passar um mês vivendo com um grupo de estranhos sob condições difíceis era definitivamente arriscado, mas mesmo que estivesse me sentindo pra baixo naquela noite em Somadougou, eu fiquei contente de que pelo menos estivesse sofrendo junto a pessoas de que eu gostava.

A escuridão tinha apenas começado a desvanecer, e as estrelas ainda eram visíveis quando ouvi o bip do despertador do relógio de David. Tínhamos concordado em sair às 5h30min e tentar já estar na estrada à primeira luz do dia, por volta das 6h. Todos já pareciam ter acordado e levantaram quase em uníssono, dobrando as

barracas e os sacos de dormir e levando tudo para baixo para carregar as bikes. Por volta das quinze para as seis amanheceu, e nós nos reunimos em torno da mesa de madeira no pátio para encher as garrafas de água.

A manhã estava começando mal para mim, do modo mais básico – minha água tinha esse gosto desagradável, os mosquitos tinham sido tão vorazes durante a noite que o pé e o cotovelo que estavam encostados na lateral da barraca foram atacados através da tela. Os mosquitos ainda atormentavam, circundando meu rosto enquanto eu dobrava a barraca, mas prontamente às dez para as seis eles desapareceram e as moscas assumiram o posto. Troca de turno. Agora dúzias de moscas estavam rastejando pelos braços e pernas enquanto eu tentava bombear um pouco mais de água – *sans riz* dessa vez.

E mais, ambos os pneus estavam murchos, com vazamentos lentos, provavelmente vítimas de todos os espinhos sobre os quais passamos no dia anterior. Eu esperava que pudesse passar o dia de pedal bombeando o pneu enquanto seguia viagem, e ia consertá-lo direito, junto com a câmara reserva furada, em algum lugar mais… confortável.

E o pior de tudo: não havia laranjas, uma *commodity* que quase sempre estava disponível na África Ocidental, e o único ritual matutino com o qual eu contava. Dividir uma laranja em quatro pedaços com meu canivete suíço, depois espremer o suco entre os dentes – nada de mais, mas um bom modo de começar o dia. Geralmente eu mantinha um estoque nas minhas mochilas, mas fazia dias que não encontrava nenhuma para comprar. Tudo que havia era uma tangerina azeda e verde que parecia horrível.

E nada de café da manhã também: o cara do omelete na rua de baixo tinha dito a David que ficaria ali a noite toda, mas é claro que ele não estava lá quando David chegou. Eu tive que me contentar com um pedaço de pão e um Nescafé numa banca à beira da estrada, enquanto me debatia constantemente para afastar as hordas de moscas. Mesmo com o meu humor de silenciosa frustração, fiquei pensando nas pessoas que tinham de morar naquele lugar, feliz que eu ao menos podia ir embora – o quanto antes. Antes que os outros sequer levassem suas bikes para fora, eu já tinha partido: David me indicou a direção a seguir.

Que alívio foi estar em movimento no ar fresco da manhã numa estrada asfaltada, ainda sem trânsito, e sair de Somadougou, deixar tudo aquilo para trás –

exceto as coisas ruins que eu carregava comigo: a água de gosto infernal, os pneus murchos, o estômago vazio e o mau humor. Eu me peguei tendo discussões mentais sobre coisas insignificantes com pessoas que estavam há milhares de quilômetros de distância.

Pelo menos a estrada asfaltada foi uma bênção naquela manhã, e uma camada de nuvens foi outro alívio bem-vindo. Só uma vez vi minha sombra se estender comprida ao meu lado quando o sol espiou brevemente entre o céu nublado, o que ajudava a atenuar o calor já avançando pesadamente sobre mim às 7h30min. A paisagem parecia desolada na luz cinzenta, o sol de cascalho com alguns arbustos raquíticos e árvores cheias de espinhos, e apenas algumas formações baixas de camadas de rocha para quebrar a monotonia.

Mesmo os brilhantes estorninhos pareciam sem graça, já que não havia o sol para incendiar seu brilho. Alguns milhafres parecidos com falcões voavam em círculos, calaus voavam de uma árvore para outra, e bandos de gralhas-seminaristas se espalhavam à minha frente, levantando voo para sair da estrada quando eu interrompia seu trabalho de ciscar à procura de comida – às vezes havia um improvável sapo esmagado, mas quase sempre havia cocô de burro. Alguns vilarejos de cubos e retângulos de adobe pontilhavam os arbustos, agrupados em torno de alguma fonte de água que permitia a existência de relva, campos de painço e algumas árvores mais verdes, mas os únicos reais vislumbres de cor eram os rolieiros-abissínios, de um azul brilhante com asas púrpura e penas pretas longas na cauda, as joias do Sahel.

Um vento contrário fraco era o suficiente para parecer que eu estava pedalando numa subida o tempo todo e, depois de uma hora e meia de esforço contínuo, tive que parar no acostamento e encher o pneu dianteiro, ainda com a esperança de que pudesse manter minha última câmara boa de reserva no caso de realmente furar o pneu. Mas uma hora mais tarde o pneu havia ficado murcho de novo, então decidi que era melhor me resignar e trocá-lo, e comecei a procurar um lugar onde eu pudesse parar – preferivelmente um em que eu pudesse comer alguma coisa ou até comprar uma Fanta morna. Gravei o seguinte registro no Diário do Capitão:

• Bem, por volta das 9h agora, três horas na estrada. Recém passei por uma sucessão de vilarejos minúsculos, mas nenhuma cidade grande o suficiente para achar

uma *buvette* ou qualquer tipo de bebida. Realmente queria tomar alguma coisa agora, estou com muita fome e… bem, faminto num sentindo amplo – eu só queria alguma coisa. A terra ficou seca e cheia de cascalho de novo, mas ainda está nublado.

Avistei um baobá, saí da estrada e encostei a bicicleta em seu tronco largo, tirei o pneu dianteiro e me sentei para executar a já familiar operação. Patty e David me alcançaram enquanto eu trabalhava e me informaram que o cara do omelete tinha chegado logo depois que saí, e que todos eles puderam tomar café da manhã. Ótimo. David seguiu adiante até a encruzilhada que ficava a alguns quilômetros dali, onde dobraríamos para o norte até Djenné, e, assim que eu montei a bicicleta, Patty e eu seguimos o grupo. Mais uma vez, não havia nada para comer ou beber na encruzilhada, então eu deixei David e Patty lá esperando pelos outros e segui o último trecho – 30 quilômetros de estrada de chão que, David me alertou, podia ser meio arenosa.

E realmente era. A estrada apresentava ondulações e valetas por causa da estação das chuvas, com muitos trechos de cascalho solto e montes de areia. O céu nublado tinha começado a se estilhaçar em pedaços de azul, e o sol do meio-dia brilhava intensificando o calor. No final das contas, a estrada se transformou num dique correndo através de uma planície aluvial de arbustos baixos, plantações de arroz e poças de água parada deixada pelas chuvas, e a estrada terrível e a paisagem sem atrativos parecia se estender indefinidamente. Cheguei a um povoado construído de argila esculpida com uma mesquita ornamentada no centro, e aquilo parecia servir à descrição de Djenné pelo que eu sabia, então eu parei um velho agricultor para perguntar se era a cidade. *Non*. Ele apontou para a estrada, mais adiante.

Uma longa hora mais tarde, cheguei a mais um povoado de argila esculpida, maior dessa vez, e com uma mesquita de argila maior e com mais ornamentos. Devia ser o lugar, pensei, então saí do canal e segui um dos caminhos de terra batida para entrar na cidade, peguei as ruas estreitas com muros de barro e subi até a mesquita. Dois garotos estavam me seguindo, então perguntei: "Djenné?" enquanto apontava ao meu redor. "*Non*", responderam, e indicaram a estrada.

Cara, pensei, com todas essas Djennés em miniatura, as pessoas ao redor deveriam ser os mestres do universo no que dizia respeito a bolinhos de barro e castelos de areia. Porém, onde ficava esse lugar?

Ou, como expressei meus sentimentos no gravador na época, com mais emoção:

- Bem, já é meio-dia agora e eu ainda não cheguei a essa porra de lugar.

Depois de seis horas na bicicleta, de trocar um pneu furado, sem comida, sem nada para beber a não ser aquela água acre de arroz e numa estrada que piorava cada vez mais, eu não estava me divertindo. No entanto, se eu soubesse que dia horrível Herb estava tendo lá longe atrás de mim, eu não teria me sentido tão mal. Ele estava perecendo – fraco e trêmulo enquanto se esforçava para avançar sem alegria ou esperança, tendo que parar a cada 20 minutos para deitar no acostamento. A melhor cura para exaustão extrema definitivamente não era mais exaustão, e desde o dia da escalada para Teli e a viagem sob o luar até Bandiagara, Herb nunca mais tinha recuperado suas forças.

Bem cedo no trajeto do dia anterior, Herb e eu estávamos conversando sobre o Declínio dos Valores Ocidentais em tempos de posses: quais eram as coisas mais importantes para nós naquele instante? "Bem", disse ele, "minha bike, é claro, mas talvez o filtro de água acima de tudo. Eu não tentaria continuar sem isso".

"Concordo", eu disse, "a barraca antimosquito também, essa é preciosa demais para mim".

Nossas prioridades: filtro de água, bicicleta, barraca. Água potável, transporte e abrigo contra os insetos.

Djenné não aparecia, mas o rio sim, um tributário amplo do Níger chamado Bani. A estrada terminou abruptamente às margens do rio, como se certa vez houvesse uma ponte lá, talvez nos tempos da colônia francesa, mas agora terminava repentinamente no rio. Não havia nada na outra margem a não ser arbustos, então fiquei um pouco preocupado. Eu tinha perguntado a cada pessoa que vi naquela estrada terrível – duas pessoas – se este era o caminho certo para Djenné, e eles me asseguraram que era. Mas talvez apenas estivessem me respondendo do modo literal africano: talvez essa tivesse sido a estrada para Djenné até que a ponte foi levada pelas águas, mas agora "Você não consegue chegar até lá por esse caminho".

Uma trilha cheia de valetas saía do canal até as margens do rio, então a segui, com calor, cansado, com nojo de tudo e esperando sarcasticamente por uma surpresa agradável – qualquer surpresa agradável. E com certeza a surpresa veio até mim.

Na barranca do rio havia duas construções toscas e um grupo de pessoas reunido debaixo de uma árvore. Enquanto eu apoiava os pés no chão, dois jovens vieram até mim imediatamente e me deram as boas-vindas, e responderam às perguntas que foram suficientes para me deixar mais tranquilo. Djenné ficava a alguns quilômetros dali, do outro lado do rio, e havia uma balsa para fazer a travessia. Um dos jovens se apresentou como Ibrahim e me contou que o proprietário do hotel em Djenné havia lhe dito que estávamos chegando, e que ele tinha vindo nos encontrar. Isso era improvável, mas bem pensado da parte dele, já que ele começou seu "discurso de vendas" oferecendo serviços como guia e nos contando tudo sobre os pontos turísticos de Djenné que ele podia nos mostrar. Eu erguia a mão para interrompê-lo, e indiquei minha garrafa de água – *"D'abord, de l'eau"*. Primeiro, um pouco de água. Ele assentiu com a cabeça e sorriu, e voltou com uma bacia de água enquanto eu tirava o filtro da mochila e começava a bombear, embora mais uma vez eu estivesse bebendo mais rápido do que conseguia filtrar.

Como sempre, a própria bomba deixava os africanos muito curiosos, e todos os olhos estavam sobre mim enquanto eu operava o misterioso aparelho. Uma dúzia de mulheres e crianças se sentaram no chão sob uma árvore frondosa, entre um sortimento de produtos agrícolas e braceletes de contas ou de latão, mas elas não fizeram qualquer tentativa para me vender alguma coisa, apenas observavam. Contudo, Ibrahim parecia um jovem sofisticado: quando expliquei que a bomba deixava a água *"plus sain"*, mais saudável, ele assentiu com a cabeça inteligentemente: *"Oui"*.

Assim que eu tinha terminado de servir água o suficiente para saciar minha sede naquele momento, cometi um terrível *faux pas* – tirei a bandana do pescoço e fui mergulhar o tecido no que sobrou da água. Ibrahim segurou minha mão. *"Non, non, pas comme ça!"*. Não desse jeito! Em vez disso, ele derramou um pouco de água sobre a bandana, de modo que a água limpa não ficasse suja. Um erro por descuido – nunca se desperdiça água limpa colocando suas mãos sujas ou uma bandana molhada de suor dentro dela.

Enquanto eu limpava o rosto com a bandana úmida, aproveitando o frescor e o alívio de limpar a poeira e o suor, fiquei observando o rio. A ampla passagem de água marrom brilhante parecia tão tentadora – ouso entrar para nadar? Perguntei a Ibrahim se era seguro nadar no rio, e ele me garantiu que sim. Falei que às vezes os rios tinham *les maladies,* e mais uma vez ele assentiu a cabeça compreendendo o que eu dizia, mas assegurou que o rio era *"pas malade",* sem doenças.

Indo contra meu bom senso, não pude resistir. Tirei as meias e os tênis e entrei na água – primeiro até o joelho, depois até a cintura e então até o pescoço. A água estava quente, mas pelo menos era alguns graus mais fria que o ar do começo da tarde, e mais fria que meu corpo superaquecido. Com um suspiro de alívio glorioso, ergui as pernas e comecei a boiar, mantendo apenas a cabeça acima da água.

Quando nadei de volta para a margem, Ibrahim perguntou: *"C'est bien?".* E eu sorri assentindo com a cabeça: *"C'est fantastique".*

Ibrahim e seu amigo Bambui tinham um pequeno barracão de esteiras de juta do outro lado da trilha, e eu os segui até lá, abaixei para entrar e ficar sob a sombra e sentei no banquinho que me ofereceram. Ibrahim começou a conversar de novo sobre ser nosso guia e me contou que Bambui tinha uma piroga que poderia nos levar para o outro lado do rio em vez da balsa, ou se quiséssemos ele podia alugar uma piroga motorizada para cruzar o rio. Expliquei a Ibrahim que ele teria que falar com *le patron* – David – quando ele chegasse, e ele desligou o discurso de vendedor.

Bambui parecia trabalhar no negócio de souvenirs, e eu logo estava cercado de bandejas cheias de pulseiras, brincos, figuras em bronze, esculturas, embora estivessem apenas dispostas ao meu redor, não enfiadas na minha cara. Ibrahim e Bambui eram jovens encantadores e simpáticos, eles tinham um negócio para tocar, mas tudo era conduzido com educação e dignidade. Nós três começamos a conversar sobre todo tipo de coisa, levando meu francês ao limite e um pouco mais além. Ibrahim me contou que achava que eu falava bem, mas ele disse que meu sotaque parecia *"comme les hollandaises!".* Eu parecia um holandês falando francês? Ibrahim assentiu com a cabeça e disse: *"Oui".*

Depois de quase duas semanas viajando num país de cultura francesa, falando o idioma constantemente e treinando dentro da cabeça o tempo todo, senti que estava começando a ter um pouco mais de fluência. Minha motivação inicial para aprender francês foi conversar com meus vizinhos em Quebec e, durante duas de nossas turnês, nós três do Rush tínhamos conseguido que as escolas da rede Berlitz de cada cidade nos enviassem um professor de francês até a arena para uma aula antes do show. Nós gostávamos daquilo, e desenvolvemos alguma facilidade para o idioma, mas estávamos aprendendo o francês parisiense. O sotaque Québécois, *le*

joual, cheio de gírias, continuava a iludir meus ouvidos: geralmente eu podia dizer o que precisava dizer, mas eu não conseguia entender as respostas.

Depois da excursão Bicycle Africa de 1989, em Togo e Gana, combinei de encontrar minha esposa e minha filha num resort na Costa do Marfim para tirar férias em família de uma forma mais civilizada. Durante nossa estadia, perguntei ao instrutor de arco e flecha se ele podia me dar as aulas em inglês, e ele respondeu: "Eu sei falar inglês, mas eu não entendo". Isso parecia uma afirmação absurda, mas acabei entendendo exatamente o que ele quis dizer, porque era assim que eu me sentia em Quebec: eu tinha aprendido a falar francês muito bem, mas não compreendia o que me respondiam.

Em outros lugares me saí um pouco melhor, como na África Ocidental, ou nas ilhas francófonas do Caribe, Martinica e Guadalupe. Naturalmente, esses povos falavam mais devagar e com mais clareza, e consequentemente era muito mais fácil de entender. E lá às margens do rio Bani, conversando com Ibrahim e Bambui debaixo de um telhadinho de juncos, me encontrei não apenas falando francês, mas sendo francês, sem ter mais que traduzir cada frase para o inglês (e a atitude), mas ouvindo e respondendo como uma versão francófona de mim mesmo, gesticulando e "dramatizando".

Às vezes, buscava uma palavra que não conseguia encontrar nem em inglês nem em francês, e ficava preso entre os dois idiomas gaguejando de um jeito meio autista. Mas, quando eu pegava o ritmo e as expressões começavam a fluir, eu me embriagava com as palavras – ficando meio zonzo por causa do esforço mental, mas no fundo me divertindo muito.

Ibrahim perguntou-me se eu queria provar uma xícara de chá, que eles chamavam de *da*, e eu aceitei alegremente. Bambui alimentou o braseiro e encheu o bule com flores vermelhas, do tipo que havíamos visto nos jardins da região de Dogon e ficávamos imaginando para que as cultivavam (sendo a água tão escassa, nada é cultivado apenas por parecer bonito). Depois que as flores ferveram por uns minutos, Bambui serviu o líquido vermelho numa xícara pequena e a passou de mão em mão.

Um a um nós tomamos pequenos goles do caldo doce e quente, e era delicioso. Eles riram quando eu pedi mais. Ibrahim me disse que os europeus sempre gostavam desse chá, e o comparou a vinho doce ou licor de romã.

Perguntei se havia comida que eu pudesse comprar – eu ainda não tinha comido nada além de um pedaço de pão o dia todo – e Ibrahim levantou saindo do abrigo e caminhou até as mulheres e crianças que estavam sob uma árvore, voltando com uma melancia verde e grande. Essa não teria sido minha primeira escolha do cardápio, mas, diante das circunstâncias, uma melancia suculenta parecia uma boa ideia, então a comprei. Quando Ibrahim me viu pegar o canivete suíço para cortá-la, saiu de novo e pegou uma faca emprestada – um cutelo do tamanho de um facão – e eu comecei a extrair as fatias de melancia e a devorá-las, cuspindo as sementes pretas brilhantes sob a luz do sol.

David e Patty chegaram, depois de esperar mais de uma hora na encruzilhada até que Theresa e Silvia chegassem, embora Herb ainda não tivesse aparecido antes de partirem. Eles se juntaram a mim debaixo do abrigo coberto por esteiras e junco, e eu lhes ofereci uma fatia de melancia enquanto Bambui alimentava o fogo novamente e preparava mais chá. Ibrahim perguntou a David se ele podia ser nosso guia, mas David permaneceu neutro e, quando uma família branca num Nissan 4x4 parou o veículo ao nosso lado, Ibrahim decidiu tentar oferecer os serviços a eles e nos deixou. Pouco tempo depois, Theresa e Silvia chegaram, com calor e cansadas, e quando as convidei para se sentarem à sombra do abrigo e ofereci melancia, Theresa riu e disse: "Você parece um rei sentado ali no seu pequeno trono, cercado da sua corte e concedendo favores".

"Eu me sinto como um rei", disse a ela, e era verdade: naquele momento, eu me sentia recuperado, bem tratado e verdadeiramente feliz, e não tinha sido necessário muito para isso. Os ingredientes para a felicidade: um pouco de água para beber, nadar no rio, descansar, uma caneca de chá e pedaços de melancia.

Já tinham se passado duas horas e Herb ainda não havia chegado, e começamos a ficar preocupados. Como a pequena balsa havia aparecido à margem, o que não era muito frequente, perguntei a David se ele queria seguir adiante com as garotas até Djenné enquanto eu esperava Herb, que sempre tinha sido tão legal e ficado comigo enquanto eu trocava um pneu furado ou coisas assim. Mas David pensava que nós deveríamos ir até o mercado em Djenné antes que ficasse tarde demais, me informou o local onde nos hospedaríamos e nos mandou para a balsa. Eu tinha reservado o último pedaço da melancia para Herb, e David prometeu guardar para ele.

Bambui e eu estávamos negociando um par de brincos cor de ébano com um ornamento de cobre *cloisonné* para minha filha Selena, e uma escultura envelhecida artificialmente de duas figuras de que eu tinha gostado (Bambui tinha ganhado minha confiança porque por iniciativa própria me descreveu como tinha "envelhecido" a estátua: foi enterrada durante algumas semanas). Ele e eu não havíamos chegado a um acordo quanto ao preço, e na nossa partida repentina acabei esquecendo o assunto. Um garoto apareceu na balsa enquanto ela estava carregando a 4x4 e uma Land Rover de alguma agência de desenvolvimento e eu vi que ele estava segurando os brincos e a escultura para mim. Ofereci o último preço que havia mencionado, o qual havia sido rejeitado por Bambui, e o garoto assentiu com a cabeça e os entregou a mim, levando alguns dólares de volta para Bambui.

A estrada do outro lado do rio Bani era ainda pior, quase inacreditavelmente trepidante, como uma pista de esqui duplo losango negro com montinhos de neve endurecida. A pista principal continuava a correr no topo de um canal construído pelos franceses, mas a superfície estava tão degradada que mais uma vez os motoristas tiveram que abrir trilhas de cada um dos lados, e essas também haviam ficado onduladas e cheias de buracos durante as chuvas. Depois de alguns quilômetros, uma abóbada de adobe surgiu à frente, e enquanto nos aproximávamos ela passou a dominar a vista como uma torre imensa, sua entrada grande o suficiente para um ônibus passar e o topo quadrado decorado com pequenas torres e recortes. Isso, logo veríamos, era o portal adequado para a cidade medieval de Djenné.

Djenné ficou localizada numa ilha formada pelo delta central do rio Níger e seus tributários, e era uma das cidades mais antigas da África Ocidental, datada pelo menos do final do século 9. Durante a era medieval, cresceu devido aos lucros das rotas de comércio que atravessavam o Saara, como Timbuktu, e um visitante europeu do começo do século 18 relatou que seus cidadãos eram letrados, ocupados, bem-vestidos e apreciavam um bom padrão de vida. Tinha permanecido notavelmente preservada, e o guia Lonely Planet chamou-a de "inquestionavelmente uma das cidades mais interessantes da África Ocidental".

Atravessando uma ponte e adentrando as ruas estreitas de terra batida da cidade rodeada pela muralha, ziguezagueava pelos muros e construções de adobe marrons que às vezes deixavam aparecer as pontas das vigas e decorados com persianas de madeira com ornamentos esculpidos. Passando um muro sob reforma, pude ver como foram construídos: tijolos de barro e palha sobre uma estrutura de madeira, então cimentados com argila, às vezes num relevo decorativo. O *layout* do interior das casas também testemunhava a história da escravidão em Djenné, muito antes da chegada dos europeus – tradicionalmente, a parte de cima da casa era para os senhores, o meio para os escravos e o andar inferior para armazenagem e comércio.

No centro da cidade nos deparamos com um mercado amplo, com todas as cores e o barulho de um dia de feira, e um dos lados era dominado por uma mesquita monumental, um palácio esplendoroso de torres de argila e minaretes encimados por ovos de avestruz. Considerada o melhor exemplo existente do estilo sudanês de arquitetura em barro, A Grande Mesquita de Djenné data de 1905, embora ela esteja substituindo outra que tinha permanecido lá por nove séculos até que foi destruída numa disputa religiosa. Outra inimiga constante da mesquita era a chuva: todos os anos, grandes áreas de argila tinham que ser rebocadas, e para este propósito as extremidades das vigas expostas eram usadas como andaimes.

Paramos brevemente para ficarmos admirando boquiabertos a Grande Mesquita, então continuamos a pedalar, procurando o acampamento para que pudéssemos largar as bicicletas e depois circular livremente. O complexo do camping era murado e tinha sido construído ao redor de uma passagem circular para carros, o prédio principal com um terraço para jantar ao ar livre e uma fileira de cabanas redondas com telhado de palha para hóspedes. Mais uma vez, podíamos apenas usar essas cabanas como garagens, porque para dormir num lugar mais fresco e com uma vista melhor havia o telhado de adobe do prédio principal.

Tão logo fiz o check-in e deixei a bike na "garagem", voltei para o mercado para ver melhor aquela incrível mesquita e circular entre as bancas. Os supostos guias, os mercadores e os mendigos eram todos extremamente persistentes e, se Ibrahim e Bambui tinham representado o "grupo moderado", o pátio do camping pertencia definitivamente ao grupo radical. Começou tão logo descemos das bikes. As mesas sob as árvores estavam cheias de máscaras, esculturas, bijuterias e figuras em bronze, e os jovens atrás delas ficavam constantemente tentando nos persuadir a olhar seus produtos. Uma multidão de jovens à toa no terraço representava o "sindicato dos guias" e eles também começaram suas apresentações, até que usei a mesma desculpa que havia dado a Ibrahim – eles tinham que esperar *le patron* e conversar

com ele. Um pelotão de garotinhos formava o esquadrão dos pedintes, alguns deles aleijados, mas a maioria apenas seguindo um costume islâmico: meninos que estudavam com o *marabout*, ou homem sagrado, deviam sobreviver com as esmolas das ruas para aprender sobre humildade.

David acabaria chamando Djenné de a cidade "competitiva" – principalmente quando ele chegou e todos a quem eu havia dito para aguardar *le patron* caíram sobre ele – mas o mesmo havia acontecido com nós todos. Começamos a chamá-los de povo "kram-kram", por causa de todos aqueles carrapatos que se grudavam no nosso corpo e eram difíceis de remover. O guia do Lonely Planet recomendava contratar um guia mesmo se não fosse necessário, apenas para manter os outros afastados, mas eu me saí bem seguindo as regras costumeiras: caminhe rápido, não faça contato visual, apenas diga *"Non"*. Herb criou uma boa frase para os pestes: "Eu disse não – que palavra você não entendeu?". Mesmo falada em inglês, a mensagem parecia ser compreendida.

Ao atravessar o pátio, consegui afugentar a maioria dos guias, ambulantes e pedintes, mas um jovem mendigo não desistiria tão fácil assim. Ele usava uma prótese feita em casa e uma única muleta, mas era incrivelmente ágil e devia estar treinando para os jogos paralímpicos. Seu passo irregular me seguia pela rua, *da-clomp*, *da-clomp*, embora eu me recusasse a olhar para os lados, apenas acelerava o passo para despistá-lo. Mas ele não se perderia tão facilmente; ainda estava lá, bem atrás de mim, acelerando seu próprio *da-clomp*, *da-clomp* sincronizado. Tinha começado a ficar um pouco sinistro, e eu me misturei à multidão em torno do mercado, achando que certamente o perderia de vista enquanto abria caminho entre as pessoas que circulavam ao redor das bancas.

Mas não – lá estava ele atrás de mim novamente, *da-clomp*, *da-clomp*. Eu me virei para encará-lo, agitando a mão e assoviando: *"Allez, allez – laissez-moi de la paix"* – "Vai embora – me deixe em paz!".

Ele só olhou para cima me encarando com um sorriso perverso e desafiador e ergueu a mão com a palma para cima. Eu me virei e saí em disparada de novo, ziguezagueando no meio das pessoas e caminhando rápido pelas pilhas de frutas, verduras e grãos. Diminuí o passo por um momento para dar uma olhada nas laranjas, e lá estava ele de novo, *da-clomp*, *da-clomp*. Exasperado tanto por sua sombra mórbida quanto pela falta de laranjas no delta do Níger, eu me dirigi para os cestos de batata-doce, me espremi entre duas bancas e entrei na via seguinte, então quase corri até o final da praça do mercado e entrei numa loja. Na penumbra do interior do estabelecimento me senti escondido, dei uma olhada em volta por uns minutos, inspecionando a seleção de produtos nesse típico armazém da África Ocidental: barras de sabão, caixas de biscoito empoeiradas, sal e açúcar, garrafas velhas reutilizadas para guardar querosene, lanternas e pilhas baratas da China, latas de óleo de cozinha amassadas, molho de tomate, leite condensado, sacos de arroz e uma pilha de livros de atividades, uma roupa de bebê num cabide e um pneu de ciclomotor usado.

Quando saí da loja, lá estava ele: parado do outro lado da rua, encostado numa das poucas árvores de Djenné com aquele sorriso frio e desafiador – e a prótese na mão. Com um aceno expressivo, quase uma reverência, ele deu meia-volta e foi embora, perfeitamente são. Eu sacudi a cabeça e fui dar uma olhada na mesquita, depois voltei para o camping e vi que Herb e David finalmente tinham chegado.

Herb tinha levado duas horas a mais do que nós, mas tinha conseguido. Agora ele estava descansando numa cadeira no terraço, acabado, mas pelo menos capaz de sorrir, enquanto tomava um gole de cerveja e me agradecia por ter guardado um pedaço de melancia. Ele disse que, durante os últimos 30 quilômetros, enquanto pedalava naquela estrada horrível sobre o canal, tinha ajustado o alarme do relógio de pulso para tocar a cada 20 minutos, e se forçava a continuar pedalando até que tocasse. Então ele parava, largava a bike no acostamento e deitava no chão, se houvesse ou não qualquer sombra disponível.

Foi então que uma citação de Nietzsche passou a fazer parte da nossa lista crescente de slogans da Bicycle Africa: "O que não nos mata nos fortalece".

Todos nós estaríamos consideravelmente mais fortes antes que a viagem acabasse.

E, para mim, até mesmo depois dela.

Duas semanas depois que cheguei em casa, tive uma febre odiosa de 40 graus, alternada entre suor e calafrios, e sentindo o que eu apenas conseguia descrever como "dor em cada molécula". Meu médico me enviou para o departamento de Doenças Tropicais Infecciosas no Toronto General Hospital, e minha esposa Jackie me deixou lá, onde passei quatro horas na sala de espera, delirando na maior parte do tempo e tremendo de frio mesmo com meu casaco de inverno. Ocasionalmente eu apagava e tinha sonhos febris e alucinações enquanto era conduzido atordoado pelo vasto la-

birinto do hospital e tinha fluidos corporais extraídos do meu corpo em laboratórios ocultos. Na época, final de 1992, a AIDS já tinha se tornado uma epidemia mundial, e suas vítimas também eram tratadas no departamento de doenças infecciosas (embora, tristemente, não houvesse real tratamento para elas), e eu ficava sentado no meu pesadelo febril observando sombras cadavéricas que entravam e saíam.

Num primeiro momento, indiquei à enfermeira que talvez tivesse contraído malária, e ela concordou que seria provável. O especialista chefe do departamento deve ter ouvido a conversa, porque em algum momento durante aquele dia fantasmagórico ouvi uma voz grave a repreendendo por ousar dar um diagnóstico. Quando finalmente encontrei o especialista pessoalmente, ele disse que eu devia voltar no dia seguinte para receber o resultado dos testes para malária.

A febre continuou a noite toda, com o suor encharcando a cama, alternado com calafrios incontroláveis. Voltei na manhã seguinte, sentei nas cadeiras de plástico com minhas roupas de inverno, ainda delirante, sem muita consciência de tempo e de espaço. O exame de malária deu negativo, e eu fui enviado pelo hospital para vários laboratórios para mais análises dos meus fluidos corporais, desta vez para vários tipos de hepatite. No terceiro dia do meu delírio, o especialista encarregado me chamou até o consultório e disse que haviam me examinado para as doenças tropicais de costume – malária, febre amarela, hepatite, tifo e cólera – mas eu não tinha nada disso. Quando perguntei o que eu tinha, ele me disse que às vezes as pessoas voltavam da África com febres misteriosas que jamais foram identificadas. Ou a febre cede por si só, ou, ele sorriu, "a pessoa morre".

E com essas palavras nada reconfortantes ele me mandou para casa.

Naquela noite, a febre cedeu, senti isso claramente. Embora meus sintomas continuassem os mesmos, eu simplesmente sabia que o mal-estar havia passado. Logo estava me sentindo bem novamente, e esqueci sobre a "Febre Oogabooga", como eu a chamava (com grande insensibilidade cultural).

Vários meses depois, eu estava num estúdio que ficava numa velha casa de campo na área rural próxima a Toronto trabalhando com a banda no que seria nosso álbum *Counterparts*. Comecei a apresentar novos sintomas estranhos: manchas grandes vermelhas apareceram nos braços e nas pernas, provocando coceira, às vezes bolas do tamanho de um ovo, e eu me sentia sempre cansado, indisposto, como se fosse uma alergia, e também com irregularidades de cor e frequência no "encanamento". Além disso, parecia que eu tinha desenvolvido asma pela primeira vez na minha vida, e meu médico receitou o uso de uma bombinha. Aquilo aliviava os sintomas, mas não a condição, e num dia frio de inverno, enquanto eu estava no parque levando nosso cachorro Nicky para passear, de repente eu não conseguia respirar. Tentando não entrar em pânico, passei a inspirar e expirar devagar continuamente e caminhei devagar e com cuidado de volta para casa, peguei a bombinha e a partir daquele dia nunca mais saí de casa sem ela.

Como os sintomas aumentavam e pioravam gradativamente, comecei a me preocupar um pouco, mas passei a diminuir a importância achando que se tratava do estresse gerado pelo trabalho no novo disco. Eu já tinha apresentado sintomas estranhos relacionados a estresse antes, como arritmia cardíaca, dor de dente e ataques de ansiedade, então sabia o quanto insidioso o estresse podia ser.

Além de trabalhar nas letras e de tocar bateria no álbum do Rush, eu também estava transcrevendo minhas anotações e gravações da viagem ao Mali, Senegal e Gâmbia, e pausei o gravador quando encontrei uma citação de Schopenhauer que tinha gravado em Gâmbia: "Toda grande dor, seja física ou espiritual, declara o que nós merecemos; porque ela não pode vir até nós se nós não merecermos" – sem esquecer o meu comentário editorial automático na época "Que filho da mãe!"). Esperando saber mais sobre o filósofo que foi capaz de escrever tal pensamento maligno, fui até a biblioteca da sala da velha casa de campo e peguei uma enciclopédia antiga. Peguei o volume apropriado e, enquanto folheava as páginas procurando Schopenhauer, me deparei com o verbete *schistosomiasis*, esquistossomose, e pensei: "Humm, já ouvi falar disso".

Li a descrição da doença e seus sintomas: "manchas avermelhadas, crises asmáticas, mal-estar, infecção urinária". De repente ouvi o trovão e vi o clarão, e a grande ficha caiu: "Ah, meu Deus! É isso que eu tenho!".

Outras expressões saltaram da página para dentro da minha cabeça: "morbidade e mortalidade severas", "enfermidade crônica", "pode levar à morte", e eu liguei na hora para o departamento de Doenças Tropicais e Infecciosas no hospital de Toronto e pedi para falar com o doutor figurão.

"Você pediu o exame para esquistossomose?"

"Humm, deixe-me checar sua ficha... Bem, não, mas eu não acho que você tenha isso".

Não sei por que ele achava ter tanta certeza, já que a Organização Mundial da Saúde citava a esquistossomose como "a segunda doença tropical mais comum depois da malária", mas eu disse a ele: "Vou aí amanhã e quero um exame para isso".

Com certeza, foi o que eu peguei no meu mergulho imprudente no rio Bani, um parasita aquático que entrava pela pele e penetrava a corrente sanguínea, espalhando seus ovos infecciosos pelos órgãos internos, principalmente no fígado. (Eu me lembro do médico olhando os resultados dos meus exames e observando que as funções do meu fígado estavam reduzidas, então me olhou de um jeito meio acusador, "Você tem ideia do que possa ser?", como se de alguma forma fosse culpa minha. Ele sabia que eu era músico, e talvez presumisse que por definição eu sofria de alcoolismo severo.)

Felizmente, embora a doença fosse considerada "praticamente fatal", havia uma cura, mas não parecia agradável. Até os anos 1970, o remédio era uma dose de arsênico, descrito como "quase tão perigoso quanto a doença". O truque era prescrever uma dose forte o suficiente para matar os parasitas, mas não o hospedeiro. O remédio moderno ainda era um veneno, mas ao que parece mais controlado, e consistia em oito cápsulas grandes para serem tomadas em dose única. E o médico me alertou: "Não planeje nada para o dia em que você tomar as cápsulas – você não vai se sentir muito bem".

Fiquei muito mal por dois dias, uma reprise da "Febre Oogabooga", até que os sintomas começaram a desaparecer. Algumas semanas depois, voltei para o departamento de Doenças Tropicais e Infecciosas para fazer exames.

O médico anunciou que eu estava curado, e quando eu observei que suplício bizarro tinha sido, ele olhou para mim com seu costumeiro ar embevecido e disse uma coisa em que eu mal podia acreditar: "Bem, pelo menos nós pudemos identificar a doença".

Nós?

Eu apenas olhei para ele por um segundo e então perguntei: "*Nós?* Nós não 'identificamos' nada! Lembra, você me disse que, ou eu ficaria melhor, ou *morreria*, e então me mandou para casa. Foi por pura sorte que, quatro meses depois, *eu* pesquisei Schopenhauer na enciclopédia!".

Ele simplesmente me olhou envergonhado, eu balancei a cabeça, virei as costas e saí do consultório, levando comigo um recém-diminuído respeito por ele e por sua profissão.

Contudo, aprendi que até mesmo um mau filósofo podia salvar a sua vida.

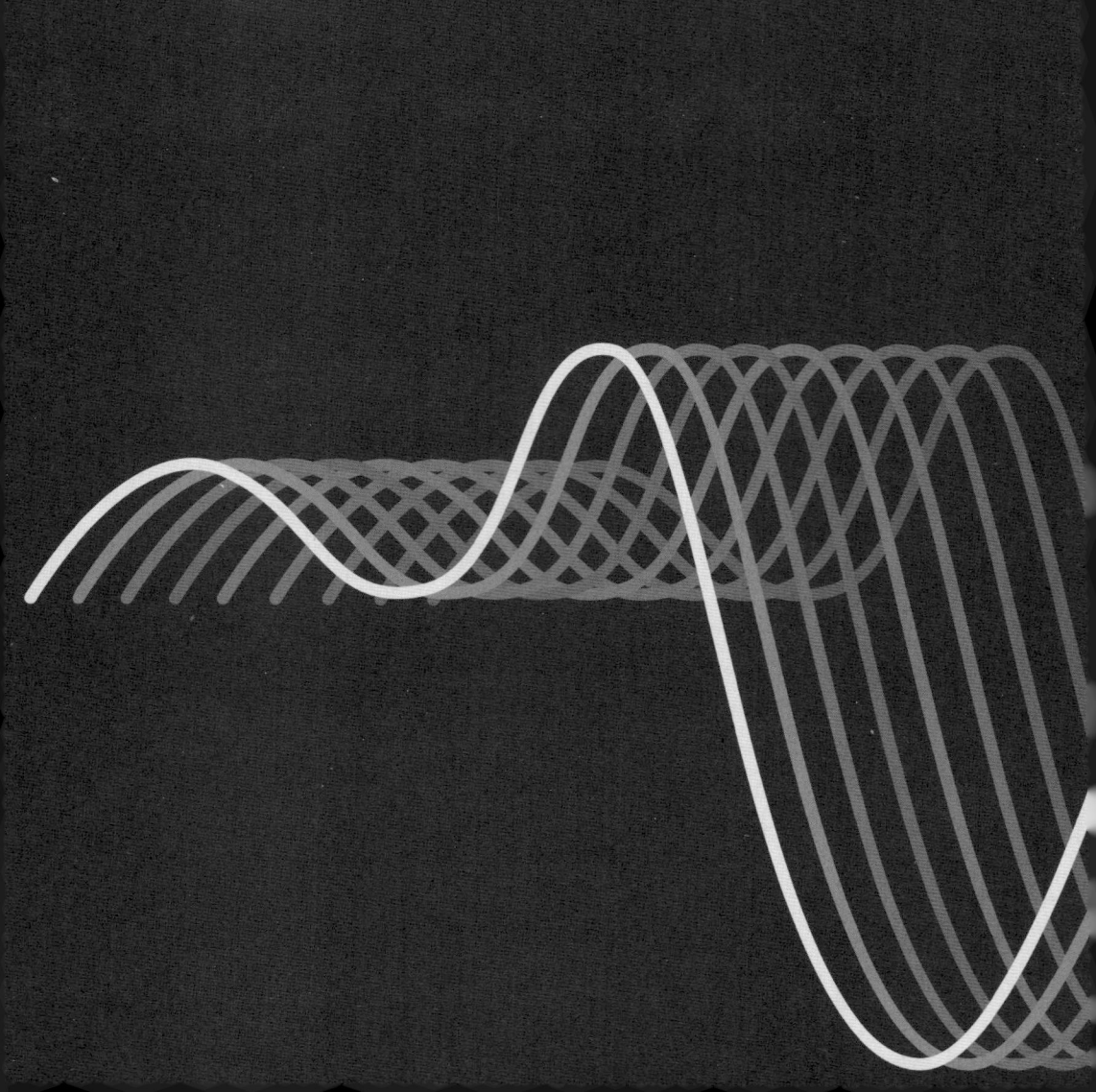

VERSO CINCO

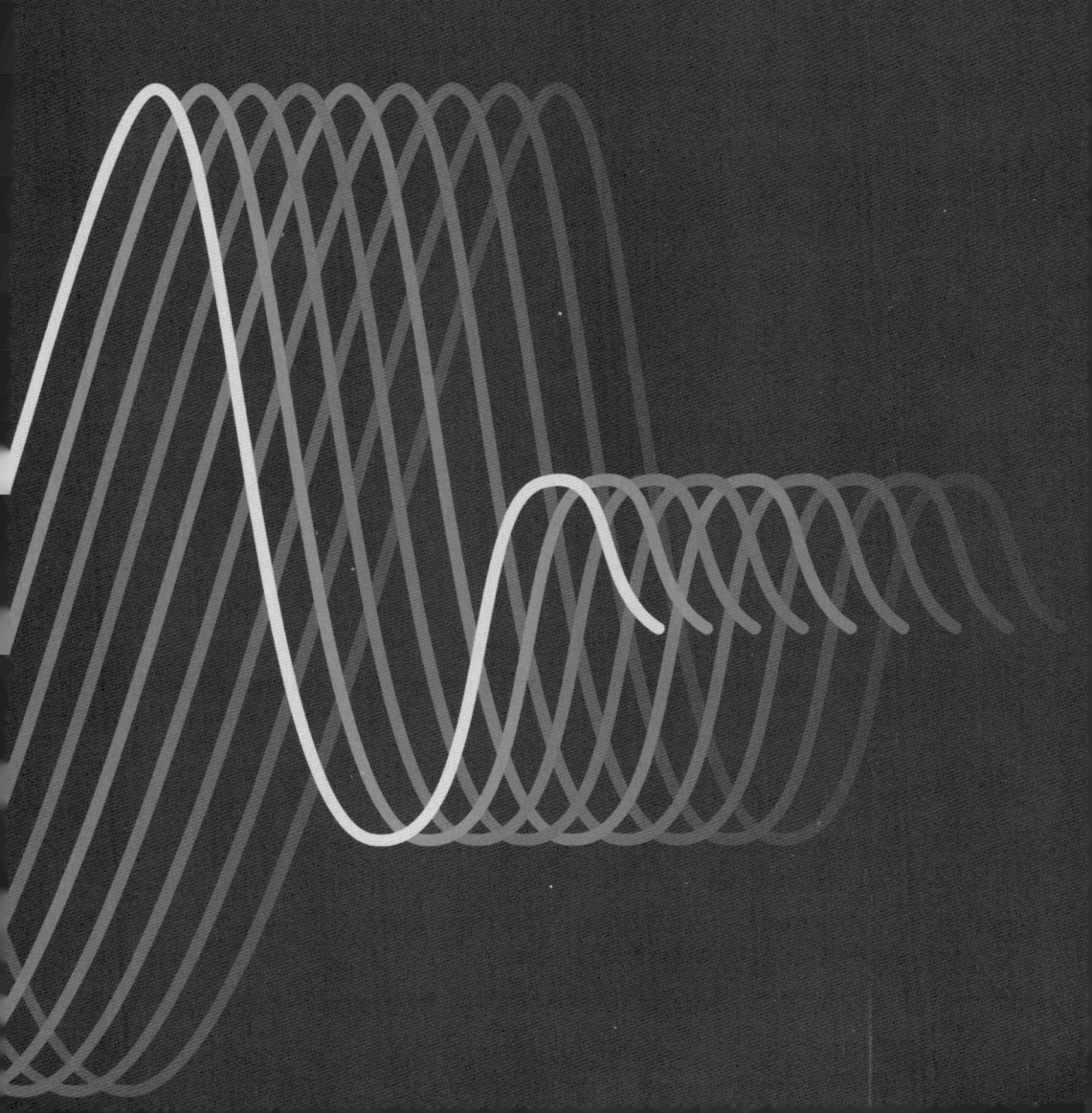

Alguns dias depois que cheguei em casa da viagem a Big Bend,
com aquela única anotação no diário ganhando corpo e ocupando espaço na minha cabeça – "dá para escrever um livro só sobre as músicas que ouvi nessa viagem" –, comecei a escrever. Estabeleci a meta modesta de uma ou duas páginas por dia, evitei que o projeto tomasse conta da minha vida inteira (por um tempo). Enquanto ouvia todos os CDs que tinha escutado na estrada e pensava nas histórias que eles criaram, considerei todas as outras narrativas que eu queria entrelaçar nelas, escavando o passado como um arqueólogo de si próprio.

A etimologia de "nostalgia" revela que se trata de uma derivação das palavras originais que significam "voltar para casa" e "dor", embora seu uso comum pareça significar mais um suspiro de saudade – não de casa, mas do passado, num sentindo de que "lá atrás" era melhor do que "agora". Ou ao menos uma pessoa nostálgica lembraria do passado dessa forma.

Não eu. Não tenho desejo algum de reviver qualquer uma daquelas épocas. Eu estava apenas passando por lá – "só olhando". E fazendo anotações. E acrescentando nomes.

A saudade de um "lar" é um tema comum na arte e na vida, mas esse apego a um lugar certamente é supervalorizado ou adulterado. "Lar" é um sentimento sobre si próprio, não o lugar ao seu redor, e é *possível* levá-lo junto consigo.

Quanto mais eu ficava na minha "cidade natal" de St. Catharines, menos eu me sentia em casa. Londres parecia meu lar, como ainda parece, mas quanto mais eu viajava, mais o mundo se tornava um lugar confortável para se viver. África, Estados Unidos, Toronto, Quebec e mil quartos de hotel no meio disso tudo.

Como descobri quando me mudei para Santa Mônica, tudo o que eu realmente precisava era de uma mala pequena, um aparelho de som portátil e uma bicicleta. E amor. Agora, Los Angeles também era minha casa.

O título *Música Para Viagem* parecia óbvio e correto (com a aprovação de Jackie Gleason), e comecei a pensar sobre o que essas duas palavras significavam para mim, e o que eu poderia querer colocar num livro com esse título. Uma forma maior começou a se materializar, quase que por vontade própria.

Nas duas perspectivas que eu queria explorar, os dias atuais e o passado distante, vi um padrão que lembrava a composição de música. Os climas que se alternavam, ou estruturas, poderiam ser enquadrados como versos e refrões, talvez até mesmo com uma seção separada no meio para ser de certa forma um *"middle eight"* ou interlúdio. Eu podia ver as possibilidades, e comecei a tentar diferentes modos de impor tal arquitetura (ou "arquitextura", como meu editor Paul McCarthy e eu passamos a chamar durante as revisões). Eu começaria cada seção com um verso de uma letra de música, e talvez tentasse amarrá-las todas juntas numa canção de verdade no final.

Passei a ficar cada vez mais ambicioso com o projeto, mas o mais importante é que era bom escrever novamente, observar as páginas se acumulando, mesmo que uma ou duas de cada vez. Eu não me preocupava ainda em impor um formato, apenas trabalhava na difícil mas gratificante tarefa de traduzir experiências em palavras. Como o grande editor Max Perkins aconselhou: "Não acerte de primeira, apenas coloque no papel". Ou uma versão mais urgente que me ocorreu recentemente: "Coloque no papel antes que escape".

Apesar do meu antigo vício pela leitura e de anos compondo letras de música, nunca me interessei em escrever prosa antes dos 20 e poucos anos – talvez só ali eu tenha criado espaço para outra coisa que não fosse minha obsessão pela música. Contudo, a conexão era a mesma: num primeiro momento, quis tocar música porque eu amava muito ouvir música, e o mesmo aconteceu com os livros: eu amava ler, então quis escrever.

Com 20 e poucos anos, enquanto estava na estrada com o Rush, fui até uma loja de penhores no Arkansas e comprei uma máquina de escrever usada. Eu a levava comigo nas turnês e tentei escrever o inevitável primeiro romance: primeiro tentei uma história de ficção científica construída a partir do álbum *2112*, depois uma evocação Hemingwayana de um músico "fictício", que por acaso vivia e trabalhava no mesmo mundo que eu.

Contudo, logo percebi que não conseguia sustentar meu *próprio* interesse, quanto mais o interesse dos leitores, e, do modo como Ralph Ellison descreveu suas primeiras tentativas como escritor, deixei esses primeiros esforços de lado. Também trabalhei em vários contos que eram "promissores" (e assim permanecem) e perto do final dos anos 1970 comecei a escrever uma série contínua de crônicas como releases e "bios" para acompanhar os *tour books* do Rush e os encartes dos álbuns. Nessa arena, o que eu escrevia era mais importante do que a forma como eu escrevia, então eu me impus desafios fazendo experimentos com a forma e com a "voz". Em 1977, o jornal Toronto Star me pediu que eu escrevesse um artigo sobre o começo de uma turnê, e embora fosse um desastre (mal escrito, e mais mal editado ainda), talvez todos esses ensaios iniciais (no sentido da palavra francesa *essayer*, "tentar") tenham ajudado a me conduzir em direção a querer aprender a escrever sobre pessoas reais e lugares reais. Sem dúvida, participar de centenas de entrevistas sobre mim mesmo e sobre a banda ao longo dos anos me ensinou a verbalizar meus pensamentos e meus sentimentos, e eu também comecei o hábito de escrever cartas a amigos distantes, o que não era somente uma ótima terapia, mas também uma boa prática de escrita.

Durante 20 anos, também respondi a cada carta de fã que chegasse às minhas mãos, seja através do escritório, da revista *Modern Drummer* ou simplesmente atirada no palco. Como jovem músico que há tão pouco tempo tinha sido ele próprio o fã de alguém, parecia a Coisa Certa a Fazer. Durante os primeiros anos com o Rush, havia poucas cartas de fãs, mas eu as respondia elaboradamente, com alguns desenhos e decorações, e, à medida que nossa popularidade cresceu e as cartas começaram a se multiplicar, eu tinha cartões-postais de uma foto minha com a bateria na frente e, usando um modelo do meu computador, escrevia uma pequena resposta para cada um, personalizava e oferecia meu apreço e meu encorajamento como era apropriado. A cada poucos meses, eu separava um dia inteiro e tentava responder quantas eu podia, geralmente 50 de cada vez, depois centenas, se não milhares, entre os anos 1970 e os anos 1990.

Em 1996, contudo, com o surgimento da internet e os "sites de fãs", muitos passaram a tomar conhecimento dos meus cartões, e de repente a torrente de correspondência se multiplicou e se tornou impossível lidar com ela. Eu me senti culpado e, sem saber o que fazer, perguntei à *Modern Drummer* se eles podiam fazer um anúncio de que eu não ia mais responder às correspondências dos fãs e explicassem por quê ("por causa da World Wide Fofoca Net"). Para meu choque

e tristeza, a seção de cartas do leitor do número seguinte estava cheia de ataques contra mim, porque aparentemente eu havia criticado a internet (um tipo de religião naqueles primórdios) e por dar a entender que os fãs tinham revelado algum tipo de "segredo".

Apesar disso, recentemente dei uma entrevista para um jornalista da revista *Drum*, e o jovem escritor me mostrou um cartão-postal emoldurado que eu havia enviado para ele em 1992, encorajando-o com relação às suas ambições para tocar bateria e escrever, e eu senti um tipo de desagravo do meu carma.

Em setembro de 1985, participei daquela viagem de bike na China e levei um diário e um gravador comigo, mas deliberadamente não levei máquina fotográfica, experimentando com a ideia de ver a viagem inteiramente com as minhas próprias lentes e tentando colocar tudo em palavras. Depois dessa experiência, eu me senti motivado a passar um tempo refinando a narrativa a um nível modesto, e imprimi uma edição pequena e particular de 50 cópias para meus companheiros de viagem e amigos. *Riding the Golden Lion* (*Cavalgando o Leão Dourado*) levou-me a outras viagens de bike, de Munique a Istambul, de Barcelona a Bordeaux, de Calgary a Vancouver, e a outros livrinhos: *O Expresso Oriente*, *Pedal sobre os Pirineus*, *Dança da Chuva sobre as Rochosas*. Sabendo que esses textos não eram para consumo do público em geral, eu experimentava livremente com modos de descrição e de narrativa, de fluxo de consciência a incorporação de mitos e de sabedoria tribal. Então veio a África, com um primeiro safári com acampamento e uma escalada ao Kilimanjaro que se transformou no livro *a batida africana* (bem como era moda na época com o título em caixa-baixa), seguido por uma excursão de bicicleta na África Ocidental que finalmente daria origem a um livro pronto para ser publicado, *The Masked Rider – O Ciclista Mascarado*.

Na escrita de prosa, como "segunda carreira", eu não era obrigado a "amadurecer" diante do público, como aconteceu com a música, e pessoalmente eu não me importaria que meus primeiros cinco anos como baterista e letrista do Rush pudessem ser relegados ao esquecimento, ou limitado a "impressões privadas". Mas cá estão elas, as primeiras tentativas, esforços andando às cegas que permanecerão em exibição para sempre, como os desenhos de uma criança no refrigerador.

Depois de escrever alguns artigos para revistas sobre viajar de bicicleta e de moto, ganhei mais experiência e confiança, e as circunstâncias da minha vida ditaram o livro seguinte, *Ghost Rider – A Estrada da Cura,* uma história que eu simplesmente tinha que escrever, já que se tornou parte da própria "estrada da cura" descrita no título. *Ghost Rider – A Estrada da Cura* foi notavelmente bem recebido, considerando o tema soturno, e me levou a explorar novos aspectos da narrativa de viagens. Mais experiências foram desenvolvidas e refinadas em ensaios escritos para acompanhar o álbum *Vapor Trails* e o DVD *Rush in Rio,* e agora eu queria ampliar um pouco mais meus domínios, cobrir mais do que uma simples viagem, mas uma grande jornada.

Repassando as décadas e as lembranças, percebi que não estava interessado em recontar os fatos da minha vida em termos puramente autobiográficos, mas acima de tudo eu tinha ficado inspirado pela ideia de tentar desentrelaçar o tecido da minha vida e do meu tempo. Como alguém que nunca teve muito interesse em olhar para o passado – se não por outro motivo, simplesmente porque eu estava ocupado demais seguindo em frente –, descobri que, uma vez que se abriram as portas do passado, eu fiquei fascinado com aquele tempo e com seu efeito sobre mim.

As canções e as histórias que eu havia subestimado de repente passaram a ter uma ressonância que claramente ecoava pelos corredores da minha vida inteira, e eu senti o despertar de uma emoção diante desse interesse repentino, a sensação de um tipo de aventura. Uma narrativa de viagem, mas nem tanto sobre lugares, e sim sobre música e memórias. E uma jornada que ainda estava em desdobramento.

Em maio, viajei para Quebec com uma lista de perguntas para o livro que eu queria consultar na biblioteca e nos arquivos da casa do lago. Mais tarde naquela semana, fui de carro até Ontário com Keith, que cuida da minha propriedade, para encontrar Brutus e dar uma olhada em outras terras. Depois do reconhecimento de terreno prévio feito por Brutus em março, ele tinha selecionado três propriedades que considerava mais interessantes, e saímos para conferir.

Na segunda propriedade, tive um "momento Brigham Young" (depois que Young levou os mórmons em sua jornada pelo interior do país em 1847, quando estava acima do vale de Great Salt Lake, dizem que ele afirmou: "Este é o lugar"). Era uma fazenda de 160 hectares com uma combinação de área de pastagens e floresta, terrenos úmidos com juncos e riachos de água limpa com pássaros, e um longo trecho às margens de um lago enorme. Esplendor pastoril de todos os tipos. Naquela área, a fazenda original tinha sido estabelecida em torno de uma casa de

campo feita de troncos há 150 anos (abandonada, mas com possibilidade de restauração), com dois celeiros igualmente antigos e caindo aos pedaços. Contudo, eu sabia que queria uma casa com vista para o lago e, ao longo de 1,5 km de margem, na extremidade de uma mata de árvores altas, havia o local perfeito para um chalé.

A coisa mais importante era achar algo que me distraísse da tristeza de abrir mão da casa de Quebec com suas matas e o lago, e enquanto Keith, Brutus e eu explorávamos os 160 hectares e a margem desse lago, comecei a me animar. O preço era razoável, e lá mesmo decidi fazer uma oferta pela propriedade. Se eu conseguisse, podia esperar até que minha casa em Quebec fosse vendida, então construiria um chalé bem no pontal.

Logo depois que voltei a Santa Mônica, minha proposta foi aceita, e eu me tornei proprietário de uma fazenda em Ontário. Meu novo vizinho queria continuar arrendando a pastagem para seu gado de corte e seus cavalos para a lida no campo, e isso podia cobrir as despesas com a fazenda até que eu encontrasse um comprador para a propriedade em Quebec. Eu sabia que poderia levar um tempo, já que era um lugar caro e remoto, mas eu podia esperar – a questão fundamental "e agora?" tinha sido respondida.

Outras questões também foram respondidas, já que continuei minha pesquisa nos livros, filmes, músicas e memórias, e continuei a escrever, aproveitando minha casa o tempo todo: pedalava até a academia três vezes por semana, ia regularmente ao mercado, cozinhava para minha noiva (já havia três anos agora). Então certa manhã da última semana de junho recebi um telefonema do empresário do Rush, Ray. Ele disse que apenas queria "que eu soubesse" de uma situação que estava se desenrolando e de uma decisão difícil que teríamos que tomar.

No rastro da epidemia de SARS na China, sua disseminação por Toronto tinha colocado o local numa lista de alerta de viagem pela Organização Mundial da Saúde, o que resultou numa quarentena virtual da cidade inteira. Convenções, shows e eventos esportivos tinham sido cancelados, os turistas estavam evitando a cidade e os restaurantes e hotéis de Toronto – e seus funcionários – estavam sofrendo, operando há meses numa fração de sua capacidade. As vítimas da doença em si eram relativamente poucas, mas as vítimas da má publicidade já eram muitas.

Ray me falou a respeito de um show gigantesco que tinha sido proposto para ajudar a revitalizar a cidade, e aparentemente os Rolling Stones seriam a atração principal. Eles viriam de avião para o show, já que estavam no meio da turnê europeia, acompanhados da banda de abertura, o AC/DC. Um amplo parque ao norte de Toronto, um antigo campo de aviação, era o local planejado, a data seria 30 de julho e a máquina de *hype* estava fazendo hora extra – já se falava em centenas de milhares de pessoas, o maior público de todos os tempos (ou pelo menos o maior público pagante), e Ray me contou que já estava se tornando um evento midiático de grandes proporções, com corporações canadenses participando como patrocinadores, prometendo comprar centenas de milhares de ingressos para sortear, e mais e mais atrações diferentes estavam sendo adicionadas ao show todos os dias. Era um grande acontecimento, e estava ficando ainda maior.

Inevitavelmente, como a banda mais bem-sucedida que já surgiu em Toronto, ou no Canadá, nosso nome havia sido mencionado. Geddy e Alex haviam crescido nos subúrbios de Toronto e ainda viviam lá no centro da cidade, e eu tinha crescido ali perto do outro lado do lago Ontário, e tinha morado em Toronto por 15 anos, então sem dúvida éramos a banda "local". Exatamente naquela manhã eu tinha lido um artigo no site America Online sobre um show beneficente que tinha acontecido semanas antes em Toronto, quando várias bandas e artistas canadenses haviam se apresentado, e naquela matéria uma pergunta entre parênteses havia sido levantada: "Onde está o Rush?".

Eu já podia antever que seria difícil dizer não, mas ainda assim parecia impossível dizer sim. Estávamos fora da estrada havia seis meses, sem ensaiar para uma apresentação ao vivo; nosso equipamento estava guardado em contêineres no depósito de Toronto; a maior parte de nossa equipe estava trabalhando em outras turnês – incluindo nosso chefe, o gerente de turnê Liam, e meu técnico de bateria Lorne. Além do mais, como poderíamos fazer um show sem eles?

Geddy estava em férias na França com sua família; Alex estava trabalhando 12 horas diárias no estúdio editando as gravações do nosso DVD *Rush in Rio* e eu ia pegar a estrada na manhã seguinte para passar uns dias vagando pelas montanhas, pilotando minha moto até Sierra Nevada. Ray disse que achava que os outros dois concordariam em participar do evento se eu concordasse, mas ele precisava de uma resposta logo.

"Logo quando?"

"Oh… amanhã?"

 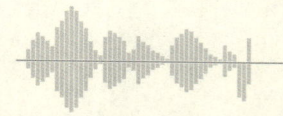

Apesar dos meus temores, a questão parecia importante o bastante para não rejeitar logo de cara, e eu disse a Ray: "Duvido, mas vou pensar no assunto". Passei a noite toda com essa questão perturbando meu inconsciente, e cedo na manhã seguinte ela estava lá, na posição mais proeminente, quando acordei e caí da cama às 5h30min, tentando não acordar Carrie, que tem o sono leve. Tomei um café da manhã rápido, carreguei a moto e segui no amanhecer fresco pelas ruas desertas de Santa Mônica até a Pacific Coast Highway, depois pela costa enevoada cruzando Malibu e Ventura e penetrando o continente até Ojai.

Dali em diante eu estava livre do trânsito, dos prédios e da polícia e em uma das minhas estradas favoritas: a solitária e sinuosa Highway 33, que seguia para o norte atravessando as montanhas de chaparrais e as matas áridas da floresta nacional Los Padres. Fossem minhas escapadas planejadas ou improvisadas, eram sempre trajetos bate e volta à metrópole, de modo que eu não repetisse as mesmas rodovias. Contudo, parece que eu sempre incluía esta estrada num sentido ou no outro. A variedade interminável de curvas, chicana, zigue-zagues e retas curtas, os morros arredondados de xisto limoso em Adobe Canyon, a subida a 1.800 metros com vista para os vales verdejantes e ondulados ou até as terras áridas escarpadas ao norte – era o roteiro perfeito.

No começo do verão, a estrada estava alinhada com arbustos da altura da cintura com botões de flores amarelas perfumadas, seu aroma forte, pungente e doce, quase enjoativo, invadia o capacete. Esquilos atravessavam a estrada correndo à minha frente, gralhas-californianas e mockingbirds voavam entre as árvores, enquanto falcões e alguns abutres voavam lá no alto.

Nesse tempo todo, enquanto meu lobo frontal se ocupava de pilotar a moto – escolhendo a velocidade, o ângulo de inclinação, a marcha e a posição na pista e observando atentamente o asfalto adiante em busca de cascalho solto e outras surpresas –, meus pensamentos mais profundos se preocupavam com o evento em Toronto, pesando os prós e os contras.

Difícil dizer sim, impossível dizer não.

O único aspecto negativo em que eu realmente podia pensar, além de todo o trabalho que demandaria, era "eu não quero", mas isso não parecia suficiente contra o meu critério costumeiro que é tentar determinar a Coisa Certa a Fazer.

Em Maricopa, parei num posto de gasolina para abastecer e liguei para Ray em Toronto. Com três horas de diferença no fuso horário, já era final da manhã lá, e eu sabia que a decisão tinha que ser tomada naquele dia. Falei que estaria fora de alcance nos próximos dias, mas que eu tinha pensado sobre o evento. "Acho que devemos participar", disse a ele.

E, com isso, minha mente acionou o modo trabalho. Continuei rumo ao norte pela paisagem sombria e empoeirada e as manchas de óleo em torno de Taft e McKittrick, pensando em cada aspecto daquilo em que eu havia me metido, e que aconteceria em apenas um mês. Os organizadores queriam que tocássemos cerca de meia hora, mas eu sabia que isso exigiria quase a mesma preparação de uma turnê inteira, porque, afinal de contas, tinha que ficar bom.

Assim, quanto tempo de ensaio seria necessário? Meu programa usual de preparação para uma turnê exigia duas semanas sozinho, antes que os outros caras chegassem, para refinar minha técnica na bateria e formar os calos nos dedos enquanto tocava acompanhando as versões em CD das canções que provavelmente tocaríamos no show. Isso acabaria cimentando as performances definitivas como uma meta na minha cabeça, os arranjos, as partes da bateria e principalmente o andamento, e também forçaria a me elevar ao nível de desempenho que eu tinha alcançado nas gravações. Então, dessa vez, eu quis passar alguns dias sozinho pelo menos, depois provavelmente alguns dias com nós três repassando as canções juntos.

Era tão difícil saber como abordar esse desafio. Seria diferente de tudo o que já tínhamos feito em todos os sentidos. Não apenas pela dimensão do evento, embora isso fosse parte do problema – não éramos exatamente um tipo de banda de "festival". Seríamos a banda de abertura, tocaríamos antes do AC/DC e dos Stones, sem o controle usual da tecnologia, dos retornos e coisas assim, e muitas das nossas músicas dependiam de que fôssemos capazes de ouvir trechos específicos tocados ou iniciados por cada um de nós. Não poderíamos contar com isso no evento, então era prudente minimizar a complexidade, a tecnologia envolvida e, consequentemente, o risco de um desastre. Pensei em adaptar um dos meus kits de bateria, eliminar os eletrônicos tanto quanto possível (com as velhas caixas e pratos pelo menos eu sabia que funcionariam quando eu batesse neles). Além disso, se Lorne não estivesse lá (ele estava em turnê com o excelente baterista do Steely Dan, Keith Carlock), eu tinha que organizar o instrumento e o show da forma mais simples possível para o seu substituto, de modo que ele não precisasse se preocupar com ganchos, cabos, mudanças de hard drives e de programação.

E acima de tudo isso havia a ideia de tocar para um público imenso que não estaria lá necessariamente para nos ver. Pela primeira vez em talvez 25 anos, não tocaríamos para o "nosso" público, pregando para os fiéis, e me parecia, como a definição de "crise" em chinês, que se tratava tanto de um risco quanto de uma oportunidade. Se escolhêssemos algumas canções do nosso repertório dos últimos 30 anos que fossem consolidadas e acessíveis, talvez pudéssemos ganhar um público que simplesmente achava que não gostava da gente.

Então, quais músicas deveríamos escolher?

Enquanto seguia pela paisagem empoeirada e bronzeada com as feias torres de perfuração de metal treliçado nos poços de petróleo ao longo da margem oeste do vale San Joaquin, eu analisava as possibilidades. Mentalmente, toquei várias canções do Rush considerando sua relativa "acessibilidade" (o tanto que eu era capaz de avaliar, de qualquer maneira).

De um modo estranho, contudo, eram as canções dos Rolling Stones que ficavam tocando no meu cérebro. Embora eu não tenha pensado sobre isso conscientemente, meu inconsciente parecia estar atento ao fato de que dividiríamos o palco com a lendária banda – cuja ressonância na minha vida, afinal de contas, me levava de volta diretamente ao The T.A.M.I. Show, quase 40 anos atrás, antes mesmo de eu sequer pegar uma baqueta nas mãos. (Quando me pediram uma declaração à imprensa sobre o show, observei que, depois de 30 anos juntos, era bom que fôssemos uma das bandas *mais jovens* no palco – considerando as idades do Guess Who, que subiria ao palco antes de nós, e do AC/DC e dos Stones depois de nós). No entanto, por mais idosos que Mick e os caras fossem, e se ainda estavam ou não à altura de sua fama constante de "a maior banda de rock do mundo", sem dúvida eram os *mais bem-sucedidos* a longo prazo. Mesmo que eu nunca tenha sido um grande fã dos Stones, nem nunca comprei seus discos (apenas um álbum de standards lançado por Charlie Watts e amigos chamado *Warm and Tender*), sempre escutei a banda durante décadas (talvez, assim como os Beatles, eu os escutava tanto que nem era necessário comprar os discos!). Meu rádio portátil mental começou a tocar algumas das canções deles de que eu gostava: "Time is on My Side", "Under My Thumb", "Paint it Black", "Playing with Fire", "Sympathy for the Devil", "Gimme Shelter", "You Can't Always Get What You Want".

Enquanto seguia para o leste cruzando as plantações irrigadas na baixa altitude do vale de San Joaquin em direção às montanhas, a manhã ficava mais quente, o calor emanava do asfalto sob um céu azul límpido. Eu vestia meu macacão de verão, de couro perfurado, mas a temperatura beirava os 37ºC e era de pouca serventia por mais rápido que eu andasse. ("Mas, seu guarda, eu estava apenas tentando me refrescar um pouco!")

Um quarto de toda a comida dos Estados Unidos era produzido ao longo do Central Valley se estendendo até o norte e incluindo Sacramento Valley. Algumas dessas cidadezinhas humildes, com ar sonolento, como Arvin, Weed Patch ou Corcoran tinham histórias surpreendentemente dramáticas – as lutas dos trabalhadores dos dias das *Vinhas da Ira*, greves violentas, protestos, ataques de justiceiros, incêndios criminosos nos bairros mais pobres (onde viviam os "Okies", chineses, japoneses e mexicanos que se revezavam no local), assassinatos e até mesmo linchamentos. No século 21, ainda havia violência, mas estava confinada nos complexos prisionais estaduais e federais que muitos municípios da Califórnia, como Corcoran, celebravam como meio de gerar empregos. Ao passar por centenas de agricultores curvados sob o sol escaldante, mais uma vez eu só podia me sentir um cara de muita sorte.

Ao leste de Bakersfield, finalmente comecei a subir o pé da montanha em tons de bege, os montes de relva dourada pontilhados por carvalhos verde-escuros, para depois entrar na ponta mais ao sul das Sierras. Lá em cima, cruzando as cidades-fantasma de Caliente e Bodfish em direção ao lago Isabella e à pequena cidade de Kernville, onde eu já havia me hospedado algumas vezes nas minhas perambulações por Sierra.

Parei numa lanchonete pequena e perfeita, Cheryl's, para almoçar. Já havia parado lá outras vezes para o café da manhã ou almoço e apreciar um ótimo cheeseburger e um milkshake de morango refrescante. Quando levantei para pagar a conta, uma das garçonetes, uma quarentona gordinha, me interceptou com uma cara estranha: "Você é o famoso baterista do Rush?".

Assenti com a cabeça, e meu corpo e minha mente de repente ficaram tensos por causa da conhecida sensação de... quê? O quê? Uma estranha mistura de vergonha, apreensão, irrealidade. Então a mulher disse: "Eu não reconheci você, foi a Cathy", e de repente lá estava outra mulher de 40 e poucos anos,

gordinha, ao lado da outra, ambas bem perto de mim, os rostos simpáticos me encarando atentamente.

A que se chamava Cathy disse: "Eu já servi você uma vez e não te reconheci, mas tinha um cara que estava aqui naquela manhã que se *borrou* todo". Eu sorri diante da expressão tão singular e me lembrei de uma manhã dois anos antes quando parei no Cheryl's no café da manhã: quando eu estava saindo, fiquei lá fora um momento para ligar para Carrie e dizer que estava a caminho de casa. Um cara de trinta e poucos anos, vestindo roupas de trabalho, saiu correndo do restaurante e interrompeu minha ligação para perguntar se eu era eu mesmo. Admiti que era, e ele simplesmente ficou "apatetado" por um minuto (como Robert Pirsig, em *Lila*, citando a expressão que Robert Redford usou para descrever como as pessoas se comportavam quando o reconheciam).

Dessa vez, a garçonete me disse, como se estivesse se desculpando: "Eu não o reconheci, mas adoro sua música". Ambos os rostos estavam bem próximos, e me encaravam intensamente. Mas eu garanti a ela dizendo em voz baixa: "Obrigado, e não se preocupe – eu não me importo quando não me reconhecem".

"Não", disse ela, assentindo com a cabeça de modo compreensivo, "tenho certeza de que não se importa".

Meus amigos geralmente pensam que, depois de quase 30 anos de certa celebridade, eu deveria estar acostumado com tais interações sociais, mas, talvez porque fossem relativamente raras, apesar de tais "reconhecimentos", eu preferia me acomodar num confortável anonimato. Nunca me acostumei com isso, nem comecei a *esperar* que me reconhecessem, e assim, quando eu disse "adeus e obrigado" para as duas garçonetes e coloquei meu capacete, a jaqueta e as luvas, passei a perna sobre a moto e rodei para longe do Cheryl's, eu me sentia um pouco "abalado".

Meu amigo Michael, o detetive particular (e companheiro de viagem na turnê de *Vapor Trails*) que cuidava das minhas questões de segurança e mantinha tudo anônimo com relação à nossa casa, nossa correspondência, linhas telefônicas, contas e outros detalhes da vida mundana, sempre me dizia que eu devia simplesmente negar minha identidade. Ele me disse que trabalhava com Drew Barrymore, e quando as pessoas se aproximavam dela e perguntavam "Você não é...", ela apenas ria e dizia "Ah, não, sempre me falam isso", e até mesmo brincava: "Ela é muito mais gorda do que eu!".

O jeito descolado dela era admirável, mas a ideia de fazer algo assim parecia esquisita demais – para começar, mentir desse jeito e negar ser quem eu era. Eu sempre dizia que ia tentar, mas então um estranho me pegava de surpresa e, antes que eu tivesse tempo para pensar, eu falava a verdade. "Sim, sou eu".

Ah, bem, "lide com isso", é tudo o que se pode dizer e o que eu sempre digo para mim mesmo. Todas as vezes.

Dando uma olhada no mapa durante o almoço, resolvi seguir para o norte junto ao rio Kern, depois pegar uma sequência de estradas vicinais que me levaria a terrenos mais altos e mais frios, serpenteando por montanhas cobertas de matas até chegar a dois parques nacionais: Kings Canyon e Sequoia.

No final da tarde, parei no centro de informações turísticas de Grant's Grove para pegar um "carimbo de passaporte" no meu diário, e aconteceu de novo, com praticamente as mesmas palavras. Atrás do balcão, um jovem de cabelo ruivo e camisa verde-escura (não um guarda, talvez um estagiário) se aproximou e disse: "Diz aí, você não é o famoso baterista do Rush?". Dessa vez eu finalmente tentei, quase que acidentalmente, sacudindo a cabeça e dizendo: "Ah, falam isso o tempo todo" (não estava mentindo). Para minha surpresa, funcionou mesmo. Sempre que eu imaginava essa cena, o interrogador apontava o dedo para mim, tremendo, e gritava "MENTIROSO!". Mas este cara apenas disse: "Ah".

Então apontou para a minha moto estacionada lá fora e disse: "E você também viaja de motocicleta – ele viaja por todo lugar de moto". Eu apenas assenti com a cabeça, me sentindo cada vez mais desconfortável, culpado e errado.

Ele se afastou do balcão, e eu o ouvi dizer a outro membro da equipe: "Deve ser duro parecer alguém famoso e ser incomodado o tempo todo".

Ah, a ironia. Ah, a esquisitice. Ah, a culpa. Pelo resto da minha estadia em Grant Grove Village, eu tive vontade de voltar ao centro de informações turísticas e confessar minha duplicidade.

Como escrevi no meu diário: "Putz – agora eu fiquei sem jeito".

Dei uma olhada nas prateleiras de livros do centro de visitantes, volumes sobre os parques nacionais e diferentes tópicos sobre Ciências Naturais, e reparei na costumeira seleção de livros de John Muir, o lendário naturalista, incansável defensor da natureza selvagem, herói dos primeiros parques nacionais e fundador do Sierra Club. Eu já tinha lido muito sobre ele, mas nunca um de seus próprios

ensaios, e quando eu vi um livro curto chamado *John Muir, In His Own Words: A Book of Quotations* (*John Muir em Suas Próprias Palavras: Um Livro de Citações*) acabei comprando.

Naquela noite, por coincidência, eu estava hospedado no John Muir Lodge dentro do parque nacional Kings Canyon, e, enquanto eu folheava o livro de citações, percebi que tinham muita relação com a minha própria paixão arrebatadora pela natureza, e reverberavam exatamente do mesmo modo como eu me sentia quando subia as montanhas: "Esses dias lindos devem enriquecer minha vida inteira".

"A natureza é sempre solitária, invencível, contente, não importa o que se faça ou o que sofrem suas criaturas. Ela cura todas as feridas, seja nas rochas, na água, no céu ou nos corações."

(É verdade)

"Poucos são totalmente surdos à pregação dos pinheiros. Seus sermões nas montanhas entram direto nos corações; e se as pessoas em geral puderem entrar nas matas, ao menos uma única vez, para ouvir as árvores falarem por si próprias, todas as dificuldades com relação à preservação das florestas desaparecerão."

(Como a linda canção dos Beach Boys "Wouldn't It Be Nice?" – Não Seria Lindo?)

"Então parecia que a Sierra deveria se chamar não Nevada, nem Cordilheira da Neve, mas Cadeia de Luz."

(Amém)

Nas minhas extensas leituras sobre a história da Califórnia, soube que esses mesmos parques, Kings Canyon e Sequoia, foram preservados devido a uma disputa de poder político no final do século 19 entre os interesses dos agricultores de San Joaquin Valley e as madeireiras das Sierras – não para preservar as florestas por causa de sua beleza natural, mas para garantir sua ação na área de gelo condensado e consequentemente assegurar que água descesse para o vale mais abaixo sempre que fosse necessária para a agricultura.

Seja lá qual tenha sido o motivo, é claro, o resultado foi extraordinário (os meios justificaram o fim), mas, como os atuais debates sobre perfuração de poços de petróleo nos parques nacionais do frágil Ártico ilustraram, essas reservas nunca estiveram permanentemente seguras. Em 1895, logo depois que o parque nacional

Yosemite foi criado, um projeto de lei foi apresentado no congresso para dividir o parque ao meio e liberar novamente a área para extração de madeira e criação de gado. Ao atacar tal plano, Muir ofereceu uma parábola inteligente:

A primeira área de preservação que foi instituída no mundo teve o mesmo destino. Essa área era bem moderada em dimensão e as fronteiras eram governadas pelo próprio Senhor. Mesmo assim, não demorou muito para que fosse atacada por todos – o demônio, uma mulher e um homem. Esta tem sido a história de cada área de preservação que foi criada desde então; de tal forma que, tão logo a área é criada, os ladrões, o diabo e seus companheiros avançam para atacá-la.

Muir conhecia a luta para salvar qualquer parte da natureza da ganância tacanha que nunca termina, e também escreveu: "A batalha que travamos, e que ainda estamos enfrentando, é uma parte do eterno conflito entre o certo e o errado, e não podemos esperar que haja um fim para isso".

No dia seguinte dei uma volta pelos parques, fazendo o percurso da Scenic Byway ao longo do rio Kings (concordando com Muir que Kings Canyon se equipara a Yosemite), desci a montanha para visitar a caverna Crystal, e mais tarde finalmente cheguei a uma área remota do parque nacional Sequoia que eu estava querendo visitar havia anos.

O vale Mineral King, a 2.732 metros de altura, se estende como um vasto anfiteatro de pradarias cercado por picos altos de granito nu acima da linha das árvores, ainda pontilhados por pequenos acumulados de neve mesmo em junho. O vale Mineral King era outra área de grande beleza natural que tinha sido salva dos desenvolvimentistas, mesmo que parcialmente, em meio a grande controvérsia. Originalmente um centro de mineração, quando as minas pouco lucrativas começaram a fechar, Walt Disney e seu irmão Roy esboçaram um plano nos anos 1960 para construir um resort de esqui em Mineral King. Depois da morte de Walt, a Disney Corporation continuou buscando dar andamento ao projeto, contra a resistência dos ambientalistas, e finalmente o vale foi preservado, tornando-se parte do parque nacional Sequoia.

Quando cheguei ao fim da longa, estreita e sinuosa estradinha mal pavimentada, com alguns trechos de chão batido, cascalho solto e areia (como muitas estra-

das de High Sierra, fechadas no inverno por causa do volume de neve) e cheguei a Mineral King e às cabanas de Silver City, tive outro momento ao estilo de Brigham Young, sentindo como se eu finalmente tivesse encontrado o refúgio em Sierra que estava procurando – "Este é o lugar".

Muitos carros, caminhonetes e SUVs estacionados próximos à cabeceira das trilhas tinham o para-choque envelopado com um plástico grosso, e eu soube que isso protegia os veículos das marmotas, mamíferos roedores que apreciavam mangueiras de borracha e cabeamento do motor. Estávamos longe de qualquer oficina ou loja de peças, e ninguém queria voltar de uma longa caminhada pelas Sierras para se deparar com seus automóveis estragados por mordidas de roedores. Presumivelmente, eles tinham o mesmo apetite por peças de motocicleta, mas felizmente estacionei a moto bem longe da pradaria, ao lado da minúscula cabana rústica que eu tinha alugado num bosque de sequoias gigantes.

Ao entardecer, me sentei no deck de madeira do lado de fora da cabana com um copo de The Macallan, admirando as árvores indistintas de encontro à montanha de pedras nuas que reluzia ao pegar os últimos raios de sol. Fiquei impressionado com o modo como o granito cinza-claro "de pontas afiadas" parecia irradiar a luz, um brilho iluminado que os suíços chamam de "alpenglow", como se o rochedo vivo recolhesse o calor do sol durante o dia todo para depois irradiá-lo em forma de luz durante o entardecer.

Acabei me lembrando de uma citação de John Muir – que eu havia anotado durante minha segunda visita ao Grand Canyon em 2002 – em que ele descrevia o cânion ao pôr do sol "como se a vida e a luz de séculos de dias ensolarados estocados nas rochas agora estivessem vertendo como uma fonte gloriosa inundando tanto a terra quanto o céu".

Naquele momento, eu tinha deixado de lado todas as preocupações sobre o *outro* tipo de *rock* e, tirando todo o lado místico, eu me senti motivado a compor uma rapsódia sobre Sierra dedicada a esta "Cadeia de Luz" e a John Muir, que, se não era exatamente um "profeta sem honra em seu próprio país", sem dúvida não era lido tanto quanto deveria ser.

Acima das colinas da cor de leões
Acima das antigas, altas sequoias
Picos brilhantes de granito prateado
High Sierra, Cadeia de Luz

As pontas das asas pincelam o céu perfeito
Uma solitária águia dourada
Sobrevoando alto acima das florestas
Alto acima da Cadeia de Luz

Um círculo de pinheiros ao redor de um lago celeste
Um sopro de luz em cada fôlego que inspiro
A escuridão se fecha, e as estrelas surgem
A terra selvagem começa onde o asfalto termina
Na Cadeia de Luz

Vagando pela Cadeia de Luz
Um profeta sem honrarias
Campeão do certo, numa luta da vida inteira
Implorando-nos para escolher
Honra sem lucro
Seguindo o caminho certo – para dentro da Cadeia de Luz

Três semanas mais tarde, no domingo, 20 de julho, peguei um voo até Toronto para começar a ensaiar para o *Concert for Toronto*, ou "SARS Fest" e "SARS-stock", como o festival ficou conhecido (muito insensivelmente, pensei). Começando no dia seguinte, eu teria quatro dias sozinho para levantar-de-manhã-e-ir-trabalhar, depois quatro dias com os outros dois caras, um dia para transportar o equipamento e se tudo desse certo teríamos uma passagem de som, e eu esperava que isso pudesse ser o suficiente para nos prepararmos para o show. Não havia uma forma conveniente para começar cedo: nosso pequeno sobrado em Santa Mônica não era favorável à bateria (na verdade, bateria nunca foi boa vizinha pra ninguém) e não houve tempo para organizar um estúdio de ensaio e conseguir bateria e pratos

emprestados. Contudo, nós já fazíamos isso há muito tempo: com certeza conseguiríamos organizar um set de meia hora e tocá-lo decentemente depois de oito dias de ensaio.

Amigos de Toronto haviam me contado sobre os efeitos do medo da SARS na cidade e sobre como os hotéis e restaurantes estavam operando com menos de 10% de sua capacidade, e agora eu presenciava os efeitos de meses desse tipo de desgaste. Meu hotel estava praticamente vazio e com pouquíssimos funcionários, o serviço de quarto tinha sido reduzido de 24 horas para apenas algumas horas de manhã e ao anoitecer, e como o hotel tinha apenas garagem privativa, eu tinha que esperar o único porteiro trazer meu carro, e isso podia levar até uma hora. Só me restava me adaptar a tais circunstâncias de "cerco", mas comecei a dar o dobro de valor que eu costumava dar de gorjeta apenas por empatia diante dessa praga imerecida.

Durante um intervalo na turnê com o Steely Dan, Lorne tinha ido a Toronto e montado minha bateria na sala de ensaio e mostrou a George as operações básicas para que ele pudesse substituí-lo. George havia trabalhado em muitas turnês do Rush como marceneiro, cuidando da montagem do palco, dos objetos cênicos, dos estojos de instrumentos e construindo as pranchas da bateria (plataformas sob medida onde ela era montada). Dessa forma, depois de Lorne, George era quem melhor conhecia o setup da bateria e parecia o melhor candidato para trabalhar nesta única apresentação. Nós havíamos bolado um jeito de deixar a bateria montada enquanto a transportássemos para o local do show e depois colocá-la no palco, então havia a esperança de minimizar totalmente erros ou uma catástrofe.

Eu achava que estava chegando forte e em forma porque nos últimos tempos eu tinha conseguido manter minha rotina de pedalar até o YMCA em Santa Mônica e treinar três vezes por semana, intercalando exercícios aeróbicos, ioga, alongamento, musculação e uma hora de squash, culminando com 400 metros na piscina. Estava provavelmente tão em forma como sempre estive, mas logo fui obrigado a lembrar que estar em forma não era a mesma coisa que estar condicionado para começar a tocar bateria tão intensamente quanto possível por horas a fio.

Depois de tocar o instrumento constantemente por cerca de 38 anos, eu tinha desenvolvido a habilidade de deixá-lo de lado por alguns meses e depois continuar de onde parei sem qualquer perda de técnica ou de fluidez aparente. Quando eu comecei, com 13 anos de idade, praticava todos os dias, assim como aconteceu trinta anos depois enquanto estudava com meu professor Freddie entre 1994 e 1995. Mas, geralmente, quando terminava um longo período de trabalho, não me importava de ficar longe da bateria por uns tempos. De fato, depois eu quase sempre voltava a tocar bateria com energia revigorada e novas ideias. No estúdio de gravação, havia um processo natural de avançar aos poucos até chegar à força total ao longo dos dias e das semanas de experimentação casual com novas músicas e novas partes, e antes de uma turnê eu gradualmente abria caminho até alcançar o modo de força total, um processo de que sempre gostei.

Contudo, nesta situação, não havia tempo para uma preparação gradual. No Dia Um, comecei com dez décimos, de um aquecimento breve e livre para tocar acompanhando as gravações originais das músicas que nós três havíamos acordado serem as candidatas para tocarmos no show: "Tom Sawyer", "Limelight", "YYZ", "Dreamline", "Free Will", "New World Man", "Closer to the Heart" e "The Spirit of Radio". Ataquei todas as músicas em nível de apresentação, batendo as caixas, bumbos e os pratos tão forte quanto eu podia com as mãos e os pés para alcançar o som e a sensação apropriados, afundando as baquetas na caixa e metendo o pedal bem fundo no bumbo. Então fazia uma pausa, depois tocava todas as músicas novamente. E mais uma vez. E outra vez.

No final daquele primeiro dia, eu estava com cada músculo e cada articulação doloridos, aliviando a dor com uísque *single malt* e Tylenol reforçado, então percebi que o mais difícil sobre tocar bateria nem tinha a ver tanto com esforço, mas com impacto. Não era o movimento, mas a parada. Como um motor de pistão, eu tinha que chegar a uma parada brusca no topo e no final de cada golpe, e esta era a parte que doía – a força proverbial irresistível de encontro ao objeto imóvel.

Contudo, era bom estar de volta a Toronto e poder sair com meu melhor amigo Brutus de novo, já que no ano anterior não tínhamos nos visto muito. Nós jantamos algumas vezes naquela semana, conversamos sobre nossas vidas e sobre o trabalho, e ele riu das minhas reclamações sobre dores físicas.

"Acho que isso está prestes a piorar na *sua* idade!"

Valeu, amigo. (Nem precisava acrescentar "amigo-que-é-*mais-velho*-que-eu")

Durante a semana, os outros caras da equipe começaram a se reunir na sala de ensaio e montar o equipamento, e alguns dos nossos profissionais da turnê *Vapor Trails*, e em alguns casos de outras tantas turnês, puderam nos ajudar neste show:

Rick com as guitarras, Russ com os baixos, Tony com os teclados e Peter, nosso faz-tudo, trabalhando como assistente pessoal. Um dos caras mais importantes que faltava, além dos técnicos de bateria Lorne e Liam – o chefe de tudo, que estava supervisionando toda a operação à distância enquanto trabalhava como contador na loucura dos Ringling Brothers com a turnê de verão do Metallica/Linkin Park/Limp Bizkit – era o engenheiro de retorno, Brent, que controlava o complexo mix de como ouviríamos a nós mesmos e aos outros colegas da banda tocando cada uma das músicas. Tínhamos que torcer para que houvesse tempo para ele resolver as coisas com o novo recruta, Tim.

Naquela sexta, Dia Cinco, cheguei para o ensaio um pouco mais tarde, para dar aos outros dois caras uma chance de se organizarem com o equipamento deles. Assim começamos nosso dia de trabalho, de forma apropriada, com o almoço – brincando que era nossa parte favorita do trabalho de qualquer maneira (nem era brincadeira na verdade). Foi ótimo vermos uns aos outros de novo. Embora mantivéssemos contato com certa frequência por e-mail, nós não havíamos nos visto desde o show no Rio de Janeiro, em novembro, e conversamos, brincamos, rimos e nos divertimos até que não dava para adiar mais e começamos a trabalhar.

Havíamos reduzido o setlist para apenas sete músicas, eliminando "New World Man" (com seu arriscado começo com sequenciador que poderia ficar distorcido em circunstâncias tão caóticas) e revitalizamos o velho cavalo de guerra, "Working Man", como música de um possível bis. Como eu tinha feito, tocávamos o set inteiro, fazíamos uma pausa, tocávamos tudo novamente e assim por diante quatro ou cinco vezes por dia. Nos Dias Seis e Sete também trabalhamos numa versão instrumental de "Paint It Black" dos Stones, que achamos que seria divertido incluir em nosso setlist. Tudo estava começando a ficar suave, mas eu ainda não estava muito convencido.

E eu ainda sentia dores. No final do dia, eu voltava de carro para o hotel, me arrastava para dentro do quarto e simplesmente desabava, pensando que eu nunca tinha me sentido tão cansado nem tão dolorido na vida. Com o passar dos anos, fiz amigos nas viagens de bicicleta que não tinham noção alguma sobre o mundo da música e, quando eles vinham me ver tocar pela primeira vez, geralmente diziam coisas como "nunca imaginei que tocar bateria exigisse tanto esforço".

Num primeiro momento, eu ficava meio surpreso com tal observação, depois eu pensava sobre como eles assistiam aos bateristas na televisão, geralmente fingindo ou tocando um tipo de música menos exigente, e compreendi por que eles tinham essa impressão. Acho que tocar bateria não exigia tanto esforço de todos os bateristas, mas comigo sem dúvida era assim, o modo como eu gosto de tocar – tão forte quando possível, tão rápido quanto possível, tão longo quanto possível e tão bem quanto possível. Tocar num show do Rush era o trabalho mais duro que eu conhecia, e exigia tudo o que eu tinha, mental e fisicamente. Certa vez comparei tocar bateria com correr uma maratona enquanto se resolvem equações, e foi uma analogia boa o suficiente.

Carrie pegou um voo no domingo, e quando a busquei no aeroporto depois dos ensaios do Dia Sete ela deu uma olhada no meu corpo meio caído e no rosto fatigado com olheiras, e disse: "O que aconteceu com você?". Ela tinha me visto tocar muitas vezes durante a turnê *Vapor Trails* até o último show no Rio de Janeiro (com o suplício extra de gravar e filmar), mas ela nunca tinha me visto naquele estado. Nem eu.

Um dia antes do show, Dia Nove, o equipamento foi transportado para o local da apresentação, e estava marcado para fazermos uma passagem de som, então fomos até o Downsview Park à tarde. Durante toda a semana, a mídia só falava sobre o show, a primeira página dos jornais estampando fotos dos Rolling Stones chegando à cidade, da montagem do palco e com matérias diárias sobre cada detalhe dos preparativos para o show. Na cidade sitiada, o *Concert for Toronto* era a notícia mais importante.

E foi mesmo um grande evento em todos os sentidos. O palco era imenso, a área de backstage ampla e os camarins ficavam todos num antigo hangar, uma área enorme foi separada para abrigar os Stones com divisórias temporárias, e todo o resto foi dividido em pequenos cubículos para todas as outras atrações. Entre as fileiras de salinhas com o nome dos artistas do lado de fora, estávamos espremidos entre as placas de Guess Who e AC/DC, com Justin Timberlake no final da fila. As placas por si só eram um lembrete surreal do tipo de experiência que estávamos prestes a encarar.

No Dia Dez, dia do show, eu já estava tenso no momento em que acordei. Em qualquer "dia de trabalho", sempre sinto certa consciência mental e física dessa diferença, um foco de energia e de senso de determinação interno direcionado ao clímax do dia, mas desta vez era muito mais do que isso. De alguma forma parecia

o show mais importante em que eu já tinha tocado na vida, e havia tanta coisa que podia dar errado. Num sentido global, podia haver uma tempestade, um tumulto, algum tipo de catástrofe terrível, e num sentido individual, minha bateria podia se despedaçar, o retorno podia falhar e me deixar náufrago num vácuo musical, ou – o pior de tudo – eu podia tocar mal.

Meu mantra para aquele dia, na gíria da moda, era algo do tipo "Só não faz merda". (Lendo sobre animais selvagens e seus comportamentos instintivos, fiquei intrigado ao saber que uma das únicas ações humanas que está presente desde o nascimento é fazer merda. É uma metáfora perturbadora.)

Estava marcado para tocarmos perto das 19 horas, mas tivemos que ir para o local do evento no começo da tarde. Pelo menos o dia estava perfeito, ensolarado e sem vento sob um céu azul-claro. Foi um sinal de alívio, uma oração atendida. Fomos levados para uma estação de trem em Mimico, na zona sudoeste da cidade, onde trens exclusivos estavam levando artistas, convidados, imprensa e vários VIPs até o local do evento. O trem se movia lentamente pelo norte, cruzando a cidade banhada pelo sol, até que de repente se ouviu um coro de vozes assombradas ("Olha isso! Meu Deus!"), então se fez silêncio. Nós todos nos viramos para ver o mar infinito de pessoas que se estendia pelo horizonte, quebrado apenas pelas ilhas de torres dos alto-falantes e telões. Ônibus nos levaram do trem para o hangar, cruzando uma série de portões de segurança e uma multidão no backstage que deveria chegar às centenas, talvez milhares de pessoas. Bem lá na frente, havia 450 mil pessoas – uma cidade inteira.

Já impressionado só com a cena nos bastidores, me refugiei num de nossos cubículos e me escondi atrás de um livro, e, portanto, dentro de mim mesmo, como eu permaneceria a maior parte do dia. (O livro era *Fome de Bola*, memórias de Nick Hornby enquanto torcedor de futebol sobre pessoas e situações das quais eu nada sabia, mas seu estilo de escrita "simpático" tornava tudo divertido e prazeroso.)

Os outros dois caras, sempre mais sociáveis do que eu, visitaram alguns dos outros artistas, mas eu só fiquei trancado no meu cubículo. Em retrospecto, posso ver que, no meio de tamanho caos, estava tentando preservar minha concentração, manter minha energia intacta em vez de espalhá-la em várias direções. Eu tinha mergulhado bem fundo em mim mesmo, instruindo racionalmente minha mente e meu corpo com o mantra "Só não faz merda" e tentava pensar em nada mais a não ser a apresentação que se aproximava. Brutus e Carrie tentaram me fazer companhia, mas logo se deram conta de que eu realmente não estava "lá", e também me deixaram sozinho. (Mais tarde Brutus observou: "Eu nunca vi você daquele jeito" – e ele já tinha estado comigo por toda a turnê *Test for Echo* num total de 76 shows. Eu só conseguia repetir: "Nem eu".)

Para simplificar as coisas, eu tinha dito a Lorne e George para não trazer o pequeno kit de prática que geralmente eu usava no backstage, onde eu podia aquecer antes do show – e liberar a tensão, como percebi naquela tarde. Era outro revés com relação ao ritual pré-show, e outro modo pelo qual as coisas pareciam simplesmente muito estranhas. Quando Alex entrou com sua guitarra, ligou seu pequeno amplificador e começou a tocar, tentei batucar num pad de prática e bater o pé no ritmo junto com ele, mas não era a mesma coisa.

Finalmente, *showtime*! Atravessamos a ampla área de backstage caminhando, subimos os degraus altos do palco imenso e ficamos num canto, aguardando. Aparentemente houve algum problema técnico e teríamos que esperar alguns minutos. Nosso gerente de produção das últimas duas turnês, C.B., estava por acaso na cidade, trabalhando com a banda Chicago num cassino, e ele estava com seu headset aguardando a ordem para entrar. "Baba O' Riley" do The Who tocava no sistema de som e no meu retorno, e eu toquei acompanhando no ritmo batendo as baquetas na minha perna – exatamente como eu fazia junto à caixa-registradora da Gear em Carnaby Street lá entre 1971 e 1972, uma lembrança coincidente das minhas primeiras influências, The Who e Keith Moon.

Algumas pessoas se aproximaram para dar um alô, entre elas velhos amigos (como o promotor de eventos Michael Cohl, que tinha produzido muitos shows do Rush desde os anos 1970), outros desconhecidos, e parecia haver mil câmeras apontadas para nós durante o tempo todo. Normalmente isso teria me deixado maluco, mas, sob tais circunstâncias, eu mal percebi.

Um cara baixinho e mais velho que eu se aproximou, estendendo a mão e dizendo alguma coisa que eu não conseguia entender. Pensando "E agora, quem é *este* cara?", tirei um dos meus fones de ouvido e disse: "Desculpa, não consegui ouvir o que você disse".

Ele falou de novo, sorrindo: "Olá, sou Charlie Watts".

"Oh!", falei, surpreso, "Olá". E apertei sua mão.

Ele me perguntou se iríamos entrar no palco logo, e eu disse que sim, a qualquer minuto, e ele disse, com uma piscadinha: "Vou *assistir* você!".

Suponho que, se pudesse haver ainda mais pressão, aquilo teria sido a gota d'água, mas eu já estava em intensidade máxima – não havia tempo para pensar em Charlie Watts e nos Rolling Stones, em assistir a banda no The T.A.M.I. Show ou no Ed Sullivan quando eu tinha 12 anos e meio, em ouvir "Satisfaction" nos alto-falantes de Lakeside Park, "Gimme Shelter" no cinema em Londres, em ouvir o lindo álbum solo de Charlie, *Warm and Tender*, tantas e tantas vezes até tarde da noite em Quebec, ou quaisquer outras milhões de vezes em que Charlie Watts e sua banda fizeram parte da minha vida.

Geddy me mandou um e-mail mais tarde e fez menção a esta cena:

A propósito, nunca vou esquecer pouco antes de entrarmos no palco quando Charlie Watts se aproximou para cumprimentar você (no pior momento possível!) e ver a sua cara fazendo todas as expressões de... a) quem é esse velhote? b) o que ele quer? c) pelo amor de Deus, é *Charlie Watts*!

Finalmente, corremos para o palco. Eu me ajeitei atrás da bateria, aguardando para ver se Geddy e Alex estavam prontos, então contei para entrar em "Tom Sawyer". Tentei ignorar o mar de pessoas, as fileiras de câmeras, aquele senhor inglês baixinho e grisalho à esquerda do palco, e me mantive firme num lugar bem dentro de mim mesmo, me concentrando em tocar a música, as partes certas no tempo certo (um dos maiores desafios para um baterista quando seu coração e a adrenalina estão em disparada é impedir que sua batida também acelere).

George se agachou atrás da fileira de secadoras de roupa à minha esquerda (um objeto cênico da turnê *Vapor Trails*, três secadoras Maytag pensadas por Geddy como um contraponto visual cômico à massiva pilha de amplificadores do Alex à direita), e tenho certeza de que ele estava tão desesperado quanto eu para que tudo desse certo. Logo no começo percebi que não estava ouvindo a guitarra muito bem, o que poderia ser um problema nas próximas músicas que Alex começava, como "Limelight" e "The Spirit of Radio". Resolvi que era melhor arriscar minha concentração e tentei murmurar as palavras "mais guitarra" para George. Ele não me entendeu num primeiro momento, mas em seguida alguém percebeu e o problema foi ajustado.

SUPONHO QUE, SE
PUDESSE HAVER
AINDA MAIS PRESSÃO,
AQUILO TERIA SIDO
A GOTA D'ÁGUA, MAS
EU JÁ ESTAVA EM
INTENSIDADE MÁXIMA.

Quando consegui olhar para a paisagem humana à minha frente, aquilo pareceu surreal. O horizonte por todos os lados era um borrão de rostos distantes. O palco era tão alto, e a barricada dos seguranças ficava tão longe dele que até mesmo as pessoas na grade pareciam distantes. Uma das infelizes falhas do retorno nos fones de ouvido é que nunca se consegue ouvir o público muito bem, então eu sequer tinha certeza se eles estavam *curtindo* o show ou não. Mantivemos o ritmo bem acelerado de qualquer maneira, tocando uma sequência de músicas *up-tempo* com o menor intervalo possível entre elas.

Detonamos nosso curto arranjo instrumental de "Paint it Black", me levando a pensar em Charlie Watts de novo, mas parecia que ele já tinha saído naquela hora – tendo visto e ouvido o suficiente, sem dúvida, qualquer que tenha sido a impressão dele. Então, assim que paramos para a introdução acústica de "Closer to the Heart", um calmo interlúdio de violão, *glockenspiel* e vocal, de repente o retorno e os alto-falantes se encheram de congas e de bongos – algum técnico descuidado tinha dado play na percussão gravada dos Stones para "Sympathy for the Devil", provavelmente fazendo um teste sem saber que o som iria "vazar" e que agora estava tocando por todo lado. Tentamos ignorar aquilo e continuar tocando nossa música (num tempo completamente diferente da gravação em volume alto) até que alguém finalmente desligou o barulho. Assim que estávamos "seguros" novamente, olhamos um para o outro e fizemos caretas para fingir que estávamos em pânico.

Perto do final do set, percebi que um dos meus pratos apresentava uma rachadura grande, e o som dele estava opaco e sem vida, mas decidi lidar com isso antes que o prato arrebentasse e falei para George. Ele deve ter entendido o que eu quis dizer, correu até os estojos, encontrou um prato reserva 18" e depois subiu na plataforma para fazer a substituição – melhor só manter minha cabeça baixa e me concentrar em tocar direito ("Só não faz merda").

Ao final de "The Spirit of Radio", saímos do palco na corrida, esperando para ver se tocaríamos o bis ou não. Era para todo mundo ter conhecimento do plano, mas alguém obviamente não sabia de nada. Começaram a tocar uma música gravada no sistema de som como se nosso show tivesse terminado, e os roadies entraram no palco para trocar o equipamento. Estávamos ainda na lateral do palco, tensos devido à ação, mas sem saber o que fazer, quando Alex se virou para nós e disse: "Esqueçam. Seria constrangedor voltar para o palco agora". Ele estava certo. Tinha terminado.

Na longa caminhada de volta aos camarins, um policial se postou na minha frente, disse que era um grande fã e perguntou se eu podia posar para uma foto com ele. Meio cansado, concordei, sabendo que é sempre uma boa ideia ser amistoso com um policial que era um "grande fã", e me coloquei ao lado dele enquanto seu colega tirava a foto.

Eu estava me sentindo exausto, completamente exaurido, mas não pelo cansaço; um show normal do Rush tinha cerca de três horas de duração, e nós tínhamos tocado apenas meia hora, não foi tempo suficiente nem para nos soltarmos, quanto menos para suar. De qualquer forma, tinha sido uma experiência arrebatadora, o desempenho mais difícil da minha vida, e eu estava acabado.

Dada a complexidade de transporte com ônibus e trem, tivemos que sair bem na hora em que o AC/DC estava entrando no palco. Nós tínhamos tocado com eles nos Estados Unidos algumas vezes nos anos 1970, e mesmo naquela época eu ficava maravilhado – e esta é a única palavra que parece adequada – ao assistir Angus Young em seu estranho e incrível estado de "possessão", dominando o palco com seu uniforme de colégio como uma força da natureza, sacudindo todo o corpo miúdo e moendo os riffs na sua Gibson SG.

Não conseguimos ver os Stones, exceto na televisão quando voltamos ao hotel. Duas redes de TV locais estavam fazendo transmissões do show direto do local do evento o dia inteiro, exibindo trechos de cada atração, e foi a coisa mais estranha assistir a nós mesmos na TV daquele jeito, apenas algumas horas depois que tínhamos tocado. A câmera que focava no meu rosto durante o show mostrava uma pessoa bem diferente de como eu tinha me sentido – o estranho tocando aquela bateria parecia calmo, intenso e confiante. Fiquei aliviado ao ouvir que, apesar do meu estado interno de aceleração (pulso, adrenalina, atenção), de alguma forma eu tinha conseguido manter os andamentos precisos. A qualidade do som não era ótima, mas fiquei mais tranquilo ao ouvir que tínhamos tocado muito bem. Um triunfo de preparação e de determinação sobre o ambiente, a biologia (ou química) e a falta de tempo.

Pelo menos eu podia dizer, com toda a humildade, que não fizemos merda. Isso por si só atendeu às preces que eu tinha enviado o dia todo para alguém que talvez pudesse estar ouvindo e que pudesse ajudar, mas agora me dou conta de que na verdade era uma oração para mim mesmo: "Por favor, não faça merda".

Amém.

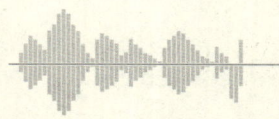

A CÂMERA QUE
FOCAVA NO MEU
ROSTO DURANTE O
SHOW MOSTRAVA
UMA PESSOA BEM
DIFERENTE DE
COMO EU TINHA
ME SENTIDO.

Rideout [1]

Repeat to fade...
Repete até o fade...

Em 8 de dezembro de 2003, levei *Traveling Music – Música Para Viagem* para uma última viagem de carro, dirigindo o Z-8 até o parque nacional Grand Canyon, onde aluguei um chalé por alguns dias. Como o texto foi se acumulando ao longo de oito meses, estabeleci para mim mesmo a "meta suave" de terminar o primeiro rascunho até o final do ano. Agora que o livro tinha ficado muito longo, complicado e pesado, eu sabia que precisava organizar tudo e, para tanto, era necessário dar uma escapada e me concentrar de verdade.

Deslizando por Los Angeles ao amanhecer, segui para o leste atravessando o deserto do Mojave na I-40 e cruzando a Califórnia para entrar no Arizona. Logo na divisa entre os dois estados, peguei a velha Rota 66 e segui por aquela ferida estreita, um pedaço da história se desmantelando, e passei pela estranhamente revitalizada "cidade da corrida do ouro" de Oatman. Burros selvagens vagavam pela rua, pedindo comida aos turistas (poucos, já que era bem cedo numa manhã de dezembro). Um local histórico da cidade era o Oatman Hotel, onde Clark Gable e Carole Lombard passaram sua noite de núpcias em 1939, depois de se casarem em Kingman, Arizona.

Seguindo em frente, passei por Kingman, continuando na longa volta da Rota 66. Passando por Hackberry Springs e Seligman, peguei novamente um trecho curto da I-40 até Williams, a saída para o Grand Canyon. Por toda a extensão do Arizona ia ganhando elevação rumo ao inverno, e observava a temperatura cair de 15 graus para 1 grau negativo. Enquanto seguia para o norte na Highway 64, atravessando uma floresta de pinheiros ponderosa, cheguei a aproximadamente 2 mil metros de altitude e flocos de neve começaram a tomar o céu. Quando estacionei

---

1 *Rideout* é o termo escolhido por Neil Peart para ser o epílogo de Traveling Music provavelmente devido à sua ambiguidade em língua inglesa. Tanto pode significar "partida" – quando um caubói monta em seu cavalo e parte rumo ao horizonte – quanto, em música, serve para definir a estrofe final de uma canção. Como esta ambiguidade se perderia em português, optamos por deixar o termo original (N da T).

no centro de visitantes do parque nacional para coletar o inevitável "carimbo de passaporte", fiquei do lado de fora por um momento no vento gelado. "Sinto cheiro de neve", disse para mim mesmo com um grande sorriso. Estava com saudade da minha atmosfera invernal.

Embora o Grand Canyon fosse um dos parques nacionais mais movimentados dos Estados Unidos, com cinco milhões de visitantes anualmente, eu tinha escolhido a época certa. Naquela segunda-feira no começo de dezembro, pude alugar um chalé bem na borda do cânion, com uma mesinha encostada na janela para aquela vista estupenda. Enquanto arrumava minha mochila e minha caixa com papéis e livros, uma expressão me veio à mente: "Eu sorri em voz alta".

Todos os dias e todas as noites, eu observava a luz mudar no estrato multicolorido, as paredes rochosas esculpidas descendo até 1.500 metros lá embaixo, e mil metros na extremidade norte. Lá em cima, diante da vista monumental sempre em mudança, os efeitos de luz eram infinitos e, como eu tinha certeza de que seria, foi um lugar maravilhoso para trabalhar. Enquanto eu me ocupava com o livro, tive a impressão de admirar aquele cânion em quase todos os aspectos possíveis, do sol reluzente de inverno até as nuvens baixas, a chuva, a neblina, a neve que caía suavemente, e até mesmo algumas nevascas fortes. A lua cheia tornava a vista noturna igualmente espetacular, as profundezas dos cânions prateados com as beiradas cobertas de neve em um fantástico jogo de luz e sombras azuladas.

Bem na minha frente ficava o Bright Angel Point, batizado assim por causa do arroio Bright Angel, bem lá embaixo no vale. O arroio recebeu o nome do Major John Wesley Powell (um veterano da Guerra Civil que tinha um braço só e liderou uma expedição em 1868 na primeira descida pelo rio Colorado, alguém que certamente vinha "dando trabalho extra aos anjos"). A escolha do nome tinha a intenção de ser um tipo de "reparação" para o arroio antes denominado por causa de um membro da expedição que não era muito chegado a tomar banho – o Dirty Devil, Diabo Sujo.

Quando eu penso nas vistas de quarto de hotel mais incríveis que já vi na vida, são muitas: no Chateau no lago Louise, nas Montanhas Rochosas canadenses, minha janela aberta para as águas cor turquesa alimentadas pela geleira cercada de coníferas e picos altos com neve; no Wickanninish Inn em Tofino, British Columbia, acima do Pacífico tempestuoso; no Princeville Resort em Kauai, logo acima da sublime Hanalei Bay; ou no St. Regis em Manhattan, com vista para o Central Park em setembro. Contudo, nenhuma tinha sido mais poderosa e impactante do que poder olhar para fora e ver o Grand Canyon ao longo dos dias e das noites de trabalho enquanto eu examinava os extratos multicoloridos da minha própria "geologia".

Na primeira manhã, acordei antes do nascer do sol, as cortinas escancaradas (queria estar aberto àquela vista mesmo enquanto estava dormindo) e vesti roupas quentes para dar uma caminhada no amanhecer gelado, descendo pelo caminho coberto de gelo ao longo da beira do cânion até o alojamento principal. Enquanto tomava o café da manhã, conferi as páginas do diário que mantive durante todas as minhas viagens naquele ano, querendo me certificar de que eu não tinha esquecido nada relevante, então voltei para meu pequeno chalé e me sentei para trabalhar. Abri os dois fichários com as 300 páginas impressas que representavam oito meses de trabalho contínuo – e 51 anos da minha vida – e comecei pelo início, lendo o manuscrito com uma caneta vermelha à mão. Desde o princípio, havia seguido o conselho de Max Perkins: "Não acerte de primeira, apenas coloque no papel", e àquela altura eu tinha muita coisa no papel, então agora eu queria tentar acertar.

Fazendo uma imersão naquelas páginas, retracei as autoestradas do sudoeste, a música que eu tinha escutado, minhas lembranças de St. Catharines, Londres, México, sudoeste dos Estados Unidos e África, e logo eu estava *absorto* numa concentração atemporal dentro de mim mesmo, a mesma que sempre encontrei no trabalho criativo, fosse com música ou com as palavras. Em dado momento, eu fazia uma pausa e olhava pela janela, absorvendo o esplendor diante da minha escrivaninha. Apreciando o *momento* em toda sua totalidade, ri sozinho e disse: "Posso morrer agora".

Outra citação de Fred Nietzsche me veio à mente:

Qualquer pessoa incapaz de se colocar no limiar do momento em que se esquece de todo o passado, qualquer um incapaz de se estabelecer num ponto como se fosse a deusa da vitória sem vertigem ou medo jamais saberá o que é felicidade, ou pior, nunca vai fazer nada para trazer felicidade aos outros.

Eu soube o que era felicidade naquele exato momento: trabalhar naquele cenário inspirador, concluindo o primeiro rascunho do maior desafio que eu já havia imposto a mim mesmo na escrita de prosa – minha vida e meu tempo, minha música e minhas memórias, minhas canções e histórias. O truque, contudo, e o *verdadeiro* desafio era buscar "trazer felicidade aos outros", tentar fazer esta história se desenrolar de um modo que pudesse ser interessante para um leitor, descrever os lugares e os sentimentos, os eventos e as conexões, e tornar o passado vivo.

Fazia uma pausa apenas para caminhar até o alojamento próximo dali e fazer as refeições, às vezes apenas trazia um sanduíche para o chalé e continuava corrigindo, acrescentando trechos, cortando outros e reorganizando as peças. Sem afobação ou distrações, avançava no manuscrito pouco a pouco durante um dia inteiro, depois outro e então mais outro. Assim como eu desenvolvia as partes de bateria tocando a mesma música repetidas vezes, refinando aos poucos meus experimentos até chegar a um fluxo suave de estrutura, ritmo e detalhe, ou montava uma letra de música entalhando cada palavra e cada verso por dias a fio, cada vez que eu passava pelos Versos e Refrões do livro, uma horda de pequenos refinamentos ia se acumulando numa *elevação* generalizada que me levava de volta ao início, para "tocar" mais uma vez.

Uma ou duas vezes ao dia chegava um ônibus lotado de turistas japoneses que desembarcavam no alojamento principal, e por uma ou duas horas minha solidão era interrompida, mas na maior parte do tempo parecia que eu tinha o lugar inteiro praticamente só para mim. Certa noite, eu estava conversando com Carrie pelo telefone, olhei pela janela para o anoitecer azulado e vi um cervo de orelhas longas andando suavemente sobre a neve, seguido por outro cervo mais jovem, e depois outro. Pedi a Carrie para aguardar um momento, larguei o telefone e peguei minha câmera. Quando abri a porta com um rangido e saí lá fora, eles sequer recuaram e mal olharam para mim quando o flash disparou. Com 5 milhões de visitantes ao ano, deviam estar acostumados a isso.

E, é claro, eu tinha trazido música para me acompanhar nessa jornada, com muito mais "propósito" dessa vez, tomada como pesquisa tanto como as leituras e os filmes a que assisti nos últimos tempos. (A internet foi muito útil para algumas questões, como "que ano Ricky Nelson cantou 'Travelin' Man' em Ozzie e Harriet?"). Na estrada até o Grand Canyon, eu tinha ouvido CDs como *My Generation* do The Who e *The Who Sell Out*, refrescando minha memória quanto aos meus favoritos da adolescência, assim como um CD com uma seleção de música moderna compilada

EU SOUBE O QUE ERA
FELICIDADE NAQUELE
EXATO MOMENTO:
TRABALHAR NAQUELE
CENÁRIO INSPIRADOR,
CONCLUINDO O PRIMEIRO
RASCUNHO DO MAIOR
DESAFIO QUE EU JÁ HAVIA
IMPOSTO A MIM MESMO
NA ESCRITA DE PROSA -
MINHA VIDA E MEU TEMPO,
MINHA MÚSICA E MINHAS
MEMÓRIAS, MINHAS
CANÇÕES E HISTÓRIAS.

pelo meu amigo Matt. Com um mix de faixas "de demonstração" de artistas que ele achou que eu pudesse gostar, Matt me apresentou a algumas ótimas bandas novas, como dredg, The Mars Volta e Porcupine Tree, músicos jovens que ainda estavam em busca de excelência e de honestidade no rock. (A faixa "The Sound of Muzak" do Porcupine Tree tinha um refrão que lamentava o barateamento da música moderna: *One of the wonders of the world is going down, it's going down, I know/ It's one of the blunders of the world, that no one cares, no one cares enough – Uma das maravilhas do mundo está decadente, decadente, eu sei/ É um dos erros crassos do mundo, é que ninguém se importa, que ninguém se importa o suficiente*). Como Count Basie disse certa vez, depois de ouvir um playback do álbum *Francis A. and Edward K.* de Sinatra e Duke Ellington: "Sempre fico feliz em aprender sobre esse tipo de prosseguimento!".

Ao longo dos últimos meses, Matt e eu havíamos nos tornado bons amigos, fazendo trilha juntos nas montanhas de Santa Mônica quase todas as semanas e conversando sobre a vida e sobre trabalho. Durante as trilhas, Matt me ouvia falando sobre minhas dificuldades com o livro, e eu o ouvia falando sobre as dificuldades dele com a gravadora. O álbum mais recente da Vertical Horizon, *Go,* bateu numa muralha de apatia e de mau gerenciamento por parte da gravadora e não vendeu muito bem depois do lançamento anterior, *Everything You Want*, que havia chegado ao topo das paradas e tinha vendido 4 milhões de cópias. Alguma coisa parecia errada ali, e não era a música. Então Matt estava considerando as opções que restavam, pensando se era hora de se libertar daquela gravadora, e talvez até mesmo de sua banda para tentar uma carreira solo, ou talvez se tornar um "compositor-de-aluguel" por um tempo e, no final de tudo, gravar seu próprio álbum.

De um jeito totalmente inesperado, naquela época eu estava bastante obcecado com os Beach Boys e Brian Wilson, e no trajeto até o Grand Canyon ouvi sua aclamada obra-prima, *Pet Sounds*, finalmente compreendendo o porquê de tanto "burburinho" sobre o álbum – 37 anos depois de seu lançamento em 1966. Contudo, na época eu só tinha 13 anos e, de qualquer forma, quase *ninguém* entendeu o que ele havia alcançado quando foi lançado. Eu simplesmente fiquei feliz por ter esse rico veio de música na minha vida *agora*, com inesperadas profundidade e ressonância, já que ela havia sido reintroduzida para mim por meio de um entrelaçamento de coincidências e de acontecimentos.

De volta a 2002, quando iniciaram as primeiras conversas com a editora ECW sobre *Ghost Rider – A Estrada da Cura*, eles me enviaram uma caixa de livros como "amostra". Um deles era uma biografia do Dennis Wilson, *The Real Beach Boy*, e comecei a ler sua história. Como anteriormente descrito, lembrava de um jeito triste a biografia de Keith Moon, uma história trágica de um jovem, ao que tudo indica, amável, levado aos extremos da autoindulgência, destruído pelos seus próprios demônios e sem determinação para resistir a eles.

Depois que finalmente encontrei uma cópia do T.A.M.I. Show, na primavera de 2003, e assisti a Dennis Wilson, um radiante jovem deus do surf, tocando bateria e sacudindo sua cabeleira loura enquanto as garotas gritavam, fui dar uma olhada numa livraria Barnes and Noble certo dia e acabei comprando *Heroes and Villains,* a biografia da banda inteira escrita por Steven Gaines. Em seguida, encontrei outra biografia de Dennis Wilson, *Dumb Angel,* e fiquei fascinado com as histórias e os exemplos a não serem seguidos e fiquei obcecado por todos os acontecimentos angustiantes que cercaram os Beach Boys. Ainda não tinha retomado sua música, mas, quanto mais lia sobre eles, mais curioso eu ficava. Ao que parece, havia muito mais do que "Diversão, Diversão, Diversão" acontecendo ali.

Comecei a comprar os CDs e a apreciá-los de um modo como nunca tinha acontecido antes: a partir da minha própria experiência, compreensão e amadurecimento aprofundados. A matéria primordial lindamente construída, e a expressão máxima de um espírito nu confrontando a vida e o amor, *Pet Sounds*, todo ele, era uma revelação jubilosa para mim, puro prazer auditivo. Fiquei profundamente intrigado com Brian Wilson como artista verdadeiro, na sua melhor forma, o real "gênio" como frequentemente o chamavam, e com Dennis Wilson como *personagem*.

Até mesmo me senti compelido a procurar uma rara cópia do álbum solo de Dennis Wilson, *Pacific Ocean Blue*, de 1977, apenas para ouvir a música pessoal, de sua própria autoria. Foi descrita de um jeito amável nas palavras de amigos e de biógrafos, mas suspeito que isso tenha sido em parte porque as pessoas pareciam amá-lo tanto. Dennis Wilson geralmente era descrito como a "alma" dos Beach Boys e, com certeza, essa era a essência que ele tentou alcançar em sua própria música, em geral com muito sucesso.

Mas por que bateristas exibicionistas, extrovertidos, autodestrutivos e exuberantes como Keith Moon e Dennis Wilson, que sucumbiram imponentes ao vício e morreram com 32 e 39 anos, pareciam mais intrigantes para mim, mais *românticos* – ou pelo menos mais *trágicos* – do que as inspirações mais elevadas, como a carreira tempestuosa de Buddy Rich, encerrada por um tumor cerebral aos 70 anos, ou Gene Krupa, que transformou mundialmente a percepção sobre os bateristas para sempre, e morreu de leucemia com 64 anos?

Talvez porque Keith Moon e Dennis Wilson tinham incorporado uma característica que identifico em mim mesmo, ainda que uma pequena parte, um lado escuro, um fascínio secreto pelo "anti-herói", nas amizades, na vida e na arte. Cheguei à conclusão de que o presente mais importante que alguém pode receber geneticamente é a determinação, e além de qualquer talento ou sensibilidade para as palavras e para a música, esta sem dúvida é a qualidade à qual eu atribuo muito do meu próprio sucesso (ou pelo menos da minha *sobrevivência*). Eu me senti grato por outros dons genéticos. Certa vez, observei que eu tinha herdado "a razão do meu pai e a sensibilidade da minha mãe", mas que nada disso teria serventia sem determinação – e com certeza foi a falta dessa determinação que acabou sendo a falha fatal que abateu outros antes de mim, como Keith Moon e Dennis Wilson. Como um sábio certa vez disse: "Não há falhas de talento, apenas falhas de caráter".

No final de 2003, enquanto trafegava pela Pacific Coast Highway, com a trilha sonora apropriada dos Beach Boys (dei uma olhada para o oceano e vi dois golfinhos acompanhando meu ritmo em arcos graciosos perto da beira da praia), eu fiquei imaginando os eventos de certo dia em 1968. Dennis Wilson estava dirigindo sua Ferrari pela mesma Pacific Coast Highway e parou o carro no acostamento para duas jovens caroneiras, "gatinhas hippies", embarcarem. Ele as levou para sua mansão em Sunset Boulevard para compartilhar um pouco de "amor livre". Foi uma noitada e ele não pensou mais no assunto. Mas, na noite seguinte, chegando em casa após uma sessão de gravação, Dennis viu um velho ônibus escolar estacionado na entrada da sua propriedade – a "família" Manson havia se mudado para lá.

Como tinha acontecido com muitos outros, Dennis foi arrebatado pelo carisma viperino de Manson, e com a sabida inocência, generosidade e falta de determinação de Dennis, em pouco tempo ele foi sugado por um turbilhão de drogas, sexo e violência. Manson certa vez colocou uma faca em seu pescoço, e Dennis, sempre destemido, disse: "Vai em frente, cara". Charlie riu e largou a faca. A adorada Ferrari de Dennis, o AC Cobra e seu Rolls-Royce foram destruídos, a mansão alugada ficou arrasada, roubaram suas roupas e seu dinheiro e a situação estava fora do controle. Dennis, já não mais destemido, acabou abandonando a mansão e se abrigou no porão de um amigo.

No meu cotidiano em Santa Mônica, geralmente dava uma volta de carro ou de moto e passava pela mansão número 14.400 em Sunset Boulevard, uma casa estilo rural eternamente sob a sombra da copa das árvores, bem em frente ao Will Rogers State Park. Sabendo o que havia acontecido lá, e os assassinatos horríveis de Tate e LaBianca que se sucederam, aquele lugar sempre me dava um arrepio na espinha. Eu nunca soube dizer se a atmosfera sombria da mansão era imaginária ou real.

Na minha última tarde no Grand Canyon, uma quinta-feira, dei uma volta de carro pela estrada com o cenário deslumbrante ao longo da borda do cânion até Hermit's Rest (outra vantagem da baixa temporada, já que essa estrada fica fechada para automóveis nos meses movimentados de verão, quando apenas ônibus fazem o transporte dos visitantes). Enquanto eu trafegava devagar, parando nos belvederes para admirar diferentes aspectos do cânion, escutava *Surfer Girl* e *Shut Down: Volume II*, e, quando voltei para o alojamento principal para almoçar, escrevi no meu diário: "Maravilhosos, só para colocar de um jeito moderado. Tão experimentais, tão originais, tão vulneráveis, tão *belos*. Talvez inigualáveis. 'In My Room', 'Don't Worry Baby', 'The Warmth of the Sun' – Brian Wilson estava fazendo todas essas coisas em, tipo assim, 1964!".

Em meio à paisagem escarpada, ao ar invernal e à cobertura branca de neve debaixo dos pinheiros ponderosa, aquela música californiana ensolarada me fez pensar em Carrie e no meu lar, então resolvi voltar para casa no dia seguinte. Meus passeios de carro em Sunset Boulevard, passando pela antiga mansão de Dennis Wilson, tinham sido mais frequentes nos últimos tempos, porque Carrie e eu finalmente havíamos comprado uma casa maior naquela região, a meio caminho das montanhas de Santa Mônica. Tinha uma vista ampla para a cidade e para a costa, dava até mesmo para ver uma faixa do azul do Pacífico, o que tinha sido suficiente para fechar a compra, juntamente com a cozinha maravilhosa, a garagem espaçosa e, principalmente, meu próprio escritório com uma porta que eu podia fechar e deixar o mundo do lado de fora quando estivesse escrevendo. Eu estava animado para me mudar para a nova casa na virada do ano; contudo, eu também estava completamente (e tristemente) consciente de que teria que viajar em pouco mais de um mês depois da mudança, pegar um voo para Toronto para ensaiar e talvez gravar alguma coisa com meus companheiros de banda.

Num doce paralelo com minhas próprias andanças pelo meu passado musical, uma semente que eu tinha plantado durante os ensaios de *Vapor Trails* em 2002 – sobre nós tirarmos algumas antigas canções e tocar covers ao vivo – brotou com a sugestão de Geddy para que comemorássemos nosso 30º aniversário gravando algumas das músicas que crescemos ouvindo – coincidentemente criando uma trilha sonora para minha "trilha sonora". Começamos vasculhando nossa memória e escavando velhos álbuns dos anos 1960 – The Who, The Yardbirds, Buffalo Springfield, Blue Cheer, Cream e outros – bandas da nossa adolescência, as músicas das quais conhecíamos os acordes, as letras e a bateria e que até mesmo tocamos com nossas primeiras bandas – e compartilhamos as sugestões por e-mail.

Se decidíssemos levar a ideia adiante (nossa resposta à eterna pergunta "E agora?") e ficássemos contentes com o resultado, talvez pudéssemos lançar um EP com cinco ou seis covers ("Extended Play", um termo adequadamente nostálgico para um disco que não era um single, mas que também era mais curto do que um álbum) e chamá-lo de *Feedback* (Geddy e Alex já tinham se decidido quanto a isso, dentro do espírito dos meados dos anos 1960, de que haveria muito feedback e guitarra em *backmasking* em cada faixa) e quem sabe tocar algumas músicas na turnê de 30º aniversário.

Sim, aquela palavra de cinco letras, turnê, estava de novo pairando sobre o meu horizonte.

O tanto quanto possível, no momento em que eu fui até o Grand Canyon no começo de dezembro, eu já *sabia* o que estava por vir na maior parte do ano seguinte. A agitação do Natal (ainda uma época difícil para mim, com muitos fantasmas dos natais passados), depois tentar terminar o livro e enviá-lo para Paul editar antes do final do ano, e quem sabe conseguir trabalhar na revisão e terminá-la antes de ter que viajar para Toronto para a possível gravação do EP e as indubitáveis seis semanas de ensaios para a Turnê de 30º Aniversário com 57 shows e seis meses de duração que começaria em maio. Eu não queria ir, mas sabia que era a Coisa Certa a Fazer.

O orgulho tinha prevalecido, suponho. O Rush era provavelmente a primeira banda a sobreviver 30 anos unida com os mesmos membros, e pareceu que davíamos celebrar tal façanha. Nas primeiras conversas com Ray, eu tinha "aberto o leilão" com uma oferta de 40 shows, mas, assim como aconteceu com a turnê *Vapor Trails,* logo meu lance foi superado. No momento em que a Europa entrou nas negociações (depois de mais de 10 anos, sentimos que devíamos ir até lá e tocar para nossos fãs europeus), o total tinha chegado a 57 shows. E contando...

Para mim, depois de 30 anos em turnê, da constante agitação e da intrusão daquela vida, assim como a mera dificuldade do trabalho, isso tinha deixado de ser glamoroso e emocionante havia muito tempo. Tocar bem ainda significava muito para mim, e eu daria tudo de mim para me preparar bem e apresentar o melhor show possível – mas não era algo exatamente divertido. Como a definição de Mark Twain para trabalho: "é tudo aquilo que se prefere não fazer", e sair em turnê era trabalho. Mas era *meu* trabalho.

Mais uma vez, planejei viajar de ônibus e de motocicleta e controlar meu entorno e meu destino tanto quanto possível. Durante a turnê *Vapor Trails,* tentei definir com certo entusiasmo as coisas de que eu gostava quando saía em turnê. Cheguei a duas: primeira, depois de gastar tantas calorias no palco, pode-se comer o que quiser; e segunda, posso andar bastante de moto. (Ray, pensando como empresário, gosta de observar que eu também posso "ganhar um dinheiro para a gasolina" ao longo do caminho.)

Pelo menos eu tinha uma solução para a escancarada falta de histórias neste livro no que diz respeito a esses trinta anos com o Rush. Além de uma solução para as dez páginas de anotações que eu tinha coletado no final de *Traveling Music – Música para Viagem,* todas as histórias e fatos para os quais não consegui encontrar um lugar neste livro. Depois daquele passeio até Hermit's Rest, me sentei no restaurante do alojamento com meu diário, anotando mais alguns pensamentos e memórias que eu ainda queria acrescentar ao livro, e acabei me impondo um desafio meio debochado: "Transforma tudo isso em outro livro e eu... te pago um drink!".

Querendo fazer por merecer aquele drink, pensei um pouco mais sobre ele, depois comecei a marcar as anotações com "próximo livro". Lembrando o projeto que eu tinha abandonado pela metade em 1997, *American Echoes: Landscape with Drums,* pensei em tentar documentar a próxima turnê da mesma forma e transformá-la numa narrativa que pudesse também conter um pouco mais da história do Rush, das nossas vidas e do nosso tempo. Começando com minhas primeiras tentativas ao escrever prosa, na metade dos anos 1970, eu tentei capturar e transmitir a real "arquitextura" de uma turnê de rock moderna, e talvez estivesse pronto para enfrentar esse ousado desafio. Eu podia chamar o livro de algo como *Roadshow: Landscape with Drums*.

Mas, por enquanto, já havia um livro para terminar, e voltei do Grand Canyon na manhã seguinte com as páginas dos meus dois fichários cheias de anotações em caneta vermelha, então passei a repassar e a digitar as mudanças. Juntamente com ter que enfrentar o Natal, as compras, embrulhar, encaixotar e enviar presentes para a família e amigos no Canadá, preparar o peru para a ceia de Natal com a família da Carrie (com a ajuda da mãe dela, Marian), consegui encaixar tempo suficiente para trabalhar no livro e poder enviar o primeiro manuscrito para a editora em 30 de dezembro – meu objetivo de terminar até o final do ano tinha sido atingido, mesmo que no limiar do tempo.

Em janeiro, recebi o feedback editorial para *Traveling Music – Música para Viagem*, primeiramente de meu irmão Danny, sempre um leitor confiável – que fez algumas sugestões adotadas imediatamente –, depois do meu editor e agente Paul. Após a experiência gratificante de trabalhar com Paul em *Ghost Rider – A Estrada da Cura*, eu sabia que o estilo de sua edição se concentrava menos em criticar o que estava lá do que no entusiasmo sobre o que poderia estar. Para descrever a abordagem de Paul quanto ao meu trabalho, cunhei a expressão "entusiasmo crítico". Assim como Freddie tinha feito com relação ao meu estilo de tocar bateria, Paul prestava menos atenção no que eu estava tocando do que em como eu pensava sobre o que eu estava tocando. A concepção, a "dança", a "arquitextura".

Num primeiro momento, o desafio foi igualmente intimidante – reinventar meu modo de tocar bateria com Freddie, e agora reinventar minha escrita com Paul. Ele me encorajou a elevar o livro conceitualmente, mirar num tipo de nobreza ("pegue o melhor caminho"), um "Emory Peak" ainda mais alto de ambição criativa, e me dei conta de que, além de tentar contar minha vida e minha época, minha própria evolução e minhas inspirações, o livro deveria ser uma "celebração da excelência" em vez de lamentar a falta dela. Nessa sublime elevação, comentários negativos sobre música e artistas específicos não teriam lugar.

Paul também tinha grandes ambições sobre como eu poderia formatar meu material de modo mais eficiente, expandir minha janela de seis dias da viagem para

Big Bend para um ano inteiro do meu "eu criativo", e ele me inspirou com essa visão de livro de memórias no mais alto nível que eu, ou melhor, nós iríamos buscar.

Praticamente desde o princípio, eu tinha imaginado que poderia tentar compor uma música de verdade a partir dos versos líricos que começavam cada Verso e Refrão, mas como o livro em si mesmo cresceu e exigia mais e mais atenção, essa ideia foi deixada de lado. Certo dia em fevereiro, resolvi conferir se essa ideia tinha chance de dar certo, ou, com meu tempo para escrever ficando mais escasso, se eu deveria esquecer isso e me concentrar nas histórias, deixando a versão em música de lado. Escrevi a letra numa página, e num primeiro momento parecia uma coluna de partes muito diversas entre si, com nenhuma conexão entre elas. Fiquei meio inseguro quanto ao futuro dessa ideia.

Contudo, mais uma vez o elemento que faltava provou ser determinação (e tempo, e um *pouquinho* de imaginação), enquanto eu trabalhava nos versos sem parar, uniformizando em algum tipo de "tecido conjuntivo" e descobrindo a destilação de palavras e ritmos que parecia mais ressonante, no sentido poético de *sugerir* significado, mas permitindo que a música do próprio leitor criasse a trilha sonora.

Às vezes, eu deixava a canção de lado por um ou dois dias, enquanto eu trabalhava em outra parte do livro com Paul, mas, no final das contas, verso a verso, estrofe a estrofe, a música se construiu até chegar a um ponto em que fiquei satisfeito com ela (ou pelo menos satisfeito em "abandoná-la"). Como muitas letras de música que eu tinha escrito ao longo dos anos, "Traveling Music" foi tecida de pedaços que eu geralmente havia concebido separadamente – neste caso, até mesmo recolhidos de outro projeto lírico com o qual eu andava brincando ao longo dos anos, *The California Quartet*, vinhetas que se passavam em locais como Big Sur e Sierra Nevada e se entrelaçavam com diferentes estados de humor.

Finalmente, olhando para a letra de "Traveling Music" no contexto do livro do qual tinha se tornado parte – um começo e um final – me dei conta de que o processo de construção da canção era um microcosmo da construção do livro.

Lembrava o cestinho de costura da Vovó Peart, onde ela mantinha todos os retalhos coloridos para os remendos, carretéis brilhantes policromados com linha, fios de lã fofos em tons pastel, agulhas de tricô e de costura, alfinetes, o "ovo" de madeira para remendar meias, as braçadeiras para as molduras de suas colchas de retalhos e outros implementos de autossuficiência rural. Para mim, aquilo lembrava o conjunto de materiais e de ferramentas que eu tinha reunido no primeiro manuscrito da canção e do livro.

Em condições ideais, eu queria que ambos se parecessem mais com uma das lindas colchas que minha avó produziu ao longo de sua vida, muitas delas feitas de pedaços de pano reciclados e, portanto, ricos em lembranças. Os retalhos às vezes vinham de roupas doadas por membros da família, ou de velhas cortinas e, portanto, cada pedaço estava imbuído com certa intimidade, e até mesmo de narrativas. A geometria com a qual os retalhos eram alinhados juntos na colcha criava um objeto intrincado, colorido, atraente e, talvez, mais do que tudo, um lugar confortável para se envolver.

Escrevi para Paul naquele dia e apresentei a metáfora, dizendo: "De agora em diante, esta é a forma mais elevada para o livro de memórias, a qualidade que almejamos: Colcha da Vovó." Ele concordou (com "entusiasmo crítico"), e a nova forma se juntou aos nossos ideais de mais alto nível de "arquitextura".

Dia após dia, semana após semana, as notas de edição não paravam de chegar enquanto Paul dedicava sua própria vida e criatividade para este livro, sem meio-termo, fazendo jus ao lema de sua empresa: "Lutando Pelo Ideal". Capítulo após capítulo, palavra após palavra, trabalhamos no livro sem parar por quatro meses, distraídos de nossas pobres esposas negligenciadas e de todo o resto da "vida real", mesmo quando viajei para Toronto no começo de abril para começar os ensaios para a turnê e gravar as músicas de *Feedback*.

Paul me acompanhou ao longo do caminho, deixando todo o resto de lado. Trabalhava até tarde da noite e me enviava por e-mail os capítulos editados que estavam prontos quando eu acordava às 6h da manhã, de modo que eu pudesse passar algumas horas com o livro antes de ter que ir para o meu "emprego de verdade" no estúdio ou na sala de ensaio.

Mesmo com toda a ajuda, o encorajamento e a dedicação de Paul, ainda dependia de mim "concretizar" tudo e, como aconteceu com Freddie, eu teria que recomeçar desde o princípio. "Leve as coisas mais além". "Reúna as partes". "Saia do caminho – permita acontecer!"

Só havia um jeito de "permitir" que tudo aquilo acontecesse: levantar de manhã e ir para o trabalho.

O primeiro show da turnê é amanhã.

Para onde estamos indo?
Atravessar meio mundo.

Quando vamos chegar?
Ah, 57 vezes ao longo dos próximos seis meses.

Por que eu tenho que sentar no meio?
Porque é onde fica a bateria, seu burro.

Este livro foi composto em Minion Pro e impresso em papel pólen bold 70 g pela gráfica Copiart em junho de 2021.